中老年人力量训练指南

第2版

修订版

[美] 托马斯 · R. 贝希勒（Thomas R. Baechle）
韦恩 · L. 韦斯科特（Wayne L. Westcott） 著
张佳兴　陆洪军　计百成　译

人 民 邮 电 出 版 社
北 京

图书在版编目（CIP）数据

中老年人力量训练指南 / （美）托马斯·R.贝希勒（Thomas R. Baechle），（美）韦恩·L.韦斯科特（Wayne L. Westcott）著；张佳兴，陆洪军，计百成译. -- 2版（修订本）. -- 北京：人民邮电出版社，2023.10
ISBN 978-7-115-59606-2

Ⅰ. ①中… Ⅱ. ①托… ②韦… ③张… ④陆… ⑤计… Ⅲ. ①中年人－力量训练－指南②老年人－力量训练－指南 Ⅳ. ①G808.14-62

中国版本图书馆CIP数据核字(2022)第113089号

内容提要

本书是体能训练专家为中老年人撰写的力量训练指南。本书先从多方面分析了中老年人应进行力量训练的原因，然后介绍了中老年人力量训练的训练原则、教学方法、训练流程和指导，以及针对不同训练水平的训练计划，并给出了对训练效果进行评估的方法，还为患有多种病症的中老年人及进行不同运动专项训练的中老年人提供了力量训练的建议。最后，本书提供了针对中老年人的营养方案。本书适合希望通过健身提升身体素质和改善身体健康状况的中老年人的健身指导员阅读。

◆ 主　　编　[美] 托马斯·R. 贝希勒（Thomas R. Baechle）
　　　　　　[美] 韦恩·L. 韦斯科特（Wayne L. Westcott）
　译　　　　张佳兴　陆洪军　计百成
　责任编辑　李　璇
　责任印制　马振武

◆ 人民邮电出版社出版发行　　北京市丰台区成寿寺路 11 号
　邮编　100164　　电子邮件　315@ptpress.com.cn
　网址　https://www.ptpress.com.cn
　涿州市般润文化传播有限公司印刷

◆ 开本：700×1000　1/16
　印张：21　　　　　　　2023 年 10 月第 2 版
　字数：372 千字　　　　2025 年 10 月河北第 6 次印刷

著作权合同登记号　图字：01-2017-4808 号

定价：98.00 元

读者服务热线：(010)81055296　印装质量热线：(010)81055316
反盗版热线：(010)81055315

谨以本书献给
苏珊·贝希勒和克劳迪娅·韦斯科特。

目录

致谢

我们感到无比荣幸，在此向各位青年才俊表达诚挚的谢意，是你们促成了本书的出版，也让整个写作过程变得愉快。

首先，感谢美国人体运动出版社各位能干的编辑，他们为我们提供了极大的帮助，特别是迈克尔·巴尔克、朱迪·帕克、达莱妮·里德，还有德娜·穆姆。感谢优秀的摄影师尼尔·伯恩斯坦，还有我们优秀的健身模特佩姬·梁、帕特里夏·坎贝尔、詹姆斯·弗拉纳斯及理查德·雷蒙德。衷心感谢德布拉·魏因（MS、RD）在我们编写“中老年人营养”这一章时所给予的帮助，感谢米歇尔·斯特雷夫在我们编写“与特殊人群合作”这一章时所给予的帮助，感谢丽塔·拉罗莎·劳德。特别感谢我们的行政助理苏珊·斯托达德及苏珊·托马斯所做的出色的工作。衷心感谢南岸基督教青年会的执行会长保罗·戈尔曼、拉尔夫·约埃、玛丽·穆尔、纳塔莉·诺顿、马克·弗里、凯瑟琳·桑德斯及珍·特纳。感谢昆西学院前校长玛莎·修·哈里斯、学术事务处前副处长帕特里夏·凡帕特拉、联合健康学院前院长洛里·季什科夫斯基。最后，感谢苏珊·贝希勒和克劳迪娅·韦斯科特所给予的支持，感谢这份情谊，让撰写本书成为我们一次愉快而富有教育意义的尝试。

前言

根据2007年美国运动医学会（American College of Sports Medicine，ACSM）和美国心脏协会（American Heart Association，AHA）共同发表的《身体活动与公共健康》（*Physical Activity and Public Health*）报告，中老年人需要进行定期的有氧运动和力量训练来促进和保持健康（Haskell et al., 2007），但是现实情况并不乐观，大多数中老年人的运动量并未达到保持健康所需的最低运动量。缺乏运动不仅与当下普遍的肥胖症有明显的关联，而且与很多退行性疾病相关，包括心血管疾病、中风、高血压、2型糖尿病、骨质疏松症、结肠癌、乳腺癌、焦虑症及抑郁症（Kesaniemi et al.，2001）。

幸运的是，要达到2010年美国运动医学会为中老年人建议的最低运动量并不是那么困难。为保持心血管健康，很多指南建议每周5天进行中等强度的有氧运动，总时长至少为150分钟；或者每周3天，每天进行20～25分钟的高强度有氧运动，总时长为60～75分钟；或者每周3～5天，每天进行20～30分钟的中高强度运动。为保持肌肉骨骼的健康，建议每周2～3天，每天进行8～10组抗阻训练，每组重复10～15次。全套8～10组抗阻训练的最佳完成时间为15～20分钟。

定期运动所需的时间，即使对于时间安排紧凑的人群来说，也是十分合理且可行的。尽管大家都知道有氧运动是非常有益的，但是本书的重点是为中老年人设计并指导他们进行有效的力量训练。力量训练是有氧运动能力及每天活动所需的力量得到改善的基础，有助于中老年人轻松完成各种身体活动。力量训练可以弥补年龄增长导致的肌肉流失。男性和女性在25～55岁这个阶段，年龄每增长10岁就会流失2.3千克以上的肌肉组织，55岁之后，肌肉流失的速度会更快（Forbes，1976；Evans and Rosenberg，1992）。肌肉是身体的动力所在，肌肉越少，静息代谢率越低，就会导致“燃烧”的脂肪越来越少，越来越多的热量就变成了脂肪。我们认为，脂肪增加的很重要的一个因素是肌肉流失。在美国，有65%的人超重（35%）或者患有肥胖症（30%），参与力量训练被认为是解决这一问题的必要手段（Hedley et al.，2004）。

尽管你可能认同在少年和青年时期进行力量训练可以有效地实现肌肉增长，但可能不太相信力量训练对中老年人来说也是安全的。2009 年，我们完成了一项大型研究，参与研究的男女共 1644 名，他们每周 2 ～ 3 天，每天进行 10 组抗阻训练，坚持 10 周（Westcott，2009）。参与者平均增加了 1.4 千克的瘦体重（去脂体重），减掉了 1.8 千克的脂体重（脂肪），而且中老年人肌肉增长的速度与年龄比他们小的小组肌肉增长的速度一样。重要的是，要确保中老年人力量训练的高效性，确保把意外受伤的概率降到最低。当中老年人发现力量训练有很好的作用时，他们会积极配合训练。关于中老年人力量训练的多项研究表明，有近 90% 的中老年人坚持训练了 2 ～ 6 个月，这说明他们在训练中获得了很高的满足感（Hedley et al.，2004；Westcott and Guy，1996；Westcott et al.，2008）。

针对绝经的女性（Nelson et al.，1994）、中老年男性（Frontera et al.，1998）开展的典型研究表明，经过几周的基础力量训练后，他们的肌肉含量、肌肉力量和身体机能有明显的改善；而且，塔夫茨大学（Campbell et al.， 1994）和马里兰大学（Pratley et al.，1994）的研究表明，12 ～ 16 周的标准力量训练提高了中老年人的静息代谢率。

如果力量训练可以增长肌肉、提高代谢率、减少脂肪，那么为之付出努力是很值得的。值得注意的是，力量训练除了可以带来外形上的改善，还能促进身体健康。定期进行力量训练，可以促进葡萄糖的吸收，降低患 2 型糖尿病的风险（Hurley，1994）；可以降低静息血压，减小患心血管疾病和中风的概率（Harris and Holy，1987）；可以加快胃肠道转运速度，降低患结肠癌的风险（Koffler et al.，1992）；可以加强腰椎肌肉，降低发生腰部疼痛的风险（Kell and Asmundson，2009；Carpenter and Nelson，1999；Bayramoglu et al.，2001；Risch et al.,1993）；可以增加骨骼密度，降低患骨质疏松症的风险（Layne and Nelson，1999；Nelson et al.,1994）；可以改善平衡能力，降低发生跌倒的风险（Campbell et al.，1999；Nelson et al.，1994）；可以减少疼痛，缓解关节炎（Hakkinen，2004；Baker et al.,2001）、纤维肌痛（Rooks et al.，2002）及抑郁症（Singh et al.，1997）；而且，力量训练还能帮助体弱的中老年人重建身体机能（Westcott et al.，2000）。

肌肉骨骼问题在“婴儿潮”一代中普遍存在，通常这也会导致老年人身体虚弱。我们其中一项研究的研究对象是养老院中坐轮椅的老年人，研究表明，简单的力量训练可帮助 90 岁的老年人增加力量，减少不适，改善身体机能（Westcott et al.，2000）。研究中，19 名参与者每次要进行 5 组力量训练，每周 2 次，持续 14 周。尽管训练环节简短，但是收效甚佳。其中，3 名老年参与者增加了 1.8 千克肌肉，减掉了1.4千克脂肪，上半身力量增加了40%，腿部力量增加了80%，并且颈部、上背部、腰部的不适感都明显减轻；除了1名参与者（双腿截肢）外，其他参与者都减少或者不再使用轮椅；1名女性参与者的身体状况有很大的改善，已经离开养老院，与她的丈夫相聚，生活在独栋公寓里。

虽然不存在长生不老，但是力量训练很明显是扭转年老导致的退行性变化（特别是肌肉流失、代谢缓慢、脂肪增加等）及降低中老年群体中常见的几种健康问题的风险的有效方法。每周2次20分钟的训练使大家都能受益，因此，从时间规划的角度来看，力量训练是一项实用的身体活动项目。

如今，500多家养老院已经为老年人开展了我们的5组力量训练（本书数据截至英文版成稿时）。几乎每家养老院的老年人都可以在设备齐全的训练室进行力量训练。大部分健康俱乐部、健身机构及社区中心都为中老年人提供了特别的力量训练。很多私人教练也是中老年人力量训练的专家，可指导中老年人使用很多训练器械，包括可用于室内力量训练的便携式阻力工具。

本书的目的是为中老年人的健身指导员提供重要信息和有研究支撑的训练原则，以便为中老年群体设计并开展安全有效的力量训练。为了帮助读者更好地运用训练原则和训练计划，本书对以下几方面进行了阐释：中老年人进行力量训练的原因；具体训练原则和训练流程；评估训练效果的方法；使用固定器械、自由重量、健身球及弹力带等的练习动作。（因为肥胖、糖尿病、心血管疾病、骨质疏松症、腰痛、关节炎、纤维肌痛、抑郁症、视觉与听觉障碍、中风等是中老年群体中常见的疾病，所以针对患病的人，本书提出了一些力量训练建议。）本书还包含基础和进阶示范训练，以及适合跑步、骑行、游泳、滑雪、网球、高尔夫球、攀岩、登山等运动专项的训练。

当中老年人意识到肌肉是身体的动力所在之后，就会对开展适当的力量训练越来越感兴趣。但是很多中老年人不懂力量训练，因此他们不愿意独自进行力量训练。这清楚地表明，由合格的健身指导员为中老年人提供专业指导是有必要的。本书的一大特色是实用，着重强调了生理适应性及力量训练带来的益处，特别针对中老年人中的一些特殊群体介绍了相关信息。健身指导员了解这些信息并分享给中老年人，对于帮助他们认识力量训练的益处并开展定期训练是十分必要的。

通过学习本书的内容，读者能更好地了解有效的力量训练，能在向中老年人展示正确的力量训练的过程中提升能力、获取自信。使用标准的力量训练原则，执行本书建议的训练计划并遵循训练流程，能对参加力量训练的中老年人起到有效的带动作用。本书内容逻辑清晰，循序渐进，操作简单，便于读者根据情况来适应特殊的训练场景。书中的数据、图表及记录能很好地帮助读者为久坐不动的中老年人制订力量训练计划。

一个成功的力量训练计划可以增强中老年人的肌肉力量，并改善久坐不动的状态带来的各种不良影响，促使他们在生活中积极运动。本书也有助于加强专业健身指导员的专业技能，使其为社区中老年人的健康带来积极的改变。

第一章

中老年人应进行力量训练的原因

假设你是一名中老年的男性或女性，缺乏运动，增长了 14 千克脂肪。你或许曾经有过几次节食经历，但没有一次减重成功；也试过散步，但是很难协调训练时间，而且身体成分一直没有变化；曾了解过关于力量训练的益处，但是无法完全相信自己能够从中受益，并且听说力量训练有可能导致血压升高；身体不是很健硕，也从未尝试过举重；担心身形看起来不协调，害怕受伤；不知道力量训练的益处，不知道是否值得花费时间进行力量训练。除非有人能清楚地解释为何要进行力量训练，并且仔细地示范动作，否则你不会想参加这类你不熟悉的运动。如果健身指导员在中老年人力量训练方面表现得很专业，那么他可以帮助中老年群体步入改善肌肉骨骼健康状况的正轨。研究表明，力量训练除了可以强健肌肉外，还有助于保持身体健康。

本章的目的是说明力量训练带来的积极效果，包括肌肉重新生长，减少脂肪，提高代谢率，缓解腰部不适感及关节疼痛，降低患骨质疏松症的风险，提高葡萄糖的利用率，加快胃肠道转运速度，降低静息血压，改善血脂水平，改善心脏病发后的身体情况，增强自信，抑制抑郁症等。与中老年人交谈时，健身指导员可以利用这一信息说服他们，让他们相信力量训练很重要，它不仅可行，而且有益健康（American Heart Association and American College of Sport Medicine，2007）。

身体成分

很多人都已经意识到力量训练是增强肌肉的有效方法，也了解到健美人士进行力量训练是为了塑造大块肌肉，举重者进行力量训练是为了让肌肉力量更大 。大多数的中老年人因为没有参加健美比赛或者举重比赛的意愿，所以都不去接触力量训练。这样的情况并不是件好事。因为对每个人来说，特别是年逾 50 的时候，拥有健硕的肌肉是非常有好处的。很少有人天生就拥有能长出健硕肌肉的基因，而那些拥有健硕肌肉的人也多是经过了多年的努力才练就明显的肌肉线条。担心一夜之间肌肉就变大变壮的想法是没有任何科学依据的。

肌肉变少，脂肪增多

中老年人不应该担心肌肉量过多，而应该担心肌肉量是否太少。不定期进行力量训练的 30 ～ 40 岁的成年人，每年会流失 0.23 千克肌肉（Evans and Rosenberg，1992）。不幸的是，有研究表明，年逾 50 的人的肌肉流失会增加约一倍（每年流失 0.45 千克的肌肉）（Nelson et al.，1994）。更可怕的是，80 岁的男性久坐不运动的话，其Ⅱ型肌纤维将减少 50%（Larsson， 1983）。Ⅱ型肌纤维是中老年人在进行力量强度较大的活动（如爬楼梯和下楼梯）时最主要的动员肌肉。肌肉是身体的引擎，肌肉流失就像一辆汽车从八缸发动机降为四缸发动机，且汽车自重（人体重量）不变甚至增加。

肌肉变少、脂肪增多有损身体健康，会导致很多像退行性疾病一样的健康问题，如糖尿病、骨质疏松症、心脏病和结肠癌等。尽管大多数中老年人知道自己身上的脂肪在增多，身体也不如以前强壮，但他们可能没有意识到，随着年龄的增长，肌肉也在流失。只有少数中老年人了解肌肉流失会导致代谢变慢，这是脂肪增多的主要原因。

肌肉流失

肌肉流失是导致生命体征出现以下两个问题的重要原因，并且与一系列的健康问题有着密切的关联。

1. 身体机能降低，会导致身体活动减少，造成更多的肌肉流失。

2. 热量利用率降低，会导致代谢变慢，脂肪堆积。

很多想减重的人常用的方法是采用低热量的节食计划。虽然约有一半的人采取节食减重（Tufts，1992），但只有不到 5% 的人成功（Brehm and Keller，1990）。根据曼及其同事（2007）的研究，基本上所有采取节食方法减重的人在节食后一段相对较短的时间内又反弹至原来的体重。体重反弹既关乎生理方面又关乎意志方面。大多数节食方法所减的体重约有 1/4 是肌肉组织（Ballor and Poehman，1994）。这会导致静息代谢率下降，每天多出 125 千卡（1 卡 ≈ 4.186 焦，后不再标注）的热量（Alexander，2002）。因此，很多节食者代谢变慢，节食后能量需求降低，而恢复正常的饮食会带来更多的热量。中老年人必须了解脂肪过多仅仅是身体成分问题的一部分，节食不是有效的解决办法（Wastcott，2005）。

增肌和减脂

健身指导员应该告诉中老年客户，他们的肌肉量不够。虽然这个问题不显眼，但是很重要，健身指导员需要和中老年客户好好讨论。增肌在加强体力（更强大的身体引擎）、提高静息代谢率（每日更大的能量需求）方面都有效果。研究表明，定期进行力量训练可以减少中老年人的肌肉流失（Grimby et al.，1992；McCartney et al.，1996），还能提高他们的静息代谢率（Partley et al.，1994；Hunter et al.，2000；Ades et al.，2005）。

塔夫茨大学早期曾开展了一项关于该领域的研究，研究对象是前期缺乏运动的男性和女性，其年龄为 56 ～ 80 岁（Campbell et al.，1994）。12 名研究对象每次要进行 30 分钟的力量训练，每周 3 次，持续 3 个月，并且在该研究期间不参与其他形式的运动。他们的力量训练方案包含 3 组练习，每组练习包含 4 个动作，几乎可以锻炼到所有的主要肌群。研究发现，尽管参与者每天比研究开始前多摄入约 250 千卡热量，但他们平均增加了 1.4 千克瘦体重，减少了 1.8 千克脂体重。为什么会出现这种现象呢？这是因为力量训练使肌肉增长了，使静息代谢率提高了 7%，同时力量训练也使每天的能量利用率提高了 15%。普拉特利及其同事所做的研究（1994）及帕芬伯格和奥尔森所做的研究（1996）中也出现了关于静息代谢率的类似结果。

力量训练和节食不同。节食是减少每天对热量的摄取（也导致了不运动人群的肌肉流失），而力量训练是增加每天对热量的利用。除了提高静息代谢率以外，强壮的肌肉还能让中老年人轻松完成所有的身体活动。

在另一项早期研究中，巴茨和普赖斯（1994）研究了相对高强度的力量训练对女性身体成分的影响。参与者每周 3 天进行每组包含 12 个练习动作的训练，持续 12 周。12 周后，她们平均增加了 1.3 千克瘦体重，减少了 1.4 千克脂体重，身体成分平均变化了 2.7 千克。

在一个类似的研究中，研究对象大部分是中老年男性（Draovitch and Westcott，1999），77 名参与者每周 3 天进行相对高强度的力量训练（每组包含 12 个练习动作），持续 8 周。经过 8 周的训练后，参与者平均增加了 1.8 千克瘦体重，减少了 1.9 千克脂体重，身体成分平均变化了 3.7 千克。

中老年人有时会怀疑他们的年纪太大，是否真的可以改变身体成分。但是韦斯科特（2009）做了一项涉及 1644 名中老年男性和女性的研究，研究发现，他们的身体成分有明显的良好改变。该研究中的中老年人每天需进行 25 分钟的相对高强度的力量训练（每组训练包含 12 个练习动作）和 20 分钟中等强度的有氧运动（在跑步机上走或骑功率自行车），每周练习 2 ～ 3 天，持续 10 周。各年龄组（21 ～ 80 岁）所增长的瘦体重数据接近，如表 1.1 所示。韦斯科特和盖伊两人（1996）在早期进行的一项为期 8 周的研究中，研究了 1132 名中老年人，其研究结果与表 1.1 中的结果十分相近。两项研究还都表明，男性瘦体重的增长量和脂体重的减少量是女性的两倍。男性身体成分变化较快的原因可能在于基因，包括体重较大、肌肉质量更多、合成代谢激素（睾酮）水平较高等。

表 1.1

进行力量训练后瘦体重的变化

年龄 / 岁	瘦体重变化 / 千克
21 ～ 44	+1.1
45 ～ 54	+1.4
55 ～ 64	+1.3
65 ～ 80	+1.4

10 周力量训练后，21 ～ 80 岁男女（1644 名研究对象）的瘦体重变化。各年龄组没有明显差异。

来源：Westcott 2009. ACSM strength training guidelines. *ACSM' s Health & Fitness Journal* 13(4): 14 ～ 22.

也有其他研究者研究了力量训练对中老年男性（Frontera et al., 1988）、中老年女性（Nelson et al., 1994）及年老体弱者（Fiatarone et al., 1990）身体成分的影响，都得出了力量训练使中老年人瘦体重增长和脂体重减少的结论。

为了避免产生年龄主导身体成分变化的想法，大家可以了解以下一项为期 14 周的研究的结果。其研究对象是平均年龄为 90 岁的体弱病人，他们均来自养老院（Westcott et al., 2000），每天进行 10 分钟的抗阻训练（每组训练包含 5 个练习动作），每周训

普遍的体弱

大量力量训练研究，包括塔夫茨大学以中老年人为研究对象的前沿研究（Campbell et al., 1994; Fiatarone et al., 1990; Frontera et al., 1998; Nelson et al., 1994）都表明，力量训练能显著改善骨骼肌肉状况，并且降低受伤率。无论是身体健康的训练者还是虚弱的训练者都能接受负荷为 1RM（repetition maximum）（1RM 代表一个人一次能举起的最大负荷）的 80% 的训练，其中年龄最大者为 100 岁（Fiatarone and Singh, 2002; Fiatarone et al., 1994）。力量训练是针对体弱的训练者最有好处的运动形式之一，它有助于训练者增强肌肉力量和肌肉耐力，维持独立行动的能力，以及减少发生摔倒的频率（Grimby et al., 1992）。

练2天，14周后所有参与者平均增加了1.7千克瘦体重，脂体重平均减少了1.3千克。该研究中的老年人的腿部力量增强了80%，上肢力量增强了40%。可以确定的是，老年人无论年龄多大，力量训练都可以改善他们的身体成分，而且可以增强肌肉力量。

代谢率

肌肉组织很活跃，因此在训练期间需要大量能量，在休息时也需要能量供给。在休息时对能量有需求是因为人体一天24小时都在进行肌肉重建。即使在睡眠状态下，肌肉重建过程也会消耗身体所需能量的25%。在塔夫茨大学的研究（Campbell et al.,1994）中，作为研究对象的中老年人，在经过12周的力量训练后，瘦体重增长了1.4千克，静息代谢率提高了7%。在马里兰大学为期16周的力量训练研究（Pratley et al.，1994）中，中老年男性的瘦体重增加了1.6千克，静息代谢率提高了8%。亨特及其同事（2000）在阿拉巴马大学开展的为期24周的研究表明，定期的力量训练有助于提高代谢率。在该研究中，中老年人的瘦体重增加了2.0千克，静息代谢率提高了7%。假设平均每天的静息代谢量是1500千卡，那么新增肌肉每天可额外实现100千卡以上的静息代谢量。

力量训练增加了能量的消耗量，但静息代谢量的增加只是其中一部分。力量训练本身的目的就是要“燃烧”大量的热量（Ades et al.，2005）。例如，根据亨普尔和韦尔斯（1985）及霍尔托姆等（1999）的研究，25分钟的循环力量训练可消耗200千卡热量。当身体从无氧供能（力量训练过程中的主要能量来源）转向有氧供能时，身体会额外消耗静息时所需的热量。这一过程称为运动后能量消耗，而且其程度与力量训练的强度和训练时长有直接关联。吉勒特等人（1994）的研究表明，力量训练后，能量的高效利用会持续90分钟，其效果可以和耐力训练相媲美。梅尔比及其同事（1993）发现，在高强度、大运动量的力量训练后的两小时内，代谢率提高了12%。针对循环力量训练，霍尔托姆及其同事（1999）的研

力量训练的重要影响

总的来说，力量训练对代谢功能和能量利用有三重影响。第一，力量训练能大幅提高训练期间的能量利用率。第二，力量训练后恢复期间，身体代谢率会适当提高。第三，力量训练期间，肌肉全天需要更多的能量，静息代谢率因此得到显著提高（提高7%～8%）。很明显，有效的力量训练可以使肌肉更加强健，是提高身体代谢率的有效途径。

究表明，参与者在循环力量训练期间会消耗15%～25%的热量，这与他们运动后一小时内“燃烧”的热量相同。换句话说，循环力量训练可以燃烧200千卡热量，如果把运动后的能量消耗包括在内的话，那么可能实际消耗了250千卡热量。尽管不建议刚刚接触力量训练的中老年人进行循环力量训练，但是，即便是中等强度的力量训练也可以在运动后提高静息代谢率（Campbell et al., 1994）。循环力量训练是由间歇训练演变而来的，训练中交替进行的练习动作（如推—拉、上半身运动—下半身运动）的训练时间和休息时间都有限制。休息间隔一般是30秒或更短（Baechle and Earle，2006）。训练时间比重越大，休息时间比重越小，就越有助于消耗较多的能量，促进心血管健康（Messier and Dill，1985）。

糖尿病

身体细胞无法有效利用葡萄糖是一种可能导致糖尿病的代谢障碍问题。运动可以促进葡萄糖吸收，很多糖尿病患者发现，定期进行身体活动能有效保持稳定的葡萄糖水平。尽管进行有氧运动可以加强葡萄糖的吸收利用这一理念一直被强调（Council on Exercise of the American Diabetes Association，1990），但是研究表明，力量训练也有同等的效果（Durak et al.，1990；Miller et al.，1984）。很多研究中的研究对象都是接受抗阻训练的中老年糖尿病患者，例如卡斯塔内达等人（2002）的研究。在该研究中，研究对象每周进行2次训练，每次练习3组动作，每组动作重复8次。第1～8周，参与者所能承受的最大负荷为1RM的60%～80%；第10～14周，这一数据为1RM的70%～80%。这些研究说明，参与者血糖控制得到明显改善，肌肉增加，腹部脂肪减少，糖尿病用药需求减少，收缩压降低，肌肉力量得到强化。赫尔利（1994）早期的研究表明，中老年男性经过4个月的力量训练后，葡萄糖利用率增长了23%。埃里克松等人（1997）发现，虽然2型糖尿病患者之前缺乏运动，但经过11组进阶循环力量训练（1周2次，持续3个月）后，他们的血糖控制得到明显改善。

糖尿病与力量训练

力量训练在多个方面是有益于糖尿病患者的。第一，力量训练可以逆转肌病。肌病与低葡萄糖利用率有关，也是2型糖尿病的诱发因素（Durak，1989）。第二，对于靠摄入低热量减少体脂的人来说，力量训练有助于保留身体的瘦体重（Ballor et al., 1988）。第三，相较于未经训练的肌肉（Ibanez et al., 2005），经过训练的肌肉能更好地吸收葡萄糖，其胰岛素抵抗也较低（Lohmann and Liebold, 1978）。

尽管已经有研究表明抗阻训练可以明显改善血糖控制的情况，但多项研究在研究融合了这两种形式的运动效果（Sigal et al.，2007；Balducci et al.，2004；Tokmakidis et al.，2004）时，得到的结果更加喜人。

糖代谢紊乱很可能导致患上2型糖尿病，力量训练在改善葡萄糖吸收方面起到的积极作用有助于预防这种中老年群体中越来越普遍的严重疾病（Craig et al.，1989）。

胃肠道转运

胃肠道转运是指食物通过消化系统所需的时间。胃肠道转运时间长会增加患结肠癌的风险（Hurley，1994）。科丹等人（1986）的研究表明，跑步等有氧运动可以缩短胃肠道转运时间。之后，马里兰大学的研究者发现，中老年男性进行3个月的力量训练后，他们的胃肠道转运时间缩短了56%。研究人员据此得出结论：力量训练或许可以有效解决年龄增长带来的胃肠道动力紊乱的问题，同时也可以降低患结肠癌的风险（Koffler et al.，1992）。

心血管疾病

所有类型的运动都可以增强心血管系统输送氧气的能力，提高心率和收缩压。心率和收缩压二者的增长成正比。人们习惯性地误认为，力量训练不论在训练过程中还是训练后的一段时间内，都会造成血压大幅升高。尽管在等长收缩运动中，肌肉会长时间静态收缩，并使血压值处于较高的水平，但是如果在正确的指导下进行力量训练，是不会发生这种情况的。

血压

如果在功率自行车上以正常骑行速度（最大心率的75%）运动，收缩压会比静息时的收缩压升高约35%（Westcott，1986）。也就是说，如果静息时收缩压是120毫米汞柱，那么在功率自行车上以正常骑行速度运动时收缩压平均约为162毫米汞柱。通过以下两种情况可以发现，重复10次哑铃弯举动作后，肌肉出现暂时性脱力，此时的收缩压比静息时的收缩压升高了35%（Westcott and Howes，1983）；重复10次腿部推蹬动作后，肌肉出现暂时性脱力，此时的收缩压比静息时的收缩压升高了50%（Westcott，2004b）。抗阻训练中收缩压（和心率）是呈线性、进阶性及持续性增长的，并且这种增长会不断地重复出现。如果静息时的收缩压是 120 毫米汞柱，那么高强度的腿部推蹬训练会使收缩压升高 50%，即达到 180 毫米汞柱，但这远远低于美国运动医学会针对运动相关的收缩压所给出的最高水平——250 毫米汞柱（2010）。即使是正参加心脏康复训练的中老年人进行中等强度（1RM 的 40% ～ 60%）的力量训练时的血压值，在临床上也是可以被接受的（Haslam et al.，1988）。德格鲁特等人（1998）的研究表明，在 85% 的最大摄氧量下，进行同等强度（1RM）的力量训练时的血压反应要低于在跑步机上运动时的血压反应。而且，在关于腿部推蹬训练的研究中发现，训练结束后，舒张压（低于静息时的舒张压）立刻下降了 10 毫米汞柱，原因是扩张的血管网络减小了血管对血流的阻力（Westcott，2004b）。

尽管在训练期间，抗阻训练会使血压短暂升高，但遵循合理原则制订的力量训练计划，是不会导致静息血压值升高的（Hurley，1994）。哈里斯和霍利（1987）及赫尔利等人（1988）关于循环力量训练的研究分别历时 9 周和 16 周。事实上，这两项研究表明，训练后舒张压有大幅度下降。虽然有氧运动有利于改善血压水平，这是毋庸置疑的，但是已经有不止一项研究表明，力量训练和耐力训练对降低静息血压同样有效（Smutok et al.，1993）。

因此，与大众的误解相反的是，有效的力量训练不仅不会对血压造成不良影响，而且大量研究表明，力量训练有降低静息血压的作用，特别是循环力量训练，其降压效果更显著（Katz and Wilson，1992；Kelley，1997）。

血脂

血脂谱分析十分重要，可用于推测患心血管疾病的风险，但不幸的是，很多中老年人的总胆固醇、低密度脂蛋白（Low Density Lipoprotein，LDL）（有害）及甘油三酯的含量均超过正常水平，高密度脂蛋白（High Density Lipoprotein，HDL）（有益）的含量低于最佳水平。尽管基因是血脂水平主要的影响因素，但是研究表明，饮食和运动对血脂水平也有影响。

关于血脂的一项著名研究出现在 30 多年前（Hurley et al.，1988）。在该研究中，研究对象（40 ～ 50 岁男性）参加了为期 16 周的循环力量训练，训练后，他们的低密度脂蛋白的含量明显下降，高密度脂蛋白的含量明显增加，但是之后的研究（Kokkinos et al.，1988，1991；Smutok et al.，1993）却未能得出相似的结果。对发表于 1990—2006 年的 84 项（Tambalis et al.，2008）关于有氧训练、抗阻训练及组合训练的研究进行回顾可发现，这些研究都表明抗阻训练可以降低 LDL 值，但是组合训练可以在降低LDL值的同时，升高HDL值。凯利等人（2009）采用荟萃分析发现，力量训练降低了LDL值、总胆固醇值，以及总胆固醇与HDL的比值。

关于力量训练改善血脂水平的有效性的研究还未有定论，很多猜想还需要证明。但是我们应保持信心，至少力量训练不会对血脂水平产生不利影响，而且可能会促使LDL和HDL产生积极变化（Johnson et al.，1982；Stone et al.，1982；Blessing et al.,1987；Ulrich et al.，1987；Boyden et al.，1993；Goldberg et al.,1984；Tucker and Sylvester，1996）。

心脏病

冠心病是医学界一大难题，在中老年群体中尤其普遍。幸运的是，冠心病的治疗水平已经发展到可以使心脏病发作幸存者和心脏搭桥术后患者能相对正常地生活。尽管我们经常鼓励心血管病患者参加有氧运动，但是通常都不建议他们进行抗阻训练，而不进行抗阻训练对他们来说不是个好的建议，因为在康复期间，患者若不活动，经常会出现肌肉萎缩现象 。与健康的人一样，患者也需要依靠肌肉力量和肌肉耐力支撑体力活动并完成日常活动。如果没有健康的肌肉，患者每天的生活将会很费劲。

有些研究表明，力量训练对很多心脏病患者来说是安全、有效的（Butler et al.，1987；Stewart et al.，1988；Faigenbaum et al.，1990；Ghilarducci et al.，1989；Haennel et al.，1991；Vander et al.，1986）。哈里斯和霍利（1987）发现，如果心脏病患者的高血压可以得到控制，那么力量训练是很安全的。皮尔逊等人（2001）发现，6个月的抗阻训练或有氧训练可以提高极限运动水平时耗氧量的峰值。而且，如果心脏病患者进行抗阻运动及有氧运动的组合训练，他们的肌肉力量将得到大幅度增强，且身体成分将得到改善。

强健的肌肉骨骼系统有助于减少心血管系统的压力，从而降低患心血管疾病的风险。虽然心脏病患者可从训练中获益，但是有特殊情况或需求的病人，或其他群体，必须时刻谨慎小心。美国运动医学会（2010）建议无症状冠心病患者发病后7～8周从基础抗阻训练开始练习。美国心肺康复协会（1995）为心脏病患者提供了一套全面的力量训练指南。当然，事先获得医生同意是心脏病患者参加力量训练的首要条件。

骨质疏松症

骨质疏松症是骨骼系统的一种退行性疾病，其特点是骨骼中的蛋白质、矿物质逐渐流失，从而导致骨骼脆弱，骨折风险升高。骨骼的强弱基本和肌肉的强弱呈正相关关系——肌肉无力的同时，骨骼脆弱；肌肉强壮的同时，骨骼强健。根据美国国家骨质疏松症基金会（NOF，2008）提供的数据，美国有 1000 万人患有骨质疏松症，3400 万人骨量在减少，这会增加他们患病的风险。骨质疏松症无明显症状，通常受伤后才能确诊。因此，健身指导员应该询问中老年客户尤其是女性客户，是否做过骨密度测试。若他们做过，则健身指导员应要求他们提供一份测试结果的复印件。

骨质疏松症与肌肉虚弱无力关系紧密，它们均可以通过力量训练得到改善（Bell，1988；Colletti et al.，1989；Marks，1993；Layne and Nelson，1999；Ryan et al.，1994；Snow-Harter et al.，1992）。肌肉在力量训练中变得更强壮，骨骼变得更强健（Hughes et al.，1995）。探究骨骼与肌肉之间关系的调查显示，力量训练可以帮助年逾 50 的中老年人维持或提高骨密度（Kerr et al.，2001；Rhodes et al.，2000；Nelson et al.，1994；Menkes et al.，1993）。罗伯特·A. 古特勒博士——美国骨科医师学会（American Academy of Orthopaedic Surgeons，AAOS）、美国运动医学矫形外科学会会员，提出"骨质疏松症不会遗传，良好的饮食习惯对于预防骨质疏松症是十分有效的，且经常进行力量训练非常有用"（personal communication，May 1998）。

从逻辑上来说，能促使肌肉的肌蛋白含量增加的运动也能增加骨骼中蛋白质和矿物质的含量。尽管基因、激素、营养物质及其他因素会影响骨重建（骨吸收和骨生成同时进行的过程），也会影响骨质疏松症病程，但是力量训练是发展和保持强健且机能良好的肌肉骨骼系统的好办法，因为强健的肌肉骨骼系统可以延缓老化和骨质疏松。

对中老年男性（Menkes et al.，1993）和停经女性（Nelson et al.，1994）的调查结果显示，定期、阶段性的力量训练可以延缓骨质流失。

例如，门克斯等人（1993）的研究表明，训练后，参与者的脊柱（2%）和股骨颈（3.8%）部位的骨密度有明显增长。该发现很重要，因为它与股骨颈相关，这是中老年群体发生骨折的常见区域。

门克斯的结论得到了纳尔逊及其同事（1994）在塔夫茨大学所做的研究的支持。纳尔逊的研究对象是 39 名停经女性（50 ～ 70 岁），她们参加了 12 个月的力量训练。其训练计划包括 5 个练习动作（髋关节伸展、膝关节伸展、高位下拉、背肌伸展和腹部屈曲），每个练习动作做 3 组，每组重复 8 次，每周练习 2 天。结果显示，进行力量训练的女性的腰椎和股骨颈的骨密度增加了 1%，瘦体重增加了 1.4 千克，而没有参加力量训练的女性的骨密度下降了 2%，肌肉流失了 0.45 千克。

另一项为期12个月、研究对象为更年期女性的研究清楚地表明，力量训练对增加骨密度有重要作用（Notelovitz et al.，1991）。同时进行力量训练和雌激素治疗的参与者的骨密度增加了2.1%，而只接受雌激素治疗的参与者的骨密度没有变化。汤顿（1997）借鉴这一研究结论得出，力量训练可以显著增加65～75岁女性腰椎的骨密度（髋部的骨密度也有增加的趋势）。罗兹和同事（2000）在一项力量训练的研究中采用双能X射线吸收法（DXA）来测定中老年人骨密度的变化。其研究也表明，训练后，中老年人的骨密度增加了。沙雷特等人（1991）提出，骨重建需要4～6个月，但短期的力量训练也有可能使骨密度增加。

降低摔倒的风险

“脆弱的骨骼容易导致骨折，肌群功能退化和肌无力会使人容易摔倒”（Dudley，2001）。肌群功能退化会影响身体的平衡，对于中老年人来说，失去平衡便更容易摔倒，而摔倒会让他们更少去参与运动，从而导致肌肉萎缩。这样的恶性循环会使他们的身体产生功能性退化，最终会使他们永久性地失去独立活动的能力（Borst，2004）。经证明，由资深教练精心设计的体能训练计划可以帮助中老年人改善动态平衡（Campbell et al.，1997），降低摔倒的概率（Sequin et al.，2003），同时增强步行耐力（Ades et al.，1996）和加快步行速度（Fiatarone et al.，1994）。博斯特（2004）已通过研究证明，抗阻训练对缓解肌群功能退化与肌无力的症状十分有效。其研究报告指出：“抗阻训练是中老年人增加肌肉质量和增强肌肉力量的最有效的方式。”针对中老年人设计的体能训练计划，应当将增强腿部力量和保持平衡作为首要目标，从而降低中老年人摔倒的风险，使其能够保持独立行动，享受更高品质的生活。

总体来看，这些研究都提供了可靠的证据，证明力量训练可以使骨密度发生积极的变化，并有助于中老年人预防骨质疏松症。

腰痛

大多数中老年人基本都会经历至少一次腰痛发作。专业医学人士估计，美国4/5的中老年人偶尔或长期有腰部不适感。这种状况十分常见，但与其他疾病（感冒和流感除外）相比，由这种状况引起或产生的旷工次数、医疗花费等明显更高。针对腰痛有一种高效的干预治疗方法，那就是腰部力量训练（Jones et al.，1988；Bayramoglu et al.，2001）。这是一种简单的治疗方法，但对很多有腰痛症状的人来说十分有效。很多人对此感到很吃惊。

因为腰部肌肉虚弱与腰痛之间有很大关联，所以腰部力量训练能产生很好的效果。佛罗里达大学几项关于腰痛的研究表明，80%以上的患者通过系统性的训练强化腰部肌肉后，腰痛能得到有效的缓解或治愈（Risch et al.，1993）。佛罗里达大学的力量训练计划简单且效果明显。所有参加训练的人在器械上进行 1 组腰部伸展练习，每个练习动作重复 8 ～ 15 次，平均每周练习 3 天，持续 10 周。卡彭特和纳尔逊（1999）发现，中老年人每周仅用 1 天进行单组腰部伸展练习（重复 8 ～ 15 次）至肌肉脱力，其效果和多组练习的效果一样，都能强化腰部肌肉，从而缓解腰痛。利姆克和兰维尔（2008）也发现，在缓解腰痛方面，单组练习和多组练习有同样的效果。以上研究及针对患有腰痛的大型汽车工厂工人的调查都表明，锻炼腹部肌肉（腹直肌、腹外斜肌、腹内斜肌）或许也能缓解腰部肌肉虚弱无力的症状，进一步降低腰部受伤或再次受伤的概率（Westcott，2004）。尽管腰痛是个复杂的医学难题，但适当进行腰部、腹部强化训练，能增强肌肉骨骼系统的机能，有力支撑脊柱，有效减震（减小压力，防止过度磨损和腰部脆弱部位的拉伤），从而降低肌肉骨骼老化和受伤的风险。

关节炎

美国关节炎基金会（2009）指出了超过 100 种可造成全身关节及周围组织疼痛、肿胀、活动不利等症状的情形。美国关节炎患者超过 4600 万人（National Center for Health Statistics，2009），最常见的两种关节炎是类风湿关节炎和骨关节炎。类风湿关节炎是发生在关节滑膜的一种炎症，骨关节炎发生的主要原因为关节软骨磨损。类风湿关节炎不仅影响关节，也会影响血管、皮肤、心肌及肺。相比之下，骨关节炎会造成膝盖、髋部、足部、脊柱及手部的软骨退化，是一种退行性疾病。内科医生通常会告诫关节炎患者尤其要避免剧烈运动和力量训练。但是一些调查研究改变了这一看法，例如在塔夫茨大学的研究中，研究人员发现，55 岁以上接受力量训练的骨关节炎患者，其关节疼痛症状得到明显缓解，肌肉力量、身体机能及体力等均得到大幅增强，生活质量明显提高（Baker et al.，2001）。

尽管力量训练缓解关节炎症状的机制尚不清楚，但是力量训练可以缓解骨关节炎及类风湿关节炎的疼痛症状、强化肌肉骨骼系统、增强关节机能等作用已广为人知（Marks，1993；Quirk et al.，1985）。

纤维肌痛

在美国，纤维肌痛影响了约 500 万人，且大多数人是女性（National Institute of Arthritis and Musculoskeletal and Skin Diseases，2005）。它的特征是大范围疼痛，有特定的压痛点（Wolfe et al.，1990），还可能伴有对触碰和噪声敏感、睡眠质量较差、四肢麻木、抑郁、情绪波动大及记忆力衰退的症状。有两项研究结果显示，力量训练对纤维肌痛患者有益，一项是哈基宁等人（2001）以绝经前期的女性为研究对象的研究，另一项是鲁克斯及其同事（2002）关于女性参加 20 周力量训练及有氧训练的研究。

抑郁症

哈佛医学院的一项研究表明，中老年抑郁症患者可以从力量训练中获益（Singh et al.，1997）。32 名（60 ~ 84 岁）符合轻度、中度抑郁症诊断标准的研究对象，分别进行力量训练或参加健康相关主题的系列讲座。10 周以后，其中 82% 参加力量训练的研究对象不再符合抑郁症诊断标准，相比之下，参加讲座的研究对象仅有 40% 不再符合该诊断标准。辛格等人（2001）的研究表明，经过 20 周的抗阻训练（10 周有指导，另外 10 周无指导）及 26 个月的跟踪回访，研究对象的抑郁程度得到大幅降低。韦斯科特（1995）通过自填问卷调查的方式调查了 49 名中老年人，以确定 8 周的力量训练和耐力训练能否对他们的自信产生影响。尽管没有数据分析，但是我们从评分表可以看出，这些训练对研究对象的自信产生了积极效果。尽管该领域的研究尚待完善，但是我们依然可以看出力量训练是有助于抵制抑郁、加强中老年人的自信的。

视觉与听觉障碍

健身教练经常会遇到一些有视觉或听觉障碍的客户，本书第八章将会讲解如何与这些人进行沟通。有人担心抗阻训练会影响眼压，有研究却表明运动会大幅度减小眼压（Conte et al.，2009；Chromiak et al.，2003）。有视觉或听觉障碍的人通常平衡能力较差，而腿部训练和平衡能力训练会降低他们摔倒的风险。

中风

美国中风协会（2008）提出，美国有 600 万名中风幸存者。尽管不是所有的研究都支持抗阻训练对中风患者有益（Moreland et al.，2003），但韦斯等人（2000）的研究表明，中风后进行一年的抗阻训练可以改善中风导致的偏瘫和下肢肌肉僵硬的症状，并且患者的站立时间、平衡能力及运动能力等都有改善。每一位中风患者的身体功能的限制程度和自身的控制能力均不同。痉挛是他们遇到的主要挑战之一，因为这可能使他们失去平衡，无法控制行动中的肢体。

中老年人进行力量训练的益处

研究表明，强度相对较大的力量训练计划有益于中老年人的身体健康，可能带来的益处包括以下几个方面。

- 经过 3 个月的定期力量训练后，身体成分得到改善，瘦体重增加 1.4 千克，脂体重减少 1.8 千克。
- 经过 3 个月的定期力量训练后，静息代谢率提高 7%。
- 腰部不适感得到缓解，80% 左右的患者经过 3 个月腰部特定的力量训练后，腰部疼痛有所减少或消除。
- 关节疼痛得到缓解，这是由关节炎患者经过力量训练后针对关节炎症状进行的主观评分所得出的结论。
- 骨密度增加，可减少年龄增长导致的骨质流失，预防骨质疏松症。
- 提高葡萄糖利用率，可减少患 2 型糖尿病的风险。
- 胃肠道转运速度加快，可减少患结肠癌及其他胃肠道系统的动力紊乱等疾病的风险。
- 降低静息血压，包括舒张压和收缩压。
- 改善血脂水平，包括 LDL 及 HDL。
- 定期进行非特定的身体活动可以强化肌肉、降低心血管压力、改善心脏功能。
- 经过 2 个月的定期力量训练后，之前缺乏运动的人士均表示他们变得更自信。
- 缓解中老年人轻度、中度抑郁症状。

第二章

训练原则和教学方法

几乎任何逐渐增大阻力或负重的训练计划都可以增强肌肉力量。不幸的是，对中老年人来说，一些热门训练的受伤风险高，而其他训练的效果不明显。为中老年人精心设计的训练计划应使训练效果最大化，并把受伤的概率降到最低。其中的练习动作应简单易行，时间安排应合理、有效。中老年人的健身指导员应该知道，中老年人能够以相对较高的强度进行训练（Frontera et al.，1988；Fiatarone et al., 1990；Nelson et al.，1994），同时，应当注意不能对他们要求过高，否则会使他们在训练期间产生肌肉酸痛感（Miles et al.，1997）。

美国运动医学会（ACSM，2010）提出，力量训练的基础训练应至少包含1组针对主要肌群的8～10个练习动作，每个动作重复8～12次，每周练习2～3天，间隔进行。

尽管美国运动医学会提出的力量训练指南适用于所有的成年人，但是针对中老年人有特殊建议。首先，健身指导员要了解中老年人的特殊需求及身体能力，并且能在训练期间提供详细的指导。其次，美国运动医学会提出，中老年人在进行力量训练时，特别是在刚开始训练的8周内，应增加动作重复次数（应为10～15次重复，而不是8～12次），相对减少训练负荷。然后，健身指导员应鼓励中老年人在控制速度（冲击）的情况下通过全方位的无痛练习来加强训练，同时保持持续呼吸（不憋气）。最后，美国运动医学会建议中老年人从固定器械训练开始，以使身体更平稳，动作范围更可控，动作更标准。

本章为设计针对中老年人的安全有效的力量训练提供了有理论支撑的训练指南，其涵盖了以下必要的力量训练原则。

1. 训练频率。
2. 训练量。
3. 训练负荷。

4. 动作重复次数。

5. 训练动作选择。

6. 循序渐进。

除了了解必要的力量训练原则外，健身指导员还需要用有效的教学方法去指导、鼓励训练者。因此，本章最后将讲述教学方法的相关内容。互动式教学可促进交流、提升训练效果，包括以下十大内容。

1. 易理解的训练目标。

2. 简明教学，准确示范。

3. 贴心指导。

4. 适当帮助。

5. 一次完成一项任务。

6. 循序渐进。

7. 正面强化。

8. 具体反馈。

9. 仔细询问。

10. 训练前、后的交流。

将训练原则和教学方法正确地结合能很好地优化中老年人的锻炼体验，让他们感受到成为合格、自信的中老年训练者的成就感。

原则一：训练频率

正确合理的力量训练会逐渐加强锻炼并压迫主动肌，从而造成一定程度的组织轻伤。每次锻炼后，受压迫的肌肉组织会进行修复和重建，并逐渐变得更加强壮、结实。通常需要 48 ～ 72 小时才会出现这些有益健康的生理适应，在这段时间内，训练者应开始下一次力量训练，这样才能达到最佳效果。因此，应在上一次训练后 2 ～ 3 天再锻炼同一部位的肌肉，才能使肌肉力量得到加强。训练次数太少会错过刺激肌肉力量增强的最佳时间。相反，训练过于频繁会阻碍肌肉充分恢复，最终无法使肌肉力量得到最大化的增强。肌肉恢复时间应该能最大限度地使肌肉重建，但是实际时间因人而异。因此，健身指导员必须认真监督、观察客户的进步，

> **组织轻伤**
>
> 肌肉和结缔组织的轻微损伤通常需要 48 ～ 72 小时的恢复时间，以完成修复和重建过程。

以确定最佳训练次数。

只有通过反复试验才能确定客户的最佳训练次数，因此仔细记录每个客户的训练环节是很重要的。当两次训练之间的肌肉恢复时间和重建时间合适，负重和重复次数便有可能持续性、阶段性地增长。

虽然大部分关于力量训练的书都建议每周进行 3 天力量训练（Baechle and Earle，2005；Baechle and Earle，2008；Fleck and Kraemer，1997；Westcott，1995a），但一些研究表明，每周进行 2 天力量训练也同样有效（Braith et al.，1989；DeMichele et al.，1997）。特别是，每周进行 2 天力量训练对增强年逾 50 的中老年人的肌肉力量更为有效（Stadler et al.，1997；Westcott and Guy，1996；Westcott et al.，2009）。

布赖斯等人（1989）发现，每周进行 2 天力量训练和每周进行 3 天训练产生的效果一样，肌肉力量都增加了 75%。出自同一所大学的研究也表明，每周进行 2 天或 3 天力量训练，肌肉力量强化的效果相同，参与者的肌肉力量提升情况相近（见图 2.1），但是每周只进行 1 天力量训练的参与者未见肌肉力量的明显增加（DeMichele et al., 1997）。

在韦斯科特等人（2009）的研究中，1725 名研究对象经过 10 周的力量训练后，每周 2 天训练组和每周 3 天训练组的肌肉力量发展无明显差异。所有研究对象都按照美国运动医学会的指南进行小班制训练，并接受密切观察。每周 2 天训练组在周二、周四参加训练，每周 3 天训练组在周一、周三、周五参加训练。最后，两组参与者

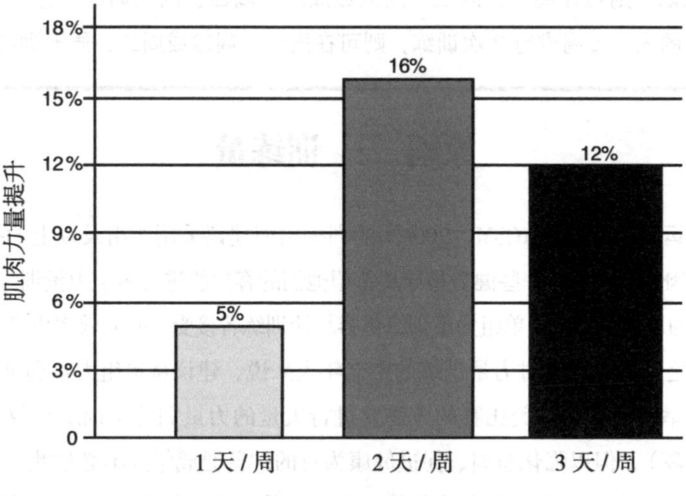

图 2.1　经过 12 周，每周 1～3 天的力量训练后的肌肉力量提升情况

来源：DeMichele et al., 1997.

的瘦体重（去脂体重）平均都增加了1.4千克。这些研究结果说明，每周2天不连续参加力量训练，其训练效果与每周3天不连续参加力量训练的效果相当。

很明显，在刚开始力量训练的几个月里，每周2天参加力量训练能为肌肉发展提供必要的刺激，但每周3天参加力量训练，肌肉重建的效果很少，甚至没有。

麦克莱斯特及其同事（2003）精心设计的研究表明，无论是青少年还是中老年人，进行高强度的力量训练后，都需要2天以上的恢复时间以使训练效果最大化。由于周一的训练难度相对较大，周二的肌肉力量远低于基线（起初的）水平，周三的肌肉力量稍低于基线水平，周四的肌肉力量远超基线水平，周五和周四情况相同。也就是说，在48小时内，训练者的肌肉没有得到恢复，但是72小时后，他们的肌肉对训练的反应得到优化。

保持训练的持续性与明确训练频率同样重要。如果错过预定的训练课程，不利于身体逐步适应提升肌肉力量的训练刺激。频繁训练同一部位的肌肉，假设训练频率为连续2天，也会适得其反，原因是肌肉恢复和重建的时间均不足。采用本章后面探讨的一些策略，能找到激励中老年人准时参加训练的方法。

总则

对于新手来说，原则一的总则是，两次训练间隔2～3天。建议经常训练的人的两次高强度训练之间间隔72小时。例如，训练新手每周进行3次训练的话，则可在周一、周三、周五或周二、周四、周六训练；若是经常进行训练的人，每周进行2次训练，则可在周一、周四或周二、周五训练。

原则二：训练量

美国运动医学会（ACSM，2006）的训练指南建议采用1组及以上的抗阻训练来增强肌肉力量。虽然一些健身指导员希望他们的客户能进行多组力量训练，但是1组是最低的训练量要求。单组力量训练更容易让训练者接受，时间效率更高，因此对于大多数之前没有接触过力量训练的中老年人来说，建议从单组力量训练开始。

参加举重比赛、健美比赛的人需要进行大量的力量训练（训练组数多、动作重复次数多），但以强化肌肉、促进健康为目的的普通成年人不必如此。事实上，一些研究已经表明，至少在训练的前4个月，单组力量训练和多组力量训练的效果是相近的。

在斯塔基等人（1996）为期14周的研究中，38名未经力量训练的成年人被要求完成1组或3组力量训练，之后研究人员对他们的下肢力量的增长情况进行比较。由他们做膝关节伸展和膝关节屈曲两个动作的运动表现可知，两组研究对象的下肢力量增长情况相近。在克雷默等人（1996）历时9个月的研究中，研究对象是大学运动员，他们被分为2组，分别进行单组或多组力量训练。研究显示，两组训练者在前4个月的训练中力量改善情况相近，但是之后进行多组力量训练的训练者的力量改善情况更明显。凯利等人（2007）的一项研究是以18～24岁的大学生为研究对象的，经过2个月的多组（3组）力量训练，他们做膝关节伸展动作的肌肉力量明显提升了。

很多涉及中老年人的研究都与为50岁以上的群体设计训练计划有关。例如，韦斯科特等人（1989）以77名中年男女为研究对象，要求他们在10周内进行1组、2组或3组力量训练，以检测他们的肌肉耐力变化情况。从他们做引体向上和双杠臂屈伸的运动表现来看，3组研究对象的上肢肌肉耐力的增长情况相近。针对肌肉变化和身体成分变化等方面，在之前提及的韦斯科特与盖伊（1996）及韦斯科特等人（2009）所开展的两项研究中，研究对象的年龄均为21～80岁，进行单组力量训练后，他们的瘦体重分别增加了1.1千克和1.4千克。韦斯科特及其同事（2008）开展了为期6个月的研究，以中老年女性为研究对象，让她们进行单组力量训练（1组12个练习动作）。在开始的3个月内，她们的瘦体重增加了1.0千克；在之后的3个月内，她们的瘦体重又增加了1.1千克。这些研究表明，进行至少6个月单组力量训练的中老年人的瘦体重增加显著。

在一项以56～80岁的中老年人为研究对象的为期12周的多组力量训练（4

总则

原则二的总则是，健身指导员在指导新手进行力量训练时，应建议他们把每种动作练习1组。随着训练的进行，其肌肉状况会得到改善。之后其或许可以尝试多组训练。经常训练的人如果有时间完成更高强度的训练，健身指导员应鼓励他们每种动作练习2～3组。

进行多组训练时，为取得最佳效果，健身指导员应建议训练者在每组训练后休息约2分钟。这样有助于恢复95%的体力（磷酸肌酸），因为每组训练都需要消耗体力。休息时间太短则会影响下一组训练中的动作重复次数（Miranda et al.，2007）。

个练习动作，做 3 组）研究中，研究对象平均增加了 1.4 千克的瘦体重（静息代谢率提高了 7%）（Campbell et al.，1994）。

这些研究结果表明，在开始的 2 ～ 6 个月的训练期内，无论是单组力量训练还是多组力量训练都能使成年和中老年入门训练者的肌肉得到有效增长。入门力量训练进入平稳阶段后，要对训练者的训练方案进行调整，帮助他们更进一步。一方面，如果每个练习动作做 1 组的话，健身指导员可以考虑将其调整为多组训练（根据时间，每个练习动作做 2 ～ 3 组）。另一方面，如果训练者已经开始多组训练，那么减少训练量或加入第五章提到的一些高强度力量训练，也会为其带来其他益处。

原则三：训练负荷

开展力量训练的前提是训练负荷应大于肌肉所能适应的负荷。这一前提通常被称为超负荷原则，这也说明训练中逐步增加的负荷量会进一步刺激肌肉力量。例如，某次训练的负荷量为 23 千克，下次训练时的负荷量增加至 24 千克。相对上一次训练来说，这会使肌肉受到更强的刺激。

健身指导员通常会根据训练者一次所能承受的最大负荷的百分比进行负荷量的分配。该最大负荷代表的是一次可以举起的最大负荷量，其英文缩写是 1RM（repetition maximum）。训练负荷与动作重复次数二者之间成负相关关系，且均能用 1RM 的百分比来表示：训练负荷越小，动作重复次数越多；训练负荷越大，动作重复次数越少。例如，一名训练者能完成 16 次 1RM 的 60% 的负荷量的动作，但是只能完成 4 次 1RM 的 90% 的负荷量的动作。因此，随着训练负荷的增加，动作重复次数会减少。很多权威机构建议，训练负荷为 1RM 的 60% ～ 90% 已足够为训练者提供超负荷量。在抗阻训练中，1RM 的 60% 虽然对肌肉发展的刺激小但是受伤风险低，而 1RM 的 90% 虽能有效刺激肌肉发展但是受伤风险高。而且我们注意到，并没有研究表明，在动作重复次数合理、正确的情况下，训练负荷大的训练的受伤风险更高，或训练负荷小的训练的受伤风险更低。针对训练高手，有实例证明，训练负荷小、动作重复次数多（如 12 ～ 16 次）的训练更侧重于增强肌肉耐力，训练负荷大、动作重复次数少（如 4 ～ 8 次）的训练更侧重于增长肌肉力量。但是，对于中老年人而言，训练负荷为 1RM 的 60% ～ 90% 有利于其成功、安全地完成难度相对较大的训练。

建议中老年入门训练者进行训练负荷小、动作重复次数多（如 12 ～ 16 次）的训练，这样其可以有更多的学习动作的机会，膝关节及周围结构（跟腱、韧带及筋膜）

所受的压力也会小一点儿。随着肌肉力量的增长和健康水平的提升，中老年人可以逐步增加训练负荷，减少动作重复次数（如 8 ～ 12 次）。一些中老年人健身指导员经验丰富，想帮助中老年人增强他们的肌肉力量，因此会增加多个特定肌肉训练（如仰卧推举、深蹲）的负荷量（如 4 ～ 8 次重复）。在进行训练负荷相对较大的训练之前，强烈建议中老年入门训练者先进行训练负荷小、动作重复次数多的热身训练。

美国运动医学会（2010）的运动指南建议，中老年人以 1RM 的 65% ～ 75% 的负荷量开始力量训练，动作重复次数为 10 ～ 15 次。此建议得到普遍认同，特别是针对体弱的中老年人，此建议很适用。大多数关于中老年人力量训练的研究采用的动作重复次数为 8 ～ 12 次，训练负荷为 1 RM 的 70% ～ 80%。这些研究包括塔夫茨大学的研究（Frontera et al., 1988；Fiatarone et al., 1990；Nelson et al., 1994）、马里兰大学的研究（Koffler et al., 1992；Menkes et al., 1993；Pratley et al., 1994）及南岸基督教青年会的研究（Westcott and Guy，1996；Westcott et al., 2009；Westcott et al., 2008）。

总体上，研究对象的年龄为 60 ～ 90 多岁，当训练负荷为 1RM 的 70% ～ 80% 时，他们的训练结果最佳。

若采用多组训练的方式进行训练，有两种分配负荷量的方法。其中一种方法是，所有的练习动作都采用相等的负荷量。例如，指导训练者完成3组腿部推蹬动作，每组做10次，负荷量均为45千克。另一种方法是，每组练习动作的重复次数相同，但是逐步增加每组动作的负荷量。例如，第1组做10次腿部推蹬，负荷量为27千克；第2组动作重复次数相同，负荷量为36千克；第3组动作重复次数相同，负荷量为45千克。一些研究表明（Faigenbaum et al.，1993，1996），对于入门训练者，3组负荷量逐步增加的训练比3组负荷量相同的训练效果更好。

总则

原则三的总则是，训练负荷应为 1RM 的 60% ～ 90%。对体弱的中老年群体而言，在训练刚开始的几周内，理想的训练负荷为 1RM 的 50% ～ 60%。对身体健康的中老年群体来说，多年的实证及多项研究都清楚证明，其训练负荷应为 1RM 的 70% ～ 80%，所对应的大多数动作的重复次数为 8 ～ 12 次。定期进行不同负荷量的训练，虽然训练节奏有所改变，但是这同时有益于生理和心理健康。

原则四：动作重复次数

正如上一部分提到的，训练负荷与能完成的动作重复次数成负相关关系。大多数成年人可以以 1RM 的 90% 的负荷重复 4 次，以 1RM 的 80% 的负荷重复 8 次，以 1RM 的 70% 的负荷重复 12 次，以 1RM 的 60% 的负荷重复 16 次。在韦斯科特（Westcott，2002）的一项研究中，141 名研究对象都能尽可能多地完成训练负荷为 1RM 的 75% 的标准胸部运动，平均完成次数为 10 次，如图 2.2 所示。只有一小部分人的完成次数不到 8 次，这些人的Ⅱ型（低耐力型）肌纤维水平通常很高。同样，一小部分能完成 12 次以上的人通常是耐力型健美操运动员，他们的Ⅰ型（高耐力型）肌纤维水平很高。一项以未经训练和受过训练的人为研究对象的研究（Shimano et al.，2006）得出的结论是，在相对运动强度下，个人的训练水平对可以完成的动作重复次数的影响很小。虽然动作重复次数的选择很多，但是我们认为 8 ～ 12 次对大多数人都是有益的。

出于对实际的考虑，测量个体的 1RM 值以确定合适的训练负荷是没有必要的。很多案例表明，如果训练者能以正确的形式完成 8 ～ 12 次重复动作，那么负荷量就相当于 1RM 的 70% ～ 80%，而这就是一个正确的训练负荷。

正如使用特定范围内的训练负荷才能产生效果，有效的训练应该有相对应的动作重复次数的范围。图 2.3 展示了建议的力量训练方案所对应的训练负荷及动作重复次数。

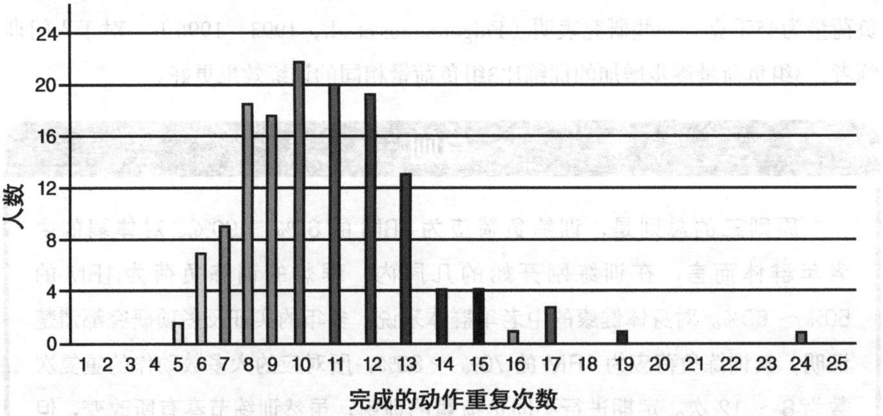

图 2.2　以 1RM 的 75% 的负荷完成的动作重复次数

来源：Reprinted, by permission, from W.L. Westcott, 2007, *Strength training past 50*, 2nd ed. (Champaign, IL: Human Kinetics), 147.

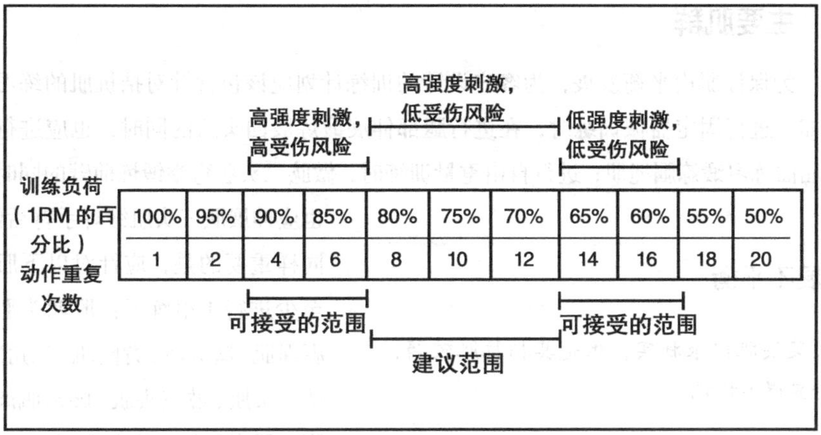

图 2.3　建议的力量训练方案中训练负荷与动作重复次数的对应关系

训练负荷小、动作重复次数多（大于 12 次）的训练比较适用于训练初始阶段，特别适合体弱的中老年人及正在学习正确训练技巧的中老年人。动作重复次数较少（不到 8 次）的训练适合较强壮的人，也适合想在较大的训练负荷下进行训练的人。

总则

原则四的总则是，中老年人应将每种练习重复 8 ～ 12 次。应掌握正确的训练技巧并根据肌肉的疲劳程度进行训练。其对应的训练负荷通常为 1RM 的 70% ～ 80%。

原则五：训练动作选择

尽管一份合理的力量训练计划应该适用于所有的主要肌群（ACSM，2006），但是也有人更愿意选择自己喜欢的运动方法。也就是说，他们会选择更受欢迎、做起来更方便、更能让人感到满足的运动。例如，很多热衷于力量训练的人喜欢练习仰卧推举，因为这个动作能很好地锻炼胸大肌、三角肌前束及肱三头肌。但如果不注重对拮抗肌（背阔肌、大圆肌、三角肌后束及肱二头肌）的锻炼，那么由于胸部肌肉相对强壮，上背部肌肉稍弱，很可能导致肩关节周围的肌肉发展不平衡，从而引起姿势不良、肌肉骨骼损伤等问题。

主要肌群

为保证肌肉平衡发展，为客户设计的训练计划应该包含针对拮抗肌的练习。例如，进行固定器械训练时，在进行腿部伸展锻炼股四头肌的同时，也应进行腿部屈曲练习锻炼腘绳肌；进行自由重量训练时，做肱二头肌弯举锻炼前臂的同时，也应伸展肱三头肌锻炼手臂后侧。同样重要的是，应针对以下肌肉至少进行1组练习：股四头肌、腘绳肌、胸大肌、背阔肌、三角肌、肱二头肌、肱三头肌、腰部肌肉、腹部肌肉及斜方肌上部等。

肌肉发展不平衡

如果某块肌肉很壮实，但是其拮抗肌较弱，二者就会显得不协调。

训练安排

以下为固定器械训练和自由重量训练动作的选择及建议的训练顺序（见表2.1）。训练顺序应遵循优先锻炼大块肌肉的原则。固定器械训练可以先从腿部伸展锻炼股四头肌开始，接着进行腿部屈曲锻炼腘绳肌；自由重量训练可以先从哑铃深蹲开始，同时锻炼大腿前侧和后侧肌肉。

拮抗肌

拮抗肌是指带动原动肌相反一侧关节的肌肉。例如，手部运动时，肱二头肌和肱三头肌是一对拮抗肌，其中肱二头肌是肘部屈曲动作的原动肌，肱三头肌是肘部伸展动作的原动肌。

之后锻炼躯干肌肉，包括胸大肌、背阔肌及三角肌。固定器械训练和自由重量训练都有众多练习可以选择，如坐姿夹胸和哑铃飞鸟可以锻炼胸大肌，屈臂下拉和哑铃单臂划船可以锻炼背阔肌，侧平举和哑铃侧平举可以锻炼三角肌等。

下一步锻炼肱二头肌和肱三头肌，借助固定器械或哑铃进行手臂屈曲和手臂伸展等练习的效果更好。整个训练过程要避免手臂肌肉疲劳，否则会减少上肢练习的动作重复次数。

训练过程中应注意使上腹部及颈部的肌群得到锻炼。这些部位的肌肉在大多数练习中有助于保持身体平衡，因此整个训练过程中最好避免这些部位的肌肉疲劳。建议针对上腹部进行腰部器械练习、腹部器械练习、躯干伸展及仰卧起坐等。借助固定器械或哑铃进行耸肩等练习能安全、有效地锻炼颈部肌肉。以养老院中身体虚弱的患者为研究对象，我们的研究发现，颈部肌肉强化训练十分有益，有助于患者挺直头部并顺畅呼吸，增强吞咽能力、说话能力及视力等（Westcott，2009）。

表 2.1

固定器械训练和自由重量训练动作选择及建议的训练顺序

肌肉	固定器械训练	自由重量训练
股四头肌	腿部伸展（p.40）	哑铃深蹲（p.52）
腘绳肌	腿部屈曲（p.42）	哑铃深蹲（p.52）
髋内收肌	髋内收肌练习（p.46）	
髋外展肌	髋外展肌练习（p.48）	
腓肠肌	提踵（p.50）	哑铃提踵（p.60）
胸大肌	坐姿夹胸（p.86）	哑铃仰卧推举（p.110）
背阔肌	屈臂下拉（p.96）	哑铃单臂划船（p.114）
三角肌	侧平举（p.92）	哑铃侧平举 (p.116)
肱二头肌	肱二头肌弯举（p.132）	站姿哑铃弯举（p.142）
肱三头肌	颈后臂屈伸 (p.134)	哑铃颈后臂屈伸（p.150）
腰部肌肉	腰部伸展（p.70）	躯干伸展（p.80）
腹直肌	腹部屈曲（p.72）	健身球仰卧起坐（p.84）
腹斜肌	坐姿转体（p.74）	转体仰卧起坐（p.82）
颈伸肌	颈部伸展（p.158）	哑铃耸肩（p.162）
颈屈肌	颈部屈曲（p.160）	
前臂肌肉	卷腕器练习（p.268）	上斜板哑铃弯举（p.144）

除了这些基础训练外，强化髋内收肌、髋外展肌、上腹部肌肉及前臂肌肉都对中老年人有益。在整个训练方案中应考虑尽可能定期锻炼这些肌肉。

单一肌肉练习

单一肌肉练习是指旋转运动中可以锻炼到单一主要肌肉的练习。旋转运动的特点是关节围绕骨骼中心轴做绕环运动。

多肌肉练习

多肌肉练习是指可以同时发动两块以上的主要肌肉做线性运动的练习。例如，腿部推蹬主要锻炼的是股四头肌、腘绳肌和臀大肌。线性运动是围绕一个关节进行的，可以沿直线产生推或拉两个动作。

体弱及缺乏运动的中老年人可能更适合一些多肌肉练习，而不是多项单一肌肉练习。例如，一组训练中包括腿部推蹬（主要锻炼股四头肌、腘绳肌和臀大肌），胸部推举（主要锻炼胸大肌、三角肌前束和肱三头肌），坐姿划船（主要锻炼背阔肌、三角肌后束及肱二头肌），仰卧起坐（主要锻炼腹直肌）及腰部伸展（主要锻炼竖脊肌）等，基本可以在较短时间（10 分钟）内锻炼到所有的主要肌群。

针对之前所提及的每块肌肉都有特定的训练，尽管我们建议训练者进行这些训练，但是时间和设备的限制可能会带来困难。如果是这种情况的话，少量的多肌肉练习也可以提供类似的训练效果。不论训练者是否经常运动，都应全面地锻炼主要肌群，以增强全身肌肉力量，提升身体机能。

总则

原则五的总则是，在训练中至少有一组练习是针对股四头肌、腘绳肌、胸大肌、背阔肌、三角肌、肱二头肌、肱三头肌、腰部肌肉、腹部肌肉与斜方肌上部的，或者进行多组能锻炼到所有肌群的练习。除了这些练习，强化髋内收肌、髋外展肌、上腹部肌肉、小腿肌肉及前臂肌肉等的练习也有益于中老年人。另外，应安排好训练顺序，优先锻炼大块肌肉。

原则六：循序渐进

随着训练的进行，肌肉越来越强壮，训练者能够完成的动作重复次数也更多。增加动作重复次数是循序渐进地进行训练的合理方法，在一定程度上也能使训练效果更好。为使训练效果更好，训练者要在无氧系统供能的有效时间内完成每组动作——通常是重复 8 ～ 12 次，完成动作重复的对应时间大约是 50 ～ 70 秒（每个重复动作用时 6 秒）。在此标准训练的基础上，当训练者在连续两次训练中都能够正确地完成 12 次动作重复时，则应适当增加训练负荷。尽管还没有研究指出具体的训练负荷增加量，但是我们通过观察发现，增加小于 5% 的训练负荷有助于训练者获得安全、高效的进步。正如之前所提及的，训练者通过定期改变 1RM 的百分比强度进行训练，虽然改变了训练节奏，但这有益于生理和心理健康，因此我们强烈推荐此方法。

双重渐进训练

先增加动作重复次数，再增加训练的负荷，从而系统性地提高训练要求。

先鼓励训练者增加动作重复次数，再指导他们增加训练负荷，这叫作双重渐进训练。这是一种较为保守的训练方法，可以降低过度训练造成的伤害，也可以运用在多种训练中。

中老年人力量训练原则总结

- **训练频率**　新手的训练频率为每周间隔训练 2 ～ 3 天。对于经常锻炼的人，两次高强度训练之间最好间隔 72 小时。例如，新手每周训练 3 天，时间为周一、周三、周五或周二、周四、周六；经常锻炼的人，则遵循每周 2 天的训练方案，时间为周一、周四或周二、周五。

- **训练量**　新手进行力量训练时，每种动作都练习 1 组。随着训练的进行，他们的肌肉状况得到改善，他们或许可以尝试多组练习。经常训练的人如果有时间、有意向开展更高强度的训练，那么健身指导员应该鼓励他们将每种动作练习 2 ～ 3 组。

每种动作进行多组练习时，为得到最佳训练效果，建议训练者每组练习之间休息大约 2 分钟，这样有助于恢复 95% 的体力（磷酸肌酸），因为每组练习都需要消耗体力，采用短暂停歇可能会减少后续动作重复次数（Miranda et al.， 2007）。

- **训练负荷**　训练负荷应为 1RM 的 60% ～ 90%。体弱的中老年群体在训练刚开始的几周内，理想的训练负荷为 1RM 的 50% ～ 60%。对身体健康的中老年群体来说，多年的实证及多项研究都表明，其训练负荷应为 1RM 的 70% ～ 80%，所对应的大多数动作重复次数为 8 ～ 12 次。要定期进行不同负荷量的训练，虽然训练节奏有所改变，但是这同时有益于生理和心理健康。

- **动作重复次数**　建议中老年人每种动作重复 8 ～ 12 次。训练者应掌握正确的训练技巧并根据肌肉的疲劳程度进行训练。其对应的训练负荷通常为 1RM 的 70% ～ 80%。

- **训练动作选择**　在训练中至少有一组练习是针对股四头肌、腘绳肌、胸大肌、背阔肌、三角肌、肱二头肌、肱三头肌、腰部肌肉、腹部肌肉与斜方肌上部的，或者进行多组能锻炼到所有肌群的练习。除了这些练习，强化髋内收肌、髋外展肌、上腹部肌肉、小腿肌肉及前臂肌肉等的练习也对中老年人有益。另外，应安排好训练顺序，优先锻炼大块肌肉。

- **循序渐进**　从实际出发，根据客户的肌肉力量情况，训练负荷的增加量以 0.5 ～ 1 千克为宜。大部分哑铃类练习的负荷增加量应为 0.5 ～ 7 千克，之后每次增加 2.3 千克。训练者可选择使用配有 0.5 千克重量片的哑铃。不使用配备 0.5 千克重量片的哑铃的训练者，还可以选择使用较轻的负重，以小于 5% 的负荷增加量循序渐进地进行训练。

教学方法

健身指导员应指导中老年人学习力量训练的原则、概念及技巧，使其对训练计划中的变量、正确的练习动作等了如指掌，并且能够敏锐地察觉中老年群体的特殊性。要想使中老年人学会不同的训练动作，健身指导员需要有条不紊地进行连贯的示范，了解力量训练的流程以保证教学的安全性和有效性。与教学同样重要的是，健身指导员应确定该如何激励中老年人迈出第一步，并且鼓励他们坚持完成为他们制订的训练计划。

激励中老年人进行正确的训练并坚持下去是一项艰巨的任务。尽管一些中老年人可能对参加训练充满热情，但大多数人仍需要外界的鼓励，以保持热情和毅力，特别是在训练刚开始的前几周。而且，相比年轻群体，全新的运动，担心受伤，身体较弱、不协调带来的尴尬，担心付出努力没有回报，以及很多的误解和担忧，都是阻碍中老年人掌握力量训练技能并坚持进行训练的因素。

成功的健身指导员不仅要负责教学，实际上也会影响中老年人对力量训练的态度。最好的结果就是，整个训练过程及训练效果都是积极的。以下教学方法已证实可以有效地激励中老年人，使他们充满自信并做好准备参与力量训练，还可促使他们在训练中更加努力。

4 种核心用语

4 种核心用语

每次训练中，对每位客户都使用这 4 种用语。

1. 你好。
2. 再见。
3. 谢谢。
4. 客户的名字。

在每次训练中，健身指导员都应该对每位客户使用这 4 种用语：“你好”“再见”“谢谢”及客户的名字。当然，“你好”和“再见”只需在客户来和走的时候使用。“谢谢”可以适当地经常使用，而且应该频繁地提及客户的名字。这 4 种用语可以让新加入的客户在训练过程中感受到自己被关注、重视和欣赏。

互动式教学十大内容

虽然以上 4 种用语只是礼貌用语，但是有人建议，在训练过程中应对中老年人使用这些规范用语，在教学期间更要如此。我们将互动式教学的内容归为 10 种。这些内容在中老年人力量训练中作用巨大，而且有助于新加入的客户感受训练的积极性和有效性。

1. 易理解的训练目标。教学的第一步也可能是最重要的一步，就是与客户沟通，让他们了解每节训练课程要达到的目标。也就是说，要告诉客户他们在训练中要完成的具体任务。这一步提供了一个训练方向，能让客户更专注于主要任务而非细枝末节。

2. 简明教学，准确示范。待客户了解训练目标后，向他们简单地说明要达到目标的具体做法。示范往往比口头讲解更有用，因此下一步就是示范正确的训练动作。示范时的用语应仔细斟酌而不是匆匆带过，必要时应尽可能多次重复。只有客户的训练形式及呼吸模式均没有问题时，才可以向他们讲解其他的练习。示范训练动作时，健身指导员应时刻提醒客户正确的技巧和重点。

3. 贴心指导。切勿以为每一位客户都能立即理解你所示范的动作，也不要认为即使没有指导，他们也能完成。当客户第一次模仿训练动作的时候，健身指导员应在一旁进行指导，这种教学方法很有效。很多中老年人对他们的体力丧失自信，也有些中老年人的神经肌肉的协调性受限。不论哪种情况，健身指导员都应时刻关注他们，激发他们的信心，消除他们害怕犯错的顾虑。健身指导员的贴心指导对大多数新手都是很有力的激励。

4. 适当帮助。为确保中老年人训练的安全性和有效性，健身指导员需要提供一些帮助，这可能包括使用器械前，协助他们在器械上做好准备；在需要时对器械做出调整；帮他们系上安全带；把自由重量器械递给他们；在动作练习中给予全程指导；提醒他们呼气、吸气；协助他们保持稳定；在动作练习中，对身体部位的位置进行细微的调整等。一些年轻人可能不会接受帮助，但是大多数中老年人在尝试新动作时，都希望有人搭把手。

5. 一次完成一项任务。向中老年人同时示范多个动作或要求他们连续完成任务，可能会使他们感到困惑，甚至力不从心。健身指导员每次应只制定一个教学要求。只提出一个要求，有助于中老年人更好地完成每项任务，并且能让他们感到自信，对自己的体能更有信心。

6. 循序渐进。尽管进步在力量训练中很重要，但是对中老年人来说，不能操之过急。当上一个训练任务完成时才能进入下一个训练任务，而且应从简单的动作开始，之后再进行复杂的动作。力量训练中的不同任务对中老年人来说就像一道道关卡：第一道关卡的难度应较低，后面的关卡难度逐步增加。

7. 正面强化。大多数中老年人在某种程度上都不太确定付出的努力是否能有回报。正面强化的形式包括鼓励性评价、个人赞赏及拍肩膀的动作等，这些都是给予中老年人支持的简单方法。当中老年人正确地完成一个动作或者达到训练的主要目标时，健身指导员应立即或尽快做出鼓励性评价。

8. 具体反馈。具体反馈可就训练表现提供信息，可加强正面强化的效果。找到正面积极评价的切入点能使反馈起到很好的教学和激励作用。"真棒，吉姆"可以在情感上起到强化作用，但如果说"真棒，吉姆，你完成了10个腿部屈曲动作，动作都很到位"，则其信息更丰富，强化作用更大。首先，这可向吉姆表明你一直在观察他的练习方式；其次，吉姆在下次练习腿部屈曲动作时，可能还会做得很标准。

9. 仔细询问。中老年客户通常都愿意与人交流，但是可能不会主动询问有助于调整他们训练计划的信息。通过进行相关问题的询问，健身指导员可以得到中老年客户对训练的反馈。不论何时，提出的问题都应尽可能地简短，提问方式都应能让对方在思考后给出包含具体信息的答复，而不是只给出肯定或否定的答复。例如，询问琼斯夫人时，可以问她感到哪里（股四头肌、关节等）乏力，乏力程度（轻微、中等、严重）如何。

10. 训练前、后的交流。每个训练环节都应进行对话交流。每次训练前、后，健身指导员应该花几分钟的时间了解客户的想法。健身指导员可以利用训练前、后的交流来鼓励中老年客户，加强正面强化作用，同时也可以更好地了解他们。

表2.2详细介绍了上述10种内容的教学说明示例及具体的任务描述等。其中的简单对话只是用于说明如何根据这10种内容实现与客户的互动。

表 2.2

实施理想教学方法的示例

	一般教学方法	教学说明示例	具体的任务描述
1	易理解的训练目标	这就是今天我希望您完成的任务	做每个上举动作时，您的主要任务就是呼气
2	简明教学，准确示范	举重的时候，要像这样呼吸	请观察我上举呼气时的嘴型
3	贴心指导	我会看着您做腿部伸展练习	做每个上举动作时，请让我听见您的呼气声
4	适当帮助	每次做上举动作时，我都会大声地呼气，让您听见	请您在听见我的呼气声时也尝试着呼气
5	一次完成一项任务	记住，举起来的时候，只需要呼气	请您在听见我的呼气声时也尝试着呼气
6	循序渐进	不要担心什么时候吸气，那是我们的下一项任务	举哑铃时呼气，放下哑铃时自主吸气
7	正面强化	您今天表现得很好	看到您的进步，我很高兴
8	具体反馈	您的呼吸技巧很好	做每个上举动作时都要均匀呼气
9	仔细询问	关于该练习的正确呼吸，您明白了吗	您对这种呼吸模式感觉如何
10	训练前、后的交流	我们花几分钟聊聊今天的练习感受	我觉得您做得很棒，您已经掌握了呼吸技巧。请告诉我您今天训练的感受

教学方法总结

针对中老年人力量训练，要成功达到教学和激励目的的方法应包括以下内容。

- 易理解的训练目标。
- 简明教学，准确示范。
- 贴心指导。
- 适当帮助。
- 一次完成一项任务。
- 循序渐进。
- 正面强化。
- 具体反馈。
- 仔细询问。
- 训练前、后的交流（对话应时刻包含核心用语，即“你好”“再见”“谢谢”及客户的名字）。

第三章

训练流程和指导

在第二章中，我们探讨了如何帮助中老年人参与并坚持进行正确的力量训练。本章开头部分针对动作范围、动作速度、呼吸及所提倡的热身和放松等方面，提供了一些建议，有助于健身指导员指导客户使用固定器械、自由重量及健身球进行正确的练习。

很多中老年人没有进行过具体的力量训练，或者在这方面的经验不多。因此，力量训练对他们来说几乎是一项陌生的活动。尽管一些中老年人相对而言很健康，但是大多数中老年人流失了大量的肌肉，肌肉力量因而降低了。许多中老年人由于存在体脂过多、平衡感差、腰部和上背部疼痛、多种伤病、体弱、术后并发症、动作学习受限等问题，在进行身体活动时存在困难。针对上述问题，我们建议中老年人门训练者，采用三级力量训练方法。

1. 基础力量训练。其目标是让中老年人尽可能安全、有效、快速地强化主要肌群。因此，中老年人可以先从提供支撑作用，帮助身体稳定且动作模式固定的固定器械训练开始。从固定器械训练开始可以加强中老年人的训练能力，增强他们的自信，也能降低其受伤的风险。因此把固定器械训练作为基础力量训练。

2. 主要力量训练。其目标是让中老年人进行标准的自由重量训练。这种训练需要平衡力、姿势控制、身体稳定及动作协调。尽管一些自由重量训练会使用座椅，但是很多练习动作是采用站姿并且需要发动大量的核心肌肉的。这种训练的动作无固定模式，但是需要训练者具有很强的运动技能学习能力，以很好地协调、控制肌肉。

3. 功能性力量训练。虽然我们认为，固定器械训练和自由重量训练对中老年人有十分明显的好处，但是我们在这一步将采取运动模式不固定及速度更快的练习动作。利用健身球进行训练能带动更多的核心肌肉，利用实心球（采用不同的抛掷动作）进行训练能安全地增强肌肉爆发力。

这一训练流程对加强身体平衡、稳定核心、协调肌肉及激活更多快缩型肌纤维都十分有效。除了前两种力量训练外，中老年人还应进行功能性力量训练。

爆发力训练是功能性力量训练的一种，尤其适合中老年人进行。爆发力从本质上来说是肌肉力量的产物，随动作速度的加快成倍地增长。年龄增长导致中老年人肌肉爆发力的下降速度超过其导致的肌肉力量流失速度（ACSM，2010），因此建议他们进行一些爆发力训练。相比固定器械和自由重量的快速举重练习，我们更倾向于使用实心球的爆发力练习。与快速举重练习不同的是，使用实心球的练习动作结束时（即要松开球时）对关节结构产生的压力最小。马蒂和费根鲍姆（2004）出版的图书中就有实心球训练的优秀范例。训练爆发力的另一种器械是弹力带。如果使用这种带有弹性的带状器械训练客户的爆发力，健身指导员应引导他们尽快地进入肌肉收缩阶段，再控制好肌肉伸长阶段以回到初始姿势。例如在客户做仰卧推举时，健身指导员应指导他们尽快将手臂推离胸部，直到手肘伸直（肌肉收缩阶段），再控制好收回动作的速度（肌肉伸长阶段），回到初始姿势。在肌肉收缩阶段（手肘伸直），弹力带拉长，肌张力增加，收回动作的速度要放缓，这样才能减少受伤的可能。

全范围练习

全范围是指在运动中，肌肉从完全舒展状态到完全收缩状态，并且假设在整个过程中，客户没有疼痛感。需注意的是，当目标锻炼肌肉（如股四头肌）完全收缩时，拮抗肌（如腘绳肌）就会完全舒展。因此，全范围练习会同时收缩和舒展控制关节活动的肌肉及其拮抗肌，也能加强关节灵活性（Westcott，1995）。

全范围练习对于最大限度地增强肌肉力量来说是十分必要的（Graves et al., 1989；Jones et al., 1988）。佛罗里达大学医学院的研究人员表示，处于躯干伸展姿势时，肌肉力量弱的人很容易产生腰部不适。他们也发现，通过全范围练习锻炼腰部肌肉可以明显地增强处于躯干伸展姿势时的肌肉力量，显著缓解腰部不适（Risch et al.，1993）。全范围练习还可以加强身体机能。经过 8 周的全范围肌肉舒展和收缩练习的中老年高尔夫球手，他们的挥杆能力得到了改善，提升了 6%（从杆头速度测得）；相比之下，不运动的中老年高尔夫球手没有任何改善（Westcott et al., 1996）。因此，全范围练习可以加强肌肉力量，增强平衡性和灵活性，增大功能性运动的范围，这些改善对缺乏活动的中老年人来说尤为重要。对于经常锻炼的中老年人，全范围练习能让他们在很多体育运动中表现得更好。

尽管强烈建议中老年人进行全范围练习，但也存在例外。进行全范围练习有两点需注意：在动作练习中的任何阶段，训练不应造成疼痛；动作范围不应超出关节所能承受的正常范围。在练习过程中，不会造成疼痛的动作范围因人而异，特别是对中老年人而言。很多中老年人患有关节炎。美国关节炎基金会的报告（2007）显示，超过4600万的成年人都患有某种形式的关节炎。中老年人应当减少会立即造成或延迟造成关节不适的运动，或者至少缩小动作范围以保证在该范围内进行训练而不会感到疼痛。中老年人的动作应保持在舒适的范围内，努力做到最大范围的动作是没有必要的，因为持续的训练可以直接扩大无痛动作范围。例如，全范围自由重量深蹲是不建议中老年人进行的。针对标准力量训练动作的选择和调整，第四章会提供一些有用的建议。

全范围练习

健身指导员在指导客户进行动作重复时，应使客户的动作达到全范围，但前提是客户在完成动作的过程中不会感到疼痛。

动作速度控制

动作速度是指完成每个重复动作的快慢（所需的时间）（例如拉起和放下器械臂所需的时间）。重复动作做得越快，一般会激发越大的肌肉力量，但力量的持续时间较短。随着肌肉瞬间被激发的力量的增加，训练者会无法控制动作，这也会增加受伤的风险。相反，重复动作做得越慢，激发的肌肉力量就越小，完成重复动作的肌肉的张力持续时间就越长。做重复动作时，速度慢且有控制性，可以增加运动的安全性，这也是针对中老年人力量训练提出的一个建议。例如，美国运动医学会（2006）建议每个动作练习6秒。多项以中老年人为研究对象的重要研究都对此建议予以大力支持。在塔夫茨大学的研究（Frontera，1988；Fiatarone，1990；Nelson，1994）中，上举动作用时3秒，下放动作用时3秒；而在马里兰大学的研究（Koffler 1992; Menkes, 1993; Pratley, 1994）及南岸基督教青年会的研究（Westcott and Guy, 1996; Westcott et al., 2009）中，上举动作用时2秒，下放动作用时4秒。尽管每个重复动作用时6秒是较合适的，但是只要有控制地进行练习，无论做得快还是做得慢都同样有效。我们对动作速度控制的定义是，在动作练习（上举或下放）中，客户可以随时暂停该动作。也就是说，在训练过程中，客户的肌肉持续发力而不是瞬间发力从而完成动作。

我们认同美国运动医学会早前的单个重复动作用时6秒的建议，我们也提出，对于难度较大的肌肉收缩动作（典型的如上举动作，在该过程中肌肉缩短），用时为 2 秒；对于难度较小的肌肉伸长动作（典型的如下放动作，在该过程中肌肉拉长），用时为 4 秒。

运动员经常进行快速训练，以提升在体育比赛中的竞技能力。中老年人无须这么做，除非他们经过良好的训练并且希望提升自己的运动表现能力。快速进行力量训练时，每个动作的开始和结束都会给关节结构造成巨大的压力，这会增加受伤的风险。

客户使用固定器械和自由重量器械时，应确保每一个重复动作都在自己的完全掌控之下。这样进行训练，可以加强训练效果，降低受伤风险。一个能帮助客户确定动作速度是否过快的简单方法是“叫停测试”。客户进行一个重复动作时，在动作范围内的某个特定姿势停下。如果客户无法以特定姿势停下，则说明其动作速度过快。

尽管强烈建议中老年人在使用固定器械和自由重量器械时，以相对较慢的速度进行练习，但是我们认为，对于经常运动的中老年人来说，进行一些快速训练也是合适的。研究表明，随着年龄的增长，肌纤维会变小，且其力量会有所下降。这种与年龄相关的肌肉萎缩对Ⅱ型肌纤维（快缩型肌纤维）的影响比对Ⅰ型肌纤维（慢缩型肌纤维）的影响更大，也会导致每日活动所需的肌肉的力量逐步下降。而这些每日活动对行动速度和肌肉爆发力都是有要求的。为了减缓快缩型肌纤维流失的速度，很多健身专家提倡进行以快速动作练习为主的抗阻训练，以激活肌纤维。爆发力练习和快速动作练习不仅可以加强中老年人的肌肉力量和爆发力，而且对中老年人来说是安全、可以接受的。另外，快速动作练习也被证明可以促使肌肉和神经发生适应性的改变，这可以降低中老年人跌倒和残疾的风险（Caserotti，2008）。中老年人至少可以承受第四章（表 4.1 ～表 4.4）提及的建议初始负荷量，另外建议在训练计划中加入一些使用实心球的爆发力练习。有研究表明，在进行标准力量训练之后又进行了实心球抛掷练习的中老年人，他们的爆发力比只进行力量训练的中老年人提升了两倍以上（Westcott, 2008）。

要控制动作速度

指导客户每个重复动作练习 6 秒，其中肌肉收缩动作（上举阶段）用时 2 秒，肌肉伸长动作（下放阶段）用时 4 秒。如果客户能够完全地完成这些练习的话，可以考虑使用实心球进行快速动作练习。

呼吸

中老年人在进行力量训练时，必须正确地呼吸。不论训练强度如何，客户在力量训练过程中都不应憋气（指瓦氏呼吸）。瓦氏呼吸会增加内压，限制组织血液流回心脏从而导致高血压，还有可能造成头晕甚至昏厥。持续呼吸贯穿练习的全过程，可以避免这些不良后果。

> **正确地呼吸**
>
> 指导客户在进行每个重复动作中难度稍大的肌肉收缩动作（上举阶段）时呼气，进行较轻松的肌肉伸长动作（下放阶段）时吸气。要强调，力量训练过程中是不能憋气的。

热身和放松

与有氧运动前、后的热身和放松同样重要的是，中老年人也应在力量训练前、后进行热身和放松运动。完成这些运动仅需几分钟时间，却是很值得的。

由于力量训练是一项高强度的身体活动，对肌肉骨骼系统要求很高，因此，在锻炼之前，健身指导员应先让客户花几分钟时间完成热身运动。其目的是让肌肉系统和心血管系统逐渐从静息状态切换至运动状态。标准的热身运动包括步行、骑行及踏步等。之后应做一些体操类动作，如屈膝、体侧屈及仰卧起坐等。热身运动的时间一般为 5 ～ 10 分钟。在进行某项特殊运动之前，如果担心所涉及的肌肉和关节没有准备好，则可先进行一组基础运动，训练负荷大约为正常训练负荷的一半，这能帮助客户有效热身。客户在开始第一组指定负荷量的练习之前，应先完成 10 个负荷量较小（大约是 1RM 的 50%）的重复动作。

从根本上来说，放松运动是一种反向的热身运动。其有助于肌肉骨骼系统和心血管系统从运动状态逐渐切换至静息状态。放松运动对中老年人尤为重要，原因是激烈的运动后，囤积在小腿的血液会造成不良的血压变化，这可能导致心血管并发症。5 ～ 10 分钟的放松运动可促进血液顺利回到静息循环状态，帮助血液流回心脏。推荐的放松运动有漫步、骑行等，之后再进行拉伸运动（见图 3.1）。

> **正确进行热身和放松运动**
>
> 指导客户在每次力量训练之前和之后进行 5 ～ 10 分钟的热身和放松运动，有助于身体在静息状态和运动状态之间的转换。

尽管训练时间有限，但热身和放松运动可以帮助身体切换状态，这些重要的运动应该成为每次训练的常规环节。

图 3.1　放松阶段的拉伸运动包括脚部拉伸（a）、数字 4 形拉伸（b）、字母 T 形拉伸（c）及拉门动作式拉伸（d）

训练流程总结

为了加强训练的有效性，降低受伤的风险，中老年训练者应该进行全范围练习（其间无不适感），并控制动作速度（每个重复动作用时 6 秒）。进行每个重复动作时，应全程持续呼吸。做肌肉收缩动作时要呼气，做肌肉伸长动作时要吸气。中老年人应在开始进行力量训练之前，花 5 ～ 10 分钟时间进行热身运动，训练结束后应至少花 5 分钟进行放松运动。

固定器械和自由重量训练的指导说明

本章此部分旨在为健身指导员提供一些实用建议，使其正确指导中老年客户完成本书中的相关训练。在引导客户做出训练前的正确姿势后，健身指导员可以使用本书指供的具体动作（如向下动作和向上动作）指令，帮助客户完成训练动作各个阶段的练习。

腿部伸展

主要锻炼肌肉：股四头肌

初始姿势

协助客户调整座椅，使其双膝与器械的旋转轴齐平。旋转轴在大多数抗阻器械上都以红点标出。调整完座椅后，指导客户将背部紧靠椅背，脚踝放置在滚筒座后侧，双膝弯曲成90度角，双手抓紧手柄。按照以下方式，指导客户完成练习。

向上动作阶段

1. 慢慢地将滚筒座向上推，直到双膝完全伸直。
2. 全程呼气。

向下动作阶段

1. 慢慢地放下滚筒座，回到初始姿势。
2. 全程吸气。

常见的错误、问题及调整

该练习中最常见的错误是拱背，以及双膝未完全伸直就下落。使用座椅上的安全带并收紧腹部肌肉，可以防止拱背。使用较小的负荷量，集中精力完成伸展动作，可以有效地完全收紧股四头肌。如果客户膝盖疼痛，则该练习只能在不造成疼痛的动作范围内进行。

Nautilus
LEG EXTENSION

Nautilus
LEG EXTENSION

腿部屈曲

主要锻炼肌肉：腘绳肌

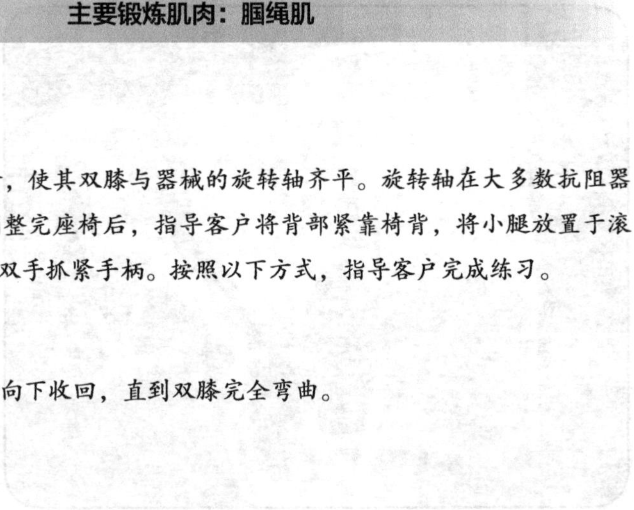

初始姿势

协助客户调整座椅，使其双膝与器械的旋转轴齐平。旋转轴在大多数抗阻器械上都以红点标出。调整完座椅后，指导客户将背部紧靠椅背，将小腿放置于滚筒座之间，双膝伸直，双手抓紧手柄。按照以下方式，指导客户完成练习。

向下动作阶段

1. 慢慢地将滚筒座向下收回，直到双膝完全弯曲。
2. 全程呼气。

向上动作阶段

1. 慢慢地将滚筒座抬起，回到初始姿势。
2. 全程吸气。

常见的错误、问题及调整

进行该练习时，随着腿部慢慢伸直，客户可能会出现拱背、缩小动作范围等问题。有意识地收紧腹部肌肉可以使身体坐直，使用较小的负荷量有助于增大动作范围。

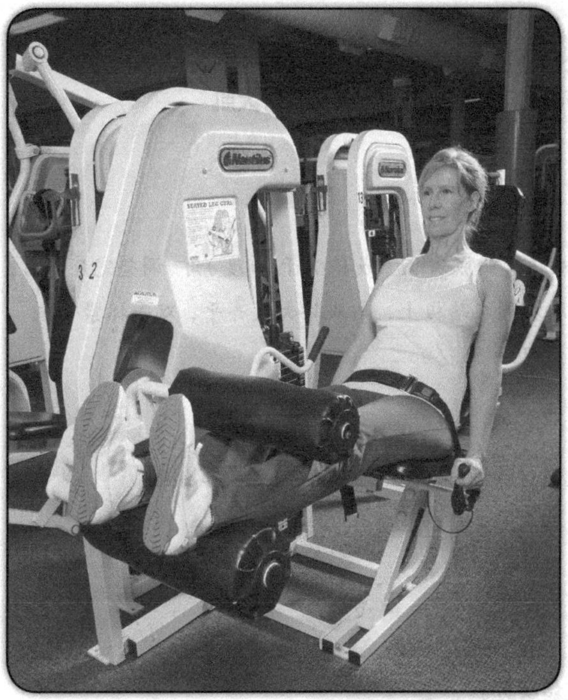

腿部推蹬

主要锻炼肌肉：股四头肌、腘绳肌、臀大肌

初始姿势

协助客户调整座椅，使其双膝弯曲成90度（或稍小于90度）角。调整完座椅后，指导客户将背部紧靠椅背，双脚放置在踏板上，与双膝大致齐平，双手抓紧手柄。按照以下方式，指导客户完成练习。

向前动作阶段

1. 慢慢将踏板向前推，直到双膝近乎伸直，但不要将膝关节锁死。
2. 使双脚、双膝、髋部保持在一条直线上。
3. 全程呼气。

向后动作阶段

1. 双脚慢慢收回，回到初始姿势。
2. 全程吸气。

常见的错误、问题及调整

腿部推蹬最常见的错误是收回踏板时，双膝并未弯曲成约90度角。缩小动作范围后，可以使用较大的负荷量，但是这会影响腘绳肌和臀大肌的训练效果。在练习过程中，双膝应从约90度角伸展至近乎伸直的状态。

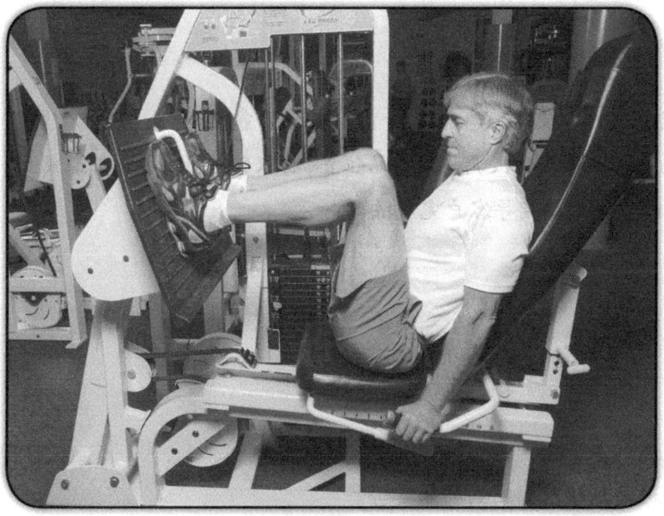

髋内收肌练习

主要锻炼肌肉：髋内收肌

初始姿势

协助客户在器械上坐好，使其背部紧靠椅背，双膝紧靠活动板，双脚放置于踏板上。准备好后，指导客户将活动板调整到初始位置，将双腿分开，放置在器械上，双手抓紧手柄。按照以下方式，指导客户完成练习。

向内动作阶段

1. 慢慢地将活动板向内推（挤压）。
2. 全程呼气。

向外动作阶段

1. 缓慢地将活动板向外移动，回到初始姿势。
2. 全程吸气。

常见的错误、问题及调整

髋内收肌的发力会随着动作范围的增大而减弱，这可能导致向外的动作范围缩小。在合适的动作范围内，使用较小的负荷量，并确保在同样的动作范围内所使用的训练负荷量相同。

HOIST

HOIST

髋外展肌练习

主要锻炼肌肉：髋外展肌

初始姿势

协助客户在器械上坐好，使其背部紧靠椅背，双膝紧靠活动板，双脚放置于踏板上。准备好后，指导客户将活动板调整到初始位置，将双腿放置在器械上，双手抓紧手柄。按照以下方式，指导客户完成练习。

向外动作阶段

1. 慢慢地将活动板向外推开，尽量达到所能承受的最大限度。
2. 全程呼气。

向内动作阶段

1. 缓慢地将活动板收回至初始姿势。
2. 全程吸气。

常见的错误、问题及调整

很多客户在做这个动作时，腰部会向前挺。尽管在此练习中出现这种现象是正常的，但是客户可以借助双手的力量固定上半身。在向外动作阶段，客户应保持身体处于相对正中的位置。

HOIST
NITRO

HOIST
NITRO

提踵

主要锻炼肌肉：腓肠肌、比目鱼肌

初始姿势

指导客户将阻力带系在腰上，双手握住支撑杆，站直。准备好后，指导客户将前脚掌置于台板后侧，脚跟置于低于台板的位置，在能承受的范围内尽量将脚跟放低。按照以下方式，指导客户完成练习。

向上动作阶段

1. 缓慢地向上抬起脚跟，尽可能地抬高，使脚趾受力。
2. 膝盖绷直。
3. 全程呼气。

向下动作阶段

1. 缓慢地向下放下脚跟，回到初始姿势。
2. 全程吸气。

常见的错误、问题及调整

进行此练习时，客户应保持身体挺直。由于提踵的动作范围较小，客户在脚跟到达最高位置时，应做短暂停留。

哑铃深蹲

主要锻炼肌肉：股四头肌、腘绳肌、臀肌

初始姿势

指导客户双手正握哑铃，站直，双脚分开，双脚间距与髋部同宽。准备好后，指导客户旋转前臂，使掌心朝向大腿外侧。按照以下方式，指导客户完成练习。

向下动作阶段

1. 抬头，眼睛看向前方，肩胛骨内收，背部挺直，在向上和向下动作阶段，双脚全脚掌受力。

2. 缓慢地下蹲，直到大腿几乎与地面平行。

3. 全程吸气。

向上动作阶段

1. 缓慢地伸直双膝和髋部，向上移动。

2. 全程呼气。

常见的错误、问题及调整

哑铃深蹲最常见的问题是髋部只在下蹲时发力，膝盖朝前移动并超过趾尖，脚跟抬离地面等。这 3 个技术错误会使动作完成质量不高，甚至导致客户受伤。下蹲后，髋部还需发力向上移动，膝盖应时刻保持在脚部的正上方，脚跟应时刻紧贴地面。另一个常见且高风险的错误是低头拱背。

客户在进行哑铃深蹲练习时，头应该抬起来，背部应挺直。如果平衡性不是很好，客户在做下蹲和起立的动作时，可将上背部和臀部紧靠墙面，以获得支撑（如沿着墙面上下移动）。向上移动时，客户应将脚跟紧贴地面，这样也有助于保持平衡。

杠铃深蹲

主要锻炼肌肉：股四头肌、腘绳肌、臀肌

初始姿势

指导客户站在杠铃架下，双脚分开，双脚间距大于肩宽，正握杠铃杆。准备好后，指导客户将杠铃杆放在颈部下方的肩部和上背部。指导客户站直，眼睛看向前方，膝盖挺直，将杠铃从杠铃架上抬起。按照以下方式，指导客户完成练习。

向下动作阶段

1. 抬头，眼睛看向前方，肩胛骨内收，背部挺直，在向上和向下动作阶段，双脚全脚掌受力。
2. 缓慢地下蹲，直到大腿几乎与地面平行。
3. 全程吸气。

向上动作阶段

1. 缓慢地伸直双膝和髋部，向上移动。
2. 全程呼气。
3. 完成动作后，小心地将杠铃放回杠铃架上。

常见的错误、问题及调整

除了哑铃深蹲中常出现的错误外，此练习还会出现很多客户将杠铃置于颈部等错误。客户应将杠铃放置在上背部和肩部的斜方肌上（第七节颈椎处）。在没有专业人员指导的情况下，即使是在深蹲架下，客户也不应练习杠铃深蹲。

哑铃登阶

主要锻炼肌肉：股四头肌、腘绳肌、臀肌

初始姿势

指导客户正握哑铃，站直，双脚分开，双脚间距与髋部同宽。准备好后，引导客户来到踏板（或板凳）前，指导客户旋转前臂使掌心朝向大腿外侧。按照以下方式，指导客户完成练习。

向上动作阶段

1. 抬头，眼睛看向前方，肩胛骨内收，背部挺直。
2. 右脚先踏上踏板，左脚再踏上去，站在踏板上。
3. 全程呼气。

向下动作阶段

1. 右脚先放回地面，再收回左脚，站在地面上。
2. 全程吸气。

常见的错误、问题及调整

安全有效地进行此练习需注意的是，踏板的高度要合适，以不会使膝盖的移动高度超过髋部为宜。如果客户要进行多组练习，那么每组中的每个重复动作可以双脚交替进行。

哑铃弓步蹲

主要锻炼肌肉：股四头肌、腘绳肌、臀肌

初始姿势

指导客户正握哑铃，旋转前臂使掌心朝向大腿外侧。指导客户站直，双脚分开，双脚间距与髋部同宽。按照以下方式，指导客户完成练习。

向下动作阶段

1. 抬头，眼睛看向前方，肩胛骨内收，背部挺直。
2. 右脚向前迈出一大步，屈右膝至大小腿成 90 度角。
3. 向前挪动右膝，使右膝在右脚上方（不超过趾尖）；左腿随之弯曲，左脚脚尖点地。
4. 全程吸气。

向上动作阶段

1. 右脚向后移动，撤回至初始姿势。
2. 全程呼气。

常见的错误、问题及调整

前弓步动作的关键是防止膝盖超过趾尖，因为这种姿势会给膝盖造成过多的压力。如果客户不能正确地完成此动作，可以用效果相同的后弓步代替。但是客户在做后弓步动作时，前侧的膝盖仍然要位于前侧脚的正上方。平衡性不好的客户可做站立式弓步动作，其效果与弓步蹲动作相同且不用将脚跟抬离地面。客户应采取跨步长度中等的双脚前后分开的姿势，然后将髋部向地面下压，再回到初始姿势。每组练习应双脚交替进行。

哑铃提踵

主要锻炼肌肉：腓肠肌、比目鱼肌

初始姿势

指导客户正握杠铃，旋转前臂使掌心朝向大腿外侧，站直。指导客户将前脚掌置于离地面约5厘米的平稳面上，双脚分开，双脚间距与髋部同宽。按照以下方式，指导客户完成练习。

向上动作阶段

1. 抬头，眼睛看向前方，肩胛骨内收，背部挺直，在向上和向下动作阶段中，双脚前脚掌受力。

2. 缓慢地抬起脚跟至能承受的最大限度，脚趾受力，同时保持身体直立，膝盖伸直。

3. 全程呼气。

向下动作阶段

1. 放下脚跟，保持身体直立，膝盖伸直。

2. 全程吸气。

常见的错误、问题及调整

由于动作范围相对较小，在每个重复动作中，当肌肉达到完全收缩状态（提踵至最高点）时，客户应做短暂停留。

杠铃提踵

主要锻炼肌肉：腓肠肌、比目鱼肌

初始姿势

指导客户将杠铃从杠铃架上取下（本书图片为拍摄方便，未展示杠铃架），放在肩上，再将杠铃杆移至颈部下方（第七节颈椎处）。准备好后，指导客户将前脚掌置于离地面约 5 厘米的平稳面上，双脚分开，双脚间距与髋部同宽。按照以下方式，指导客户完成练习。

向上动作阶段

1. 抬头，眼睛看向前方，肩胛骨内收，背部挺直，在向上和向下动作阶段，双脚前脚掌受力。
2. 缓慢地抬起脚跟至能承受的最大限度，脚趾受力，同时保持身体直立，膝盖伸直。
3. 全程呼气。

向下动作阶段

1. 放下脚跟，保持身体直立，膝盖伸直。
2. 全程吸气。

常见的错误、问题及调整

由于动作范围相对较小，在每个重复动作中，当肌肉达到完全收缩状态（提踵至最高点）时，客户应做短暂停留。杠铃提踵练习需要在杠铃架下进行，一些特殊客户还需要在有专业人员监护的情况下练习。

健身球靠球蹲

主要锻炼肌肉：股四头肌、腘绳肌、臀肌

初始姿势

指导客户将健身球置于背部和墙面之间，双腿尽量远离墙面，双膝伸直。按照以下方式，指导客户完成练习。

向下动作阶段

1. 抬头，眼睛看向前方，肩胛骨内收，背部挺直，在向下动作阶段，双脚全脚掌受力。

2. 慢慢地下蹲，直到大腿几乎与地面平行。下蹲过程中，滚动健身球。

3. 全程吸气。

向上动作阶段

1. 缓慢地伸直双膝和髋部。起立过程中，滚动健身球。

2. 全程呼气。

常见的错误、问题及调整

客户应双脚朝前，尽量远离墙面，但是在整个练习过程中，双膝都不能超过趾尖。

健身球脚跟回拉

主要锻炼肌肉：腘绳肌、髋屈肌群

初始姿势

指导客户面部朝上平躺于地面，双腿伸直，小腿紧靠在健身球上，双手平放在地面上，位于髋部两侧。按照以下方式，指导客户完成练习。

向后动作阶段

1. 向胸部方向弯曲双膝，慢慢地将健身球向髋部方向滚动。
2. 全程呼气。

向前动作阶段

1. 缓慢地将健身球向反方向滚动，直至双膝伸直。
2. 全程吸气。

常见的错误、问题及调整

客户在整个练习过程中，应将髋部紧贴于地面。

健身球抬腿

主要锻炼肌肉：股四头肌、髋屈肌群、腹直肌

初始姿势

指导客户面部朝上平躺于地面，双脚夹紧健身球，双手平放在地面上，位于髋部两侧。按照以下方式，指导客户完成练习。

向上动作阶段

1. 慢慢地将球向上举起，直到双腿伸直。
2. 全程呼气。

向下动作阶段

1. 慢慢地将球放置于地面上。
2. 全程吸气。

常见的错误、问题及调整

在向上和向下阶段，客户应将背部紧贴于地面。

腰部伸展

主要锻炼肌肉：竖脊肌

初始姿势

指导客户坐好，调整脚踏板使其双膝位置略高于髋部。准备好后，指导客户将大腿和髋部的安全带系好，双臂交叉置于胸前，后背紧靠椅背，身体向前屈。按照以下方式，指导客户完成练习。

向后动作阶段

1. 上背部紧靠椅背，向后推，直到躯干完全伸展。
2. 头部和躯干保持在一条直线上。
3. 全程呼气。

向前动作阶段

1. 慢慢地收回椅背，回到初始姿势。
2. 全程吸气。

常见的错误、问题及调整

客户应最大限度地带动腰部肌肉，并确保大腿和髋部的安全带系好。此练习可以减少髋伸肌群的使用，强化竖脊肌。在躯干伸展的过程中，头部不要后仰。

腹部屈曲

主要锻炼肌肉：腹直肌

初始姿势

指导客户调整座椅，使其肚脐与器械的旋转轴齐平，上背部紧靠椅背，肘部置于扶手的垫子上，两只手分别握住手柄。按照以下方式，指导客户完成练习。

向前动作阶段

1. 慢慢地向前拉动椅背，收紧腹部肌肉，直至躯干完全弯曲（尽可能地收紧腹部肌肉）。
2. 上背部紧靠椅背。
3. 全程呼气。

向后动作阶段

1. 缓慢地将椅背向后放至初始姿势。
2. 全程吸气。

常见的错误、问题及调整

对于这种范围较小的动作来说，最为重要的一点是，躯干处于完全弯曲姿势时，客户应集中注意力，完全地收紧腹直肌，并做短暂的停留。在整个练习过程中，髋部应保持不动。

坐姿转体

主要锻炼肌肉：腹直肌、腹外斜肌、腹内斜肌

初始姿势

指导客户坐好，背部挺直，双腿环绕座椅板，将左上臂放置于左侧扶手后方，右上臂贴靠右侧扶手(或放置于右侧扶手前侧)。按照以下方式，指导客户完成练习。

向右动作阶段

1. 慢慢地将躯干转向右侧，转动角度大于60度。
2. 全程呼气。

还原动作阶段

1. 将躯干缓慢地转回初始姿势（面朝前）。
2. 全程吸气。
3. 改变手部姿势，换另一侧重复该动作。

常见的错误、问题及调整

此练习的关键是避免过度扭转躯干，因为腹斜肌的活动范围较小（顺时针方向和逆时针方向扭转角度共约90度）。在练习过程中，客户应保持上半身直立，不要低头。

Nautilus
Nautilus

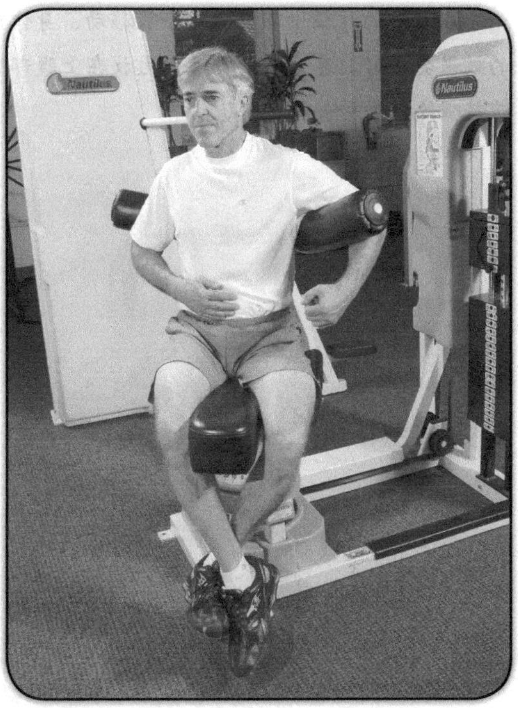
Nautilus
Nautilus

哑铃体侧屈

主要锻炼肌肉：腹内斜肌、腹外斜肌、腹直肌

初始姿势

指导客户用右手握哑铃，置于大腿外侧，站直，双脚分开，双脚间距与髋部同宽，然后使左手掌心朝向左大腿的外侧。按照以下方式，指导客户完成练习。

向上动作阶段

1. 双臂垂直，腰部向左侧弯，带动哑铃向上。
2. 全程呼气。

向下动作阶段

1. 双臂垂直，腰部向右侧弯，尽可能地向下移动哑铃。
2. 全程吸气。

常见的错误、问题及调整

在练习的过程中不要出现手臂移动、身体前倾或者后倾的情况，慢动作练习的效果会更好。客户应该将注意力放在上腹部肌肉上。完成右手的训练后，客户应将哑铃换至左手重复练习。

哑铃硬拉

主要锻炼肌肉：竖脊肌、股四头肌、腘绳肌、臀肌

初始姿势

指导客户正握哑铃，双臂伸直；双脚分开，双脚间距与髋部同宽；双膝和髋部弯曲，后背挺直，抬头。准备好后，指导客户旋转前臂，使掌心朝向脚踝处，同时手臂间距与肩部同宽。按照以下方式，指导客户完成练习。

向上动作阶段

1. 伸展双膝、髋部及上半身，慢慢向上至站直。
2. 全程呼气。

向下动作阶段

1. 缓慢地回到初始姿势，将哑铃放置于地面。
2. 全程吸气。

常见的错误、问题及调整

此练习最重要的是，在向上和向下动作阶段都要保持背部挺直。客户不能出现拱背的情况，特别是在练习的开始阶段。客户应保持正确的腿部姿势，双膝应尽量位于双脚的正上方，不能过度前移。

躯干伸展

主要锻炼肌肉：竖脊肌

初始姿势

指导客户趴在地面上，双手置于面部下方，颈部保持在正中位置。按照以下方式，指导客户完成练习。

向上动作阶段

1. 将胸部缓慢抬起，上半身与地面成30度角，双手置于下颌处。
2. 全程呼气。

向下动作阶段

1. 使胸部缓慢下落至地面。
2. 全程吸气。

常见的错误、问题及调整

该练习具有一定的挑战性，客户在做抬胸动作时需要保持双脚固定。如果做不到，则客户应将双手放置在地面上，借助双臂的力量完成向上抬胸的动作。

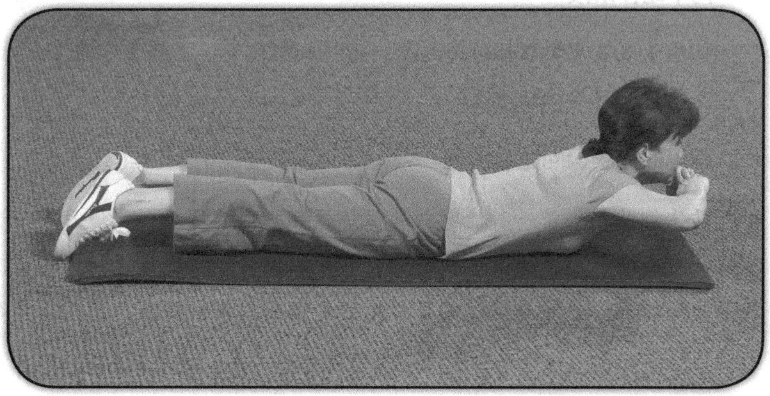

转体仰卧起坐

主要锻炼肌肉：腹直肌、股直肌、髋屈肌群、腹斜肌

初始姿势

指导客户仰卧于地面，双手置于后脑勺处，保持颈部处于居中的位置。按照以下方式，指导客户完成练习。

向上动作阶段

1. 上背部抬至与地面成30度角，全程保持身体蜷曲姿势。
2. 双腿抬离地面，右腿伸直，左腿弯曲。
3. 向左侧扭转身体，左腿回拉，尽量使右臂肘部触碰左膝。
4. 还原腿部姿势，同时将身体向右侧扭转，右腿回拉，尽量使左臂肘部触碰右膝。

向下动作阶段

1. 尽量多做几次转体仰卧起坐，再将双腿放下，平躺于地面。
2. 动作全程要持续呼吸。

常见的错误、问题及调整

转体仰卧起坐是一种能有效地锻炼腹部肌肉的运动，缓慢且有节奏地进行，其效果更好。当客户的身体扭转向左侧和右侧时，双腿应保持离地状态，并且交替弯曲和伸直。尽管此练习的目标是肘部触碰对侧的膝盖，但是很多客户无法做到这种程度。客户在练习时应尽量扭转身体，尽量将膝盖回拉。

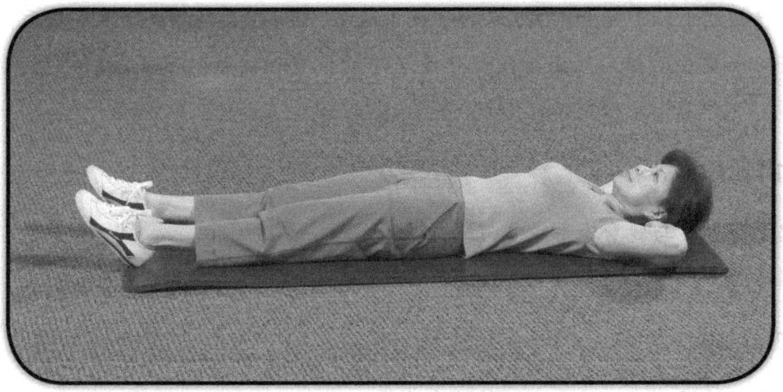

健身球仰卧起坐

主要锻炼肌肉：腹直肌

初始姿势

指导客户面朝上躺于健身球上，双脚平放于地面，腰部紧靠健身球。准备好后，指导客户将双手置于后脑勺，保持颈部处于居中的位置。按照以下方式，指导客户完成练习。

向上动作阶段

1. 抬起上背部，与健身球形成 30 度的夹角。
2. 全程呼气。

向下动作阶段

1. 将上背部缓慢放下，并完全接触健身球球面。
2. 全程吸气。

常见的错误、问题及调整

此练习与标准的仰卧起坐相似，但是动作范围有所增大，对核心稳定性也有所要求。一些客户刚开始在向后仰躺于健身球上时，可能会感到不舒服。客户可以先从近乎水平的仰躺姿势开始练习，当信心和能力都有所增强的时候，再逐渐增大动作范围。

坐姿夹胸

主要锻炼肌肉：胸大肌、三角肌前束

初始姿势

指导客户调整座椅，使其肩部与器械的旋转轴齐平，双臂上臂与地面几乎保持平行，双臂位于同一个平面上（成180度角）。准备好后，指导客户将头部、肩部及背部紧靠在椅背上，双手抓紧手柄，双臂前臂紧靠扶手上的垫板。按照以下方式，指导客户完成练习。

向前动作阶段

1. 利用手臂的力量而非手部的力量使双臂缓慢地靠拢。
2. 保持手腕伸直。
3. 全程呼气。

向后动作阶段

1. 双臂缓慢地收回至初始姿势。
2. 全程吸气。

常见的错误、问题及调整

对于一些客户来说，该练习中的展臂动作可能会造成肩关节旋转肌群的不适。如果出现这种情况，客户可以减小动作范围，也可以将前臂放在稍低于扶手垫板的位置，或者同时采用这两种方法。

胸部推举

主要锻炼肌肉：胸大肌、三角肌前束、肱三头肌

初始姿势

指导客户调整座椅，使手柄位于肩部以下约 15.2 厘米处；头部、肩部及背部紧靠椅背，坐好；双手握住手柄，掌心朝下。按照以下方式，指导客户完成练习。

向前动作阶段

1. 慢慢地向前推动手柄，直到双臂完全伸直。
2. 保持手腕伸直。
3. 全程呼气。

向后动作阶段

1. 慢慢地将手柄收回至初始姿势。
2. 全程吸气。

常见的错误、问题及调整

使用横式手柄能更有效地强化胸大肌。但是如果这会使客户感到肩部肌肉（旋转肌群）不适的话，可以减小动作范围，也可以更换成竖式手柄，或者同时采用这两种方法。客户在练习的过程中应避免出现拱背的情况。

上斜板仰卧推举

主要锻炼肌肉：胸大肌、三角肌前束、肱三头肌

初始姿势

指导客户调整座椅，使手柄低于下颌；头部、肩部及背部紧靠椅背；双脚平放于地面；双手握住手柄，掌心朝前。按照以下方式，指导客户完成练习。

向上动作阶段

1. 将手柄缓慢地向上推，直到双臂完全伸直。
2. 保持手腕伸直。
3. 全程呼气。

向下动作阶段

1. 慢慢地收回手柄至初始姿势。
2. 全程吸气。

常见的错误、问题及调整

使用横式手柄能更有效地强化胸大肌。但是如果这会使客户感到肩部肌肉（旋转肌群）不适的话，可以减小动作范围，也可以更换成竖式手柄，或者同时采用这两种方法。为降低肩部受伤的风险，在向下动作阶段，当手柄位于下颌与锁骨之间时，客户应终止动作。

侧平举

主要锻炼肌肉：三角肌

初始姿势

指导客户调整座椅，使其肩部与器械的旋转轴齐平；头部、肩部及背部紧靠椅背；双脚平放于地面（图片展示局部）。准备好后，指导客户双手握住手柄，双臂上臂紧靠扶手上的垫板，并靠近肋骨处。按照以下方式，指导客户完成练习。

向上动作阶段

1. 顶住扶手垫板，运用手臂的力量而非手部的力量缓慢地向上举。
2. 保持手腕伸直。
3. 手臂与地面几乎平行时，上举动作终止。
4. 全程呼气。

向下动作阶段

1. 慢慢地还原至初始姿势。
2. 全程吸气。

常见的错误、问题及调整

当手臂到达水平位置时，客户应停止上举动作。若手臂位置稍高于水平线，可能会对有些客户的肩部造成冲击，因此，客户没有必要为了将三角肌完全收紧而把手臂抬得过高。练习此动作时，由于动作范围较小，客户应缓慢地进行。客户在上举动作结束时应下沉肩部。

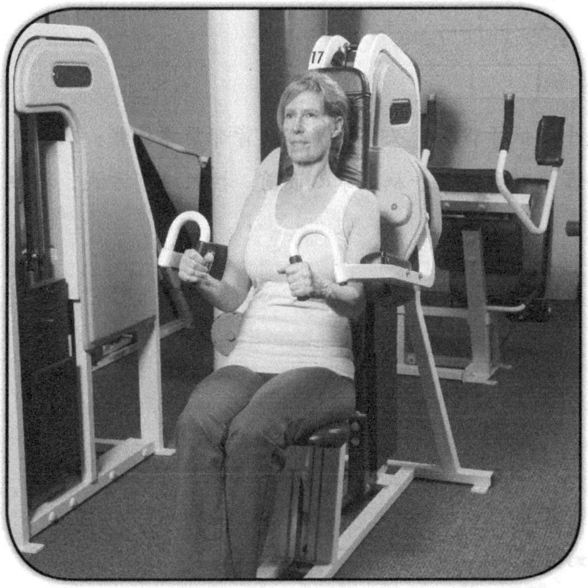
17

17

肩上推举

主要锻炼肌肉：三角肌、肱三头肌、斜方肌上部

初始姿势

指导客户调整座椅，使手柄低于下颌；头部、肩部及背部紧靠椅背；双脚平放于地面。准备好后，指导客户双手握住手柄，掌心朝前。按照以下方式，指导客户完成练习。

向上动作阶段

1. 将手柄缓慢地向上推，直到手臂完全伸直。
2. 保持手腕伸直。
3. 全程呼气。

向下动作阶段

1. 缓慢地收回手柄至初始姿势。
2. 全程吸气。

常见的错误、问题及调整

用横式手柄能更有效地强化三角肌，但是如果这样会使客户感到肩关节不适的话，可以缩小动作范围，也可以更换成竖式手柄，或者同时采用这两种方法。为降低肩部受伤的风险，在向下动作阶段，当手柄位于下颌与锁骨之间时，客户应终止动作。客户应全程保持背部挺直。

18

屈臂下拉

主要锻炼肌肉：背阔肌

初始姿势

指导客户调整座椅，使其肩部与器械的旋转轴齐平，背部紧靠椅背，坐好，系好安全带。座椅调整好后，指导客户将双脚置于踏板上向前蹬，将扶手垫板带至身体前方。准备好后，指导客户用双手握住横杆，上臂紧靠在扶手垫板上，双脚松开踏板，平放在地面上。按照以下方式，指导客户完成练习。

向下动作阶段

1. 肘部为主要发力部位，将扶手垫板缓慢地往下拉，直到横杆触碰到身体为止。
2. 保持手腕伸直。
3. 在下拉过程中，可略微拱背。
4. 全程呼气。

向上动作阶段

1. 慢慢地将扶手垫板还原至初始姿势。
2. 全程吸气。

常见的错误、问题及调整

在做下拉动作之前，客户必须系好安全带，将身体固定好。该练习的关键要点是，下拉动作是靠上臂带动扶手垫板完成的，而不是靠双手拉动横杆完成的。客户在下拉动作结束时身体可微屈，使腰部接触椅背。完成最后一个重复动作后，客户将双脚置于踏板上，向前蹬，以支撑配重片，松开横杆，再靠双腿的力量缓慢地放下配重片。

15

高位下拉

主要锻炼肌肉：背阔肌、肱二头肌

初始姿势

指导客户将大腿置于滚垫下方，双手握住横杆，掌心朝前，双手的间距大于肩宽，肘部伸直。按照以下方式，指导客户完成练习。

向下动作阶段

1. 缓慢地向下拉动横杆，拉至低于下颌处。
2. 全程呼气。

向上动作阶段

1. 缓慢地向上移动横杆，直到手臂完全伸直。
2. 全程吸气。

常见的错误、问题及调整

腿部固定在滚垫下方后，背部应全程保持挺直。客户应注意，在向上动作阶段可能会突然发生横杆上拉的情况。当横杆上拉到顶点时，客户切勿过度拉伸背阔肌。

Nautilus
NITRO
Nautilus

Nautilus
NITRO
Nautilus

坐姿划船

主要锻炼肌肉：背阔肌、肱二头肌、三角肌后束

初始姿势

指导客户调整座椅，使手柄与肩部齐平，坐直，胸部紧靠在胸垫板上，双脚平放于地面。准备好后，指导客户完全伸直手臂，握住手柄。按照以下方式，指导客户完成练习。

向后动作阶段

1. 将手柄缓慢地往胸部方向回拉。
2. 保持手腕伸直。
3. 全程呼气。

向前动作阶段

1. 慢慢地还原手柄位置，直到手臂完全伸直。
2. 全程吸气。

常见的错误、问题及调整

进行此练习时一个常见的问题是，做回拉动作时出现拱背的情况，而且身体前倾和后倾的范围过大。客户在练习时，全程需保持背部挺直（与地面垂直）。垂直方向回拉主要锻炼的是背阔肌，而水平方向回拉则主要锻炼的是三角肌后束。

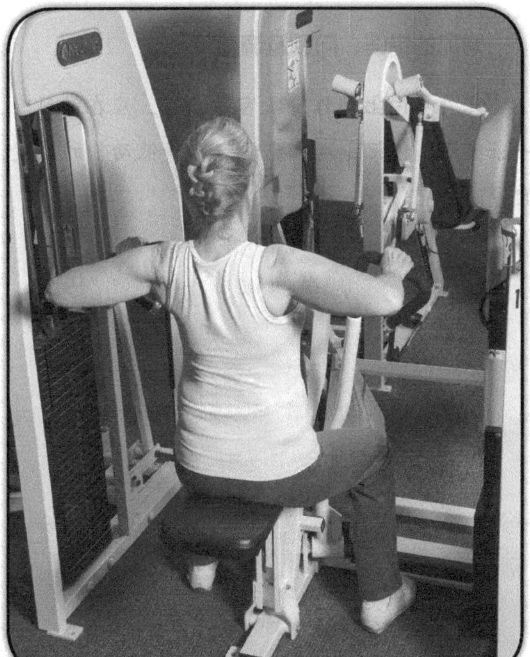

辅助式引体向上

主要锻炼肌肉：背阔肌、肱二头肌

初始姿势

指导客户登上踏板，双手反握支架杆。准备好后，指导客户将膝盖跪放在垫子上，将身体下移至手臂伸直。按照以下方式，指导客户完成练习。

向上动作阶段

1. 将身体向上拉，直至下颌高于支架杆。
2. 保持手腕伸直，背部挺直。
3. 全程呼气。

向下动作阶段

1. 缓慢地回到初始姿势（直到手臂伸直）。
2. 全程吸气。

常见的错误、问题及调整

客户在向上动作阶段容易屈髋，应在练习时，全程保持头部、躯干和大腿成一条直线。谨记，增加重量可以降低动作的难度，因为增加的重量可以抵消客户自身的体重。

NITRO

NITRO

辅助式双杠臂屈伸

主要锻炼肌肉：胸大肌、肱三头肌

初始姿势

指导客户登上踏板，双手握住双杠手柄。准备好后，指导客户将膝盖跪放在垫子上，将身体下移至肘部成约 90 度角。按照以下方式，指导客户完成练习。

向上动作阶段

1. 将身体慢慢地向上拉，直到双臂完全伸直。
2. 保持手腕伸直，背部挺直。
3. 全程呼气。

向下动作阶段

1. 慢慢地还原至初始姿势（直到肘部成约 90 度角）。
2. 全程吸气。

常见的错误、问题及调整

双杠臂屈伸的主要安全问题是，在向下动作阶段，身体下移幅度过大。当肘部弯曲成约 90 度角时，客户应停止向下移动并开始做上拉动作。在练习全程，背部应保持挺直。谨记，增加重量可以降低动作的难度，因为增加的重量可以抵消客户自身的体重。

反式划船

主要锻炼肌肉：三角肌后束、背阔肌、菱形肌

初始姿势

指导客户调整座椅，使上臂交叉与地面几乎平行并碰触移动垫板的中间处。完成座椅的调整后，指导客户将头部、肩部及背部紧靠椅背，双脚放置于踏板上。按照以下方式，指导客户完成练习。

向后动作阶段

1. 将移动垫板尽可能地向后推，同时保持背部挺直。
2. 全程呼气。

向前动作阶段

1. 缓慢地还原至初始姿势。
2. 全程吸气。

常见的错误、问题及调整

此练习最重要的一点是，在整个过程中背部应始终保持挺直。客户应有控制地移动垫板，而不是快速地向后“甩”移动垫板。

哑铃飞鸟

主要锻炼肌肉：胸大肌、三角肌前束

初始姿势

指导客户双腿分开躺于长凳上，双膝弯曲成90度角，双脚平放于地面。准备好后，指导客户双手各持一只哑铃，将哑铃同步举至胸部上方，掌心相对，直至肘部完全伸直。按照以下方式，指导客户完成练习。

向下动作阶段

1. 缓慢地将哑铃同步下放，肘部保持微屈，上臂在几乎平行于地面的同时，与身体垂直。

2. 全程吸气。

向上动作阶段

1. 将哑铃同步上举至初始姿势。

2. 全程呼气。

常见的错误、问题及调整

一定要注意，客户不能将哑铃下放至胸部以下，因为这个动作会给肩关节及胸大肌造成很大的压力。在练习全程，客户的头部、肩部及臀部必须紧贴长凳，双脚要在地面上踩实。没有掌握此动作要领的客户在练习时应有专业人员进行监护。

哑铃仰卧推举

主要锻炼肌肉：胸大肌、三角肌前束、肱三头肌

初始姿势

指导客户双腿分开躺于长凳上，双膝弯曲成90度角，双脚平放于地面。指导客户双手各持一只哑铃，掌心朝前（大拇指相对），将哑铃同步举至胸部上方，直至肘部完全伸直。按照以下方式，指导客户完成练习。

向下动作阶段

1. 缓慢匀速地往胸部方向下放哑铃。
2. 全程吸气。

向上动作阶段

1. 向上同步举起哑铃，直至双臂完全伸直。
2. 全程呼气。

常见的错误、问题及调整

与哑铃飞鸟类似，此练习可能会造成肩部受伤，因此客户不能将哑铃下放至胸部以下的位置。上举和下放动作应在胸部最结实部位的上方，沿垂直方向完成。在练习全程，客户应将头部、肩部及臀部紧贴长凳，双脚在地面上踩实。没有掌握此动作要领的客户在练习时应有专业人员进行监护。

杠铃仰卧推举

主要锻炼肌肉：胸大肌、三角肌前束、肱三头肌

初始姿势

指导客户双腿分开躺于长凳上，双膝弯曲成 90 度角，双脚平放于地面。准备好后，指导客户反握杠铃，掌心朝外（大拇指相对），直至肘部完全伸直。按照以下方式，指导客户完成练习。

向下动作阶段

1. 缓慢匀速地往胸部方向下放杠铃。
2. 全程吸气。

向上动作阶段

1. 向上匀速地移动杠铃，直至双臂完全伸直。
2. 全程呼气。

常见的错误、问题及调整

只有当长凳配有用以支撑杠铃的安全支架且有专业人员监督时，客户才能进行杠铃仰卧推举练习。客户应全程将头部、肩部及臀部紧贴长凳，双脚在地面上踩实。客户不能瞬间发力将杠铃迅速推离胸部，或是在上举时速度不均。

哑铃单臂划船

主要锻炼肌肉：背阔肌、肱二头肌

初始姿势

指导客户右手持哑铃，左膝跪于长凳上，左手置于长凳上，右腿伸直，右脚平放于地面。准备好后，指导客户伸直右臂，保持背部挺直，掌心朝向长凳。按照以下方式，指导客户完成练习。

向上动作阶段

1. 缓缓地将哑铃往胸部方向上拉。
2. 全程呼气。

向下动作阶段

1. 缓缓地下放哑铃至初始姿势。
2. 全程呼气。

常见的错误、问题及调整

安全到位地完成此练习的关键是，背部保持平直（无拱背），长凳上同侧的手和腿支撑身体。切勿在上拉的动作中向上耸肩，动作全程保持躯干挺直。完成一组练习后，换另一侧重复练习。

哑铃侧平举

主要锻炼肌肉：三角肌

初始姿势

指导客户双手各持一只哑铃，反握，肘部微屈，双脚分开，双脚间距与肩部同宽，站直。准备好后，指导客户转动前臂，使掌心朝向大腿外侧。按照以下方式，指导客户完成练习。

向上动作阶段

1. 将哑铃缓缓地向上同步举起，直到上臂几乎与地面平行。
2. 全程呼气。

向下动作阶段

1. 缓缓地将哑铃同步下放至初始姿势。
2. 全程吸气。

常见的错误、问题及调整

进行哑铃侧平举时，由于上举动作中的杠杆因素，伸直手臂会使三角肌承受很大的压力。因此，进行此练习时，客户的肘部必须保持一定程度的弯曲（约45度角）。该方法允许客户在整个练习过程中采用更合适的负荷量，以使练习对肩关节、肘关节造成的压力更小。为减少对肩关节的冲击，客户应在上臂达到水平位置时，停止上举动作。

上斜板杠铃仰卧推举

主要锻炼肌肉：胸大肌、三角肌前束、肱三头肌

初始姿势

指导客户坐好，头部、肩部及背部靠在斜板上，双脚平放于地面。准备好后，指导客户双手反握杠铃并上举，双手间距略比肩部宽，直到双臂完全伸直。按照以下方式，指导客户完成练习。

向下动作阶段

1. 将杠铃缓慢匀速地下放至下颌处。
2. 全程吸气。

向上动作阶段

1. 向上匀速举起杠铃，直到双臂完全伸直。
2. 全程呼气。

常见的错误、问题及调整

只有当长凳配有用以支撑杠铃的稳固支架且有专业人员监督时，客户才能进行上斜板杠铃仰卧推举练习。由于杠铃下放位置过低可能会给肩关节造成过大的压力，因此大多数中老年客户将杠铃下放至下颌处即可。在练习全程，客户的头部、肩部及背部应紧靠斜板，双脚应在地面上踩实。

上斜板哑铃仰卧推举

主要锻炼肌肉：胸大肌、三角肌前束、肱三头肌

初始姿势

指导客户坐好，头部、肩部及背部靠在斜板上，双脚平放于地面。准备好后，指导客户双手掌心朝前握住哑铃，双手间距略比肩部宽，手臂上举至垂直于肩部并完全伸直。按照以下方式，指导客户完成练习。

向下动作阶段

1. 将哑铃缓慢匀速地下放至下颌高度。
2. 全程吸气。

向上动作阶段

1. 向上匀速举起哑铃，直到双臂垂直于肩部并完全伸直。
2. 全程呼气。

常见的错误、问题及调整

虽然上斜板哑铃仰卧推举没有上斜板杠铃仰卧推举练习中存在的风险，但是最好有专业人员对哑铃放置位置等进行调整。正如上斜板杠铃仰卧推举练习一样，此练习全程，客户的头部、肩部及背部应紧靠斜板，双脚应在地面上踩实。客户应在上胸部的垂直面上移动哑铃，移动速度要均匀。

哑铃推举

主要锻炼肌肉：三角肌、肱三头肌

初始姿势

指导客户双腿分开坐在长凳上，双脚平放于地面。准备好后，指导客户双手各持一只哑铃，掌心朝前，双手与肩部齐平。按照以下方式，指导客户完成练习。

向上动作阶段

1. 将哑铃缓缓地向上同步举起，直到双臂完全伸直并与肩部同处一个平面。
2. 全程呼气。

向下动作阶段

1. 缓缓地将哑铃同步下放至肩膀处。
2. 全程吸气。

常见的错误、问题及调整

座椅直立且可调节，可使客户的头部和背部在练习全程得到很好的支撑，让练习顺利进行。如果座椅没有椅背，则客户在练习时，全程要始终坐直。若客户肩部出现不适，则应左右臂交替进行哑铃推举，在这个过程中肩胛带的运动不受限。

双臂交替哑铃推举

主要锻炼肌肉：三角肌、肱三头肌、斜方肌上部

初始姿势

指导客户双脚分开站立，双脚间距与肩部同宽，身体挺直。准备好后，指导客户双手各持一只哑铃，掌心朝前，双手与肩部齐平。按照以下方式，指导客户完成练习。

向上和向下动作阶段

1. 左臂慢慢地向上伸直，右臂保持不动。
2. 左臂慢慢地下放至初始姿势。
3. 右臂慢慢地向上伸直，左臂保持不动。
4. 右臂慢慢地下放至初始姿势。
5. 左右臂继续交替上举。
6. 上举时呼气，下放时吸气。

常见的错误、问题及调整

平衡感和姿势控制能力较差的客户应采用坐姿进行双臂交替哑铃推举练习。以中速或慢速、有节奏地进行练习效果最佳。在练习全程，客户应始终保持身体直立，任何时候都不得后仰。还没有掌握此动作要领的客户在练习时应有专业人员进行监护。

健身球俯卧撑

主要锻炼肌肉：胸大肌、三角肌、肱三头肌、腹直肌

初始姿势

指导客户做好标准的俯卧撑姿势，双手分开平放于地面，双臂伸直，双手间距略大于肩宽。准备好后，指导客户将小腿放在健身球上，身体呈一条直线。按照以下方式，指导客户完成练习。

向下动作阶段

1. 胸部朝正下方下落，同时保持身体呈一条直线。
2. 全程吸气。

向上动作阶段

1. 用力将身体向上撑起，直至手臂完全伸直。
2. 全程呼气。

常见的错误、问题及调整

此练习类似于标准俯卧撑，但是对核心稳定性要求更高并且客户需克服更多的自重。客户在练习全程，应集中注意力收紧腹部肌肉，使身体呈一条直线。

引体向上

主要锻炼肌肉：背阔肌、肱二头肌

初始姿势

指导客户双手握住手柄，双手间距与肩部同宽，手臂完全伸直。按照以下方式，指导客户完成练习。

向上动作阶段

1. 引体上拉，直至下颌高于手柄。
2. 全程呼气。

向下动作阶段

1. 身体缓缓地下落，直至手臂完全伸直。
2. 全程吸气。

常见的错误、问题及调整

此练习对大多数中老年客户来说是一项挑战，一些中老年客户可能需要先做下落动作。在进行引体上拉（下颌高于手柄）时，客户应先从站在踏板上开始，再缓缓地下放身体，至手臂伸直的位置即可。客户能完成该动作的原因是，其肌肉发力在离心收缩动作中达到约40%。客户有控制地完成下落动作后，应该能够完成完整的引体向上练习。客户在练习全程，应始终保持背部挺直，引体上拉时要注意呼气。

双杠臂屈伸

主要锻炼肌肉：胸大肌、三角肌前束、肱三头肌

初始姿势

指导客户双手握住双杠，并用力向上撑起身体，直至手臂完全伸直。按照以下方式，指导客户完成练习。

向下动作阶段

1. 缓缓地下放身体，直至肘部成大约90度角。
2. 全程吸气。

向上动作阶段

1. 用力地向上撑起身体，直至手臂完全伸直。
2. 全程呼气。

常见的错误、问题及调整

正如引体向上一样，双杠臂屈伸对大多数中老年客户来说也是十分具有挑战性的。一些中老年客户可能需要先做下落动作。客户应先从站在踏板上开始向上动作阶段（手臂完全伸直），再缓缓地下放身体，直至肘部成大约90度角。客户能完成该动作的原因是，其肌肉发力在离心收缩动作中达到约40%。客户在有控制地完成向下动作后，应该能够完成完整的双杠臂屈伸练习。客户在练习全程，应始终保持身体挺直。

肱二头肌弯举

主要锻炼肌肉：肱二头肌

初始姿势

协助客户调整座椅，使其肘部和器械的旋转轴齐平，指导客户将上臂完全放置在垫板上。座椅调整好后，指导客户坐直，双手握住手柄，肘部微屈。按照以下方式，指导客户完成练习。

向上动作阶段

1. 缓缓上拉手柄，直到肘部完全弯曲。
2. 保持手腕伸直。
3. 全程呼气。

向下动作阶段

1. 慢慢地将手柄还原至初始位置。
2. 全程吸气。

常见的错误、问题及调整

肱二头肌弯举最重要的一点是肘部要与器械的旋转轴齐平。客户应以中等速度进行练习，以最大限度地发挥器械的凸轮效应，使负荷与练习时的肌肉力量相符。客户应在肱二头肌完全收缩时进行短暂的停留。

53
Nautilus

Nautilus

颈后臂屈伸

主要锻炼肌肉：肱三头肌

初始姿势

协助客户调整座椅，使其肘部与器械的旋转轴齐平，指导客户将上臂完全放置在垫板上。座椅调整好后，指导客户坐好，背部紧靠垫板，手掌一侧紧贴手部垫板。按照以下方式，指导客户完成练习。

向前动作阶段

1. 缓慢地向前推手柄，直至双臂完全伸直。
2. 保持手腕伸直。
3. 全程呼气。

向后动作阶段

1. 将手柄慢慢地还原至初始位置。
2. 全程吸气。

常见的错误、问题及调整

正如肱二头肌弯举一样，颈后臂屈伸最重要的一点是肘部要与器械的旋转轴齐平。客户应以中速或慢速进行练习，以最大限度地发挥器械的凸轮效应，使负荷与练习时的肌肉力量相符。客户应在肱三头肌完全收缩时进行短暂的停留。结束练习后，客户应将手从垫板上抬起并撤下，以便离开座椅。

Nautilus

肱三头肌臂屈伸

主要锻炼肌肉：肱三头肌、胸大肌、三角肌前束

初始姿势

协助客户调整座椅，当客户的背部保持直立时，肘部应成大约 90 度角，握住手柄的双手也正好处于肩部下方。准备好后，帮助客户系好安全带。按照以下方式，指导客户完成练习。

向下动作阶段

1. 用力下压手柄，直到双臂完全伸直。
2. 保持手腕伸直。
3. 全程呼气。

向上动作阶段

1. 慢慢地将手柄还原至初始位置。
2. 全程吸气。

常见的错误、问题及调整

肱三头肌臂屈伸能十分有效地锻炼上肢肌群，但是动作应在 90 度的低风险动作范围（肘部从成 90 度角到完全伸直）内进行。肘部所成夹角小于 90 度可能会给肩关节造成过大压力，因此客户不应这样做。在进行此练习时，客户必须系好安全带，以固定身体。

TRICEPS PRESS

TRICEPS PRESS

肱三头肌下压

主要锻炼肌肉：肱三头肌

初始姿势

指导客户双脚分开，双脚间距与髋部同宽，双膝微屈，站直。准备好后，指导客户双手握住阻力杠并用力下压，直至上臂紧贴肋骨两侧并垂直于地面。阻力杠应位于胸部上方位置。按照以下方式，指导客户完成练习。

向下动作阶段

1. 用力下压阻力杠，直至双臂完全伸直。
2. 全程呼气。

向上动作阶段

1. 缓缓地将阻力杠还原至初始位置。
2. 全程吸气。

常见的错误、问题及调整

有效完成此练习的要点是，上臂保持不动。客户只需转动肋骨两侧的手肘，移动前臂，当前臂到达胸部上方位置时，停止向上动作。阻力杠稍微上拉有助于其他肌群（如背阔肌）发力，以进行向下动作。客户在练习全程，应始终保持身体直立。客户要注意，在向上动作阶段开始时，可能会发生阻力杠突然上拉的情况。

NITRO

NITRO

站姿杠铃弯举

主要锻炼肌肉：肱二头肌

初始姿势

指导客户双手反握杠铃，肘部微屈，双脚分开，双脚间距与髋部同宽，脚尖略朝外，站直。按照以下方式，指导客户完成练习。

向上动作阶段

1. 上臂垂直于地面，紧贴肋骨两侧，缓缓地往肩部方向屈曲。
2. 全程呼气。

向下动作阶段

1. 将杠铃缓缓地还原至初始位置。
2. 全程吸气。

常见的错误、问题及调整

只有掌握此练习的要领才能产生较好的训练效果，降低受伤的风险。客户应保持身体直立(无拱背)，保证肘部在向上动作阶段开始之前完全伸直。在练习全程，客户应保持上臂紧贴肋骨两侧并与地面垂直。

站姿哑铃弯举

主要锻炼肌肉：肱二头肌

初始姿势

指导客户双手各持一只哑铃，掌心朝前，双脚分开，双脚间距与髋部同宽，脚尖朝前，站直。按照以下方式，指导客户完成练习。

向上动作阶段

1. 保持上臂紧靠肋骨两侧并尽量与地面垂直，缓缓地朝肩部方向屈臂，双手掌心朝向面部。
2. 全程呼气。

向下动作阶段

1. 将哑铃慢慢地同步下放至初始位置。
2. 全程吸气。

常见的错误、问题及调整

正如站姿杠铃弯举一样，进行此练习时，客户应保持身体直立（无拱背），肘部在向上动作阶段开始之前应完全伸直。在练习全程，客户应保持上臂紧贴肋骨两侧并与地面垂直。中老年客户应双臂同时弯举，不应交替弯举。

上斜板哑铃弯举

主要锻炼肌肉：肱二头肌

初始姿势

指导客户坐好，肩部和背部紧靠在斜板上，双脚平放于地面。准备好后，指导客户双手各持一只哑铃，掌心朝前，手臂下垂，上臂与地面垂直。按照以下方式，指导客户完成练习。

向上动作阶段

1. 上臂紧靠肋骨两侧，固定不动。缓缓地同步向上屈臂，直至肘部完全屈曲。
2. 全程呼气。

向下动作阶段

1. 将哑铃慢慢地同步下放至初始位置。
2. 全程吸气。

常见的错误、问题及调整

此练习的主要优点在于，在每个动作开始之前，手臂下垂可以拉伸肱二头肌。这让此练习更具挑战性，同时效果更佳。因此，在向下动作阶段，客户必须将哑铃下放至手臂完全伸直、肱二头肌得到完全拉伸的位置。在练习全程，上臂应始终与地面保持垂直。

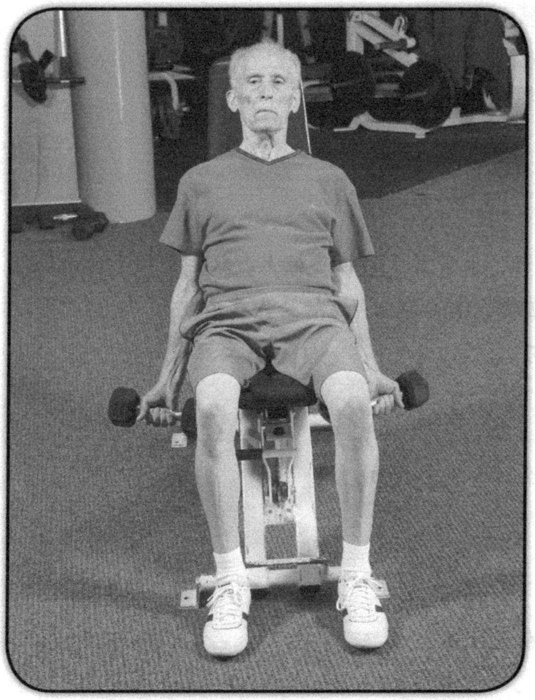

哑铃斜托弯举

主要锻炼肌肉：肱二头肌

初始姿势

指导客户在斜托弯举凳上坐好，上臂置于斜板垫板上，双脚平放于地面。准备好后，指导客户双手各持一只哑铃，掌心朝上，上臂紧靠在垫板上，肘部微屈。按照以下方式，指导客户完成练习。

向上动作阶段

1. 缓缓地向上同步屈臂，直至肘部完全屈曲。
2. 全程呼气。

向下动作阶段

1. 将哑铃慢慢地同步下放至初始位置。
2. 全程吸气。

常见的错误、问题及调整

在进行此练习之前，客户应确保将座椅调整好，这样上臂才能完全支撑在斜板垫板上。为了避免腕部和肘部出现问题，每次下放哑铃至初始位置时，肘部应成大约 150 度角，不必完全伸直。

哑铃单臂弯举

主要锻炼肌肉：肱二头肌

初始姿势

指导客户坐好，双脚分开，双脚间距大于肩宽，右手持哑铃。指导客户将右臂肘部紧靠在右大腿内侧以获得支撑。准备好后，指导客户身体前倾，伸直右臂。左臂自然放于体侧。按照以下方式，指导客户完成练习。

向上动作阶段

1. 缓缓地向上屈臂。
2. 肘部紧靠在大腿内侧。
3. 全程呼气。

向下动作阶段

1. 将哑铃慢慢地下放至初始位置。
2. 肘部紧靠在大腿内侧。
3. 全程吸气。

常见的错误、问题及调整

客户应保证肘部坚实有力地紧靠在大腿内侧，并保证在练习过程中上臂固定不动。客户应确保在向上动作阶段，身体不要后倾；在向下动作阶段，身体不要前倾。两侧手臂交替练习。

哑铃颈后臂屈伸

主要锻炼肌肉：肱三头肌

初始姿势

指导客户双脚分开，双脚间距与髋部同宽，双手合握哑铃，站直。准备好后，指导客户上举哑铃至超过头顶，直到双臂几乎完全伸直。按照以下方式，指导客户完成练习。

向下动作阶段

1. 保持上臂尽量垂直于地面，慢慢地将哑铃向颈后下放。
2. 全程吸气。

向上动作阶段

1. 保持上臂尽量垂直于地面，将哑铃慢慢地向上举起，直到双臂几乎完全伸直。
2. 全程呼气。

常见的错误、问题及调整

客户正确进行该动作的要点是，保持核心稳定使身体直立。客户应确保在练习时，上臂全程尽量与地面保持垂直。下放哑铃时，在身体没有出现不适的情况下，客户应下放哑铃至最大限度。

仰卧哑铃肱三头肌屈伸

主要锻炼肌肉：肱三头肌

初始姿势

指导客户仰卧于长凳上，双脚平放于地面，双手各持一只哑铃。准备好后，指导客户上举哑铃，直到双臂完全伸直并垂直于肩部。按照以下方式，指导客户完成练习。

向下动作阶段

1. 屈臂，缓缓地同步下放哑铃，直到近耳处。
2. 全程吸气。

向上动作阶段

1. 缓缓地同步上举哑铃，直至双臂完全伸直并垂直于肩部。
2. 全程呼气。

常见的错误、问题及调整

客户每次练习时，应保持上臂固定不动并与地面垂直，只移动前臂。没有掌握此动作要领的客户在练习时应有专业人员进行监护。

健身球反屈伸

主要锻炼肌肉：肱三头肌、胸大肌、三角肌前束

初始姿势

指导客户将双手放于长凳上，手掌根部支撑在长凳边缘，双臂尽量伸直，脚跟置于健身球上，双腿伸直使髋部位于长凳前方。按照以下方式，指导客户完成练习。

向下动作阶段

1. 身体保持反L形姿势，髋部缓缓下放，直到肘部几乎成直角。
2. 全程吸气。

向上动作阶段

1. 身体保持反L形姿势，用力将身体缓缓抬起，直到双臂尽量完全伸直。
2. 全程呼气。

常见的错误、问题及调整

此练习虽然与标准的反屈伸练习相似，但是对核心稳定性要求更高。在髋部下放至低处时，客户肘部所成夹角不应小于90度，否则会给肩关节造成很大的压力。

健身球平板撑爬行

主要锻炼肌肉：肱三头肌、胸大肌、三角肌前束

初始姿势

指导客户做好标准俯卧撑姿势，双手分开，双手间距略大于肩宽，双手平放于地面。准备好后，指导客户将脚踝搭放在健身球上，身体与地面几乎平行，保持平直。按照以下方式，指导客户完成练习。

向后动作阶段

1. 身体保持平直，双手朝着健身球方向往后爬，双腿可以顺势滚动健身球使身体向后移动。
2. 全程保持持续呼吸。

向前动作阶段

1. 身体保持平直，双手往前爬，双腿可以顺势滚动健身球使身体向前移动。
2. 全程保持持续呼吸。

常见的错误、问题及调整

虽然此练习与平板撑爬行相似，但是对体力是一项很大的挑战。客户在练习此动作时，应有控制、有意识地完成手臂动作。

颈部伸展

主要锻炼肌肉：颈伸肌

初始姿势

协助客户调整座椅，保证其后脑勺能舒适地贴靠在头部垫板上，再调整背部垫板，确保其背部保持挺直。座椅调整好后，指导客户将后脑勺贴靠于头部垫板上，头部略向前倾，双手握住手柄 。按照以下方式，指导客户完成练习。

向后动作阶段

1. 将头部缓缓地向后推，直到颈部能舒适地伸展。
2. 身体保持挺直。
3. 全程呼气。

向前动作阶段

1. 缓缓地还原至初始姿势。还原后，头部略向前倾。
2. 全程吸气。

常见的错误、问题及调整

进行此练习时，速度必须要慢而且有控制性。正确练习的负荷量应相对较小（初始阶段）。如果客户颈部出现任何不适，应保证他们在舒适的动作范围内进行练习。

20
30

20
30

颈部屈曲

主要锻炼肌肉：颈屈肌

初始姿势

协助客户调整座椅，保证其前额及面颊能舒适地贴靠在头部垫板上，再调整背部垫板，确保其身体保持挺直。座椅调整好后，指导客户将前额及面颊贴靠于头部垫板上，头部略向后倾，双手握住手柄。按照以下方式，指导客户完成练习。

向前动作阶段

1. 将头部缓缓地向前推，直到颈部完全屈曲。
2. 身体保持挺直。
3. 全程呼气。

向后动作阶段

1. 缓缓地还原至初始姿势。还原后，头部略向后倾。
2. 全程吸气。

常见的错误、问题及调整

和颈部伸展一样，进行此练习时，速度必须要慢而且有控制性。正确练习的负荷量应相对较小（初始阶段）。如果客户颈部出现任何不适，应保证他们在舒适的动作范围内进行练习。

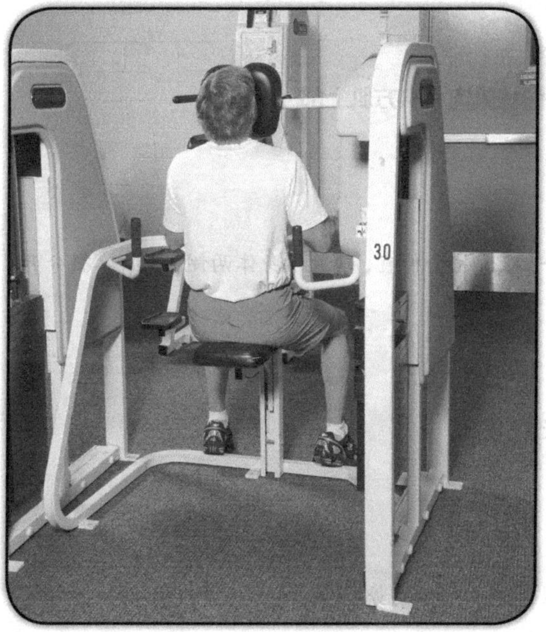
30

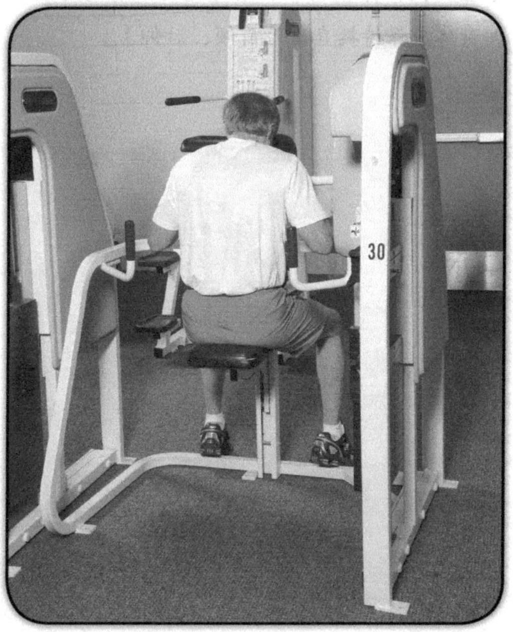
30

哑铃耸肩

主要锻炼肌肉：斜方肌上部

初始姿势

指导客户双手各持一只哑铃，双臂完全伸直，垂放于身体两侧，双脚略微分开，站直。按照以下方式，指导客户完成练习。

向上动作阶段

1. 双臂伸直，两肩同时上提。
2. 全程呼气。

向下动作阶段

1. 双臂伸直，两肩同时缓缓下放至初始姿势。
2. 全程吸气。

常见的错误、问题及调整

中老年客户不应转动肩部进行练习，只需在没有任何不适的前提下，将肩部尽量上提，并在顶峰收缩时进行短暂的停留，再还原至初始姿势。客户在练习期间身体应保持挺直（无前倾、后仰）。

杠铃耸肩

主要锻炼肌肉：斜方肌上部

初始姿势

指导客户双手握住杠铃，双臂完全伸直，垂放于身体两侧。双脚分开，双脚间距与髋部同宽，站直。按照以下方式，指导客户完成练习。

向上动作阶段

1. 双臂伸直，两肩同时上提。
2. 全程呼气。

向下动作阶段

1. 双臂伸直，两肩同时缓缓下放至初始姿势 。
2. 全程吸气。

常见的错误 、问题及调整

如同哑铃耸肩一样，中老年客户不应转动肩部进行练习，只需在没有任何不适的前提下，将肩部尽量上提，并在顶峰收缩时进行短暂的停留，再还原至初始姿势。客户在练习期间身体应保持挺直。

第四章

初级训练计划

根据第二章的训练原则和教学方法及第三章的动作练习，我们为 50 ～ 70 岁的中老年人制订了初级、中级、高级训练计划。这些训练所使用的器械在健身房里都很常见，训练负荷和动作重复次数对身体健康的中老年人来说也较适宜。第六章提到了诸如弹力带等可替代的训练器械。根据中老年人身体情况的不同，第八章提出了一些调整训练的建议。

本书提供的训练类型包括固定器械训练和自由重量训练，客户应根据自身情况选择最佳训练类型。如果客户之前参加过力量训练或者其力量素质高于平均水平，可加快训练进程，尽快进行中级或高级的训练计划。本书之后会介绍这些训练计划。强烈建议无力量训练经验或者有经验但力量素质低于平均水平的客户，从初级力量训练计划开始一步一步地进行。

建议负荷量

选择合适的训练负荷量时，必须考虑客户的年龄、性别、之前的力量训练内容、当前的力量素质及身体基本情况等方面。本节提供了一些关于训练负荷量选择的表格，表中的数据是建议初始负荷量，适合开展进阶训练及首次练习本书所提供的动作练习的客户。

有研究者根据 200 多名进行了固定器械训练的中老年人的研究得出了固定器械训练的建议初始负荷量的数据（表 4.1 针对男性，表 4.2 针对女性）（Westcott，1994）。虽然表 4.1 和表 4.2 中的建议初始负荷量所对应的动作重复次数为 8 ～ 12 次，但是健身指导员根据客户训练的实际情况进行调整是很有必要的，特别是当客户所使用的器械的生产商不相同时。

笔者根据指导多名中老年人进行力量训练的经验得出了自由重量训练的建议初始负荷量的数据（表 4.3 针对男性，表 4.4 针对女性）。其相对应的动作重复次数为 8 ～ 12 次。在中级和高级训练计划（详见第五章）中还有确定训练负荷量的其他方法（注：在本章后文中，原书将仰卧起坐和躯干伸展既作为固定器械训练内容又作为自由重量训练内容）。

图 4.1（见第 171 页）展示了如何利用表 4.1 ～表 4.4 中的信息来填写训练日志。首先确定需使用的器械及正确的年龄段划分，然后根据客户的力量素质水平（见第七章第一节，尤其是表 7.1）来调整每次训练的负荷量。图 4.1 说明了如何将训练负荷量及目标动作重复次数记录在客户的训练日志上，也指明了填写训练的目标组数和实际完成的动作重复次数的位置（以初级训练计划第 1 ～ 2 周为例）。中级和高级训练也应按照此方法进行记录。如果要让客户完成 12 周训练（每 4 周为一个训练周期），则应先准备好 12 份训练日志（附录中有空白的训练日志）。

表 4.1

固定器械训练——男性

		建议初始负荷量，单位：千克		
练习	肌肉	50 ～ 59 岁	60 ～ 69 岁	70 ～ 79 岁
第 1 ～ 2 周的训练				
腿部推蹬	股四头肌、腘绳肌、臀大肌	49.9	45.4	40.8
胸部推举	胸大肌、三角肌前束、肱三头肌	22.7	20.4	18.1
坐姿划船	背阔肌、肱二头肌、三角肌后束	31.7	28.3	24.9
侧平举	三角肌	21.5	20.4	19.3
仰卧起坐	腹直肌	24.9	22.7	20.4
躯干伸展	竖脊肌	24.9	22.7	20.4
第 3 ～ 4 周的附加训练				
髋内收肌练习	髋内收肌	29.5	27.2	24.9
髋外展肌练习	髋外展肌	24.9	22.7	20.4
第 5 ～ 6 周的附加训练				
颈后臂屈伸	肱三头肌	20.4	18.1	15.9
肱二头肌弯举	肱二头肌	20.4	18.1	15.9
第 7 ～ 8 周的附加训练				
坐姿夹胸	胸大肌、三角肌前束	23.8	22.7	21.6
屈臂下拉	背阔肌	26.1	24.9	23.8
第 9 ～ 10 周的附加训练				
腿部屈曲	腘绳肌	24.9	22.7	20.4
腿部伸展	股四头肌	24.9	22.7	20.4

表 4.2

固定器械训练——女性

练习	肌肉	建议初始负荷量，单位：千克		
		50～59 岁	60～69 岁	70～79 岁
第 1～2 周的训练				
腿部推蹬	股四头肌、腘绳肌、臀大肌	34.0	30.6	27.2
胸部推举	胸大肌、三角肌前束、肱三头肌	14.7	13.6	12.5
坐姿划船	背阔肌、肱二头肌、三角肌后束	21.6	19.3	17.0
侧平举	三角肌	12.5	11.3	10.2
仰卧起坐	腹直肌	17.0	15.9	14.7
躯干伸展	竖脊肌	17.0	15.9	14.7
第 3～4 周的附加训练				
髋内收肌练习	髋内收肌	21.6	20.4	19.3
髋外展肌练习	髋外展肌	17.0	15.9	14.7
第 5～6 周的附加训练				
颈后臂屈伸	肱三头肌	11.3	10.2	9.1
肱二头肌弯举	肱二头肌	11.3	10.2	9.1
第 7～8 周的附加训练				
坐姿夹胸	胸大肌、三角肌前束	13.6	12.5	11.3
屈臂下拉	背阔肌	14.7	11.3	12.5
第 9～10 周的附加训练				
腿部屈曲	腘绳肌	15.9	13.6	11.3
腿部伸展	股四头肌	15.9	13.6	11.3

表 4.3

自由重量训练——男性

练习	肌肉	建议初始负荷量，单位：千克		
		50～59 岁	60～69 岁	70～79 岁
第 1～2 周的训练				
哑铃深蹲	股四头肌、腘绳肌、臀大肌	11.3	9.1	6.8
哑铃仰卧推举	胸大肌、三角肌后束、肱三头肌	11.3	9.1	6.8
哑铃单臂划船	背阔肌、肱二头肌	11.3	9.1	6.8
哑铃推举	三角肌、肱二头肌	9.1	6.8	4.5

续表

		建议初始负荷量，单位：千克		
练习	肌肉	50～59 岁	60～69 岁	70～79 岁
仰卧起坐	腹直肌	20 次	15 次	10 次
躯干伸展	竖脊肌	15 次	10 次	5 次
第 3～4 周的附加训练				
站姿哑铃弯举	肱二头肌	6.8	5.7	4.5
哑铃颈后臂屈伸	肱三头肌	6.8	5.7	4.5
第 5～6 周的附加训练				
哑铃耸肩	斜方肌上部	11.3	9.1	6.8
哑铃提踵	腓肠肌、比目鱼肌	11.3	9.1	6.8
第 7～8 周的附加训练				
哑铃飞鸟	胸大肌、三角肌前束	6.8	5.7	4.5
第 9～10 周的附加训练				
高位下拉	背阔肌、肱二头肌	27.2	22.7	18.1

表 4.4

自由重量训练——女性

		建议初始负荷量，单位：千克		
练习	肌肉	50～59 岁	60～69 岁	70～79 岁
第 1～2 周的训练				
哑铃深蹲	股四头肌、腘绳肌、臀大肌	6.8	5.7	4.5
哑铃仰卧推举	胸大肌、三角肌前束、肱三头肌	5.7	4.5	3.4
哑铃单臂划船	背阔肌、肱二头肌	5.7	4.5	3.4
哑铃推举	三角肌、肱二头肌	5.7	4.5	3.4
仰卧起坐	腹直肌	15 次	10 次	5 次
躯干伸展	竖脊肌	12 次	8 次	4 次
第 3～4 周的附加训练				
站姿哑铃弯举	肱二头肌	4.5	3.4	2.3
哑铃颈后臂屈伸	肱三头肌	3.4	2.3	1.1
第 5～6 周的附加训练				
哑铃耸肩	斜方肌上部	6.8	5.7	4.5
哑铃提踵	腓肠肌、比目鱼肌	6.8	5.7	4.5
第 7～8 周的附加训练				
哑铃飞鸟	胸大肌、三角肌前束	4.5	3.4	2.3
第 9～10 周的附加训练				
高位下拉	背阔肌、肱二头肌	18.1	15.9	13.6

训练日志

姓名				周 #								
序号	练习	组数		第 1 天			第 2 天			第 3 天		
		次数		1	2	3	1	2	3	1	2	3
1	腿部推蹬	1	重量	100								
		10	次数	10								
2	胸部推举	1	重量	45								
		10	次数	9								
3	坐姿划船	1	重量	62								
		10	次数	10								
4	侧平举	1	重量	45								
		10	次数	8								
5	仰卧起坐	1	重量	50								
		10	次数	6								
6	躯干伸展	1	重量	50								
		10	次数	8								
7			重量									
			次数									
8			重量									
			次数									
9			重量									
			次数									
10			重量									
			次数									
11			重量									
			次数									
12			重量									
			次数									
13			重量									
			次数									
14			重量									
			次数									
体重												
日期												
评语												

在此处填写训练的目标动作重复次数

此处记录实际重量

此处记录实际完成的动作重复次数

在此处填写训练的目标组数

图 4.1　如何在训练日志中记录训练信息

一般来说，力量素质低于平均水平的客户应减少其训练负荷量，减少量为表 4.1 至表 4.4 中的建议初始负荷量的 10% ～ 20%；而力量素质高于平均水平的客户的训练负荷量应在同样的基础上增加 10% ～ 20%。在动作正确的情况下，如果客户的动作重复次数达不到 8 次，则减少负荷量；若其动作重复次数大于 12 次，则增加负荷量。可参考表 4.5 进行负荷量的调整 。

初级训练计划

初级训练计划分为 5 个训练单元，2 周为 1 个周期。训练从 6 项练习开始，针对主要肌群。每 2 周增加新的练习。

表 4.5

完成的动作重复次数所对应的负荷量调整

目标动作重复次数	少于目标动作重复次数而减少的负荷量 / 千克	多于目标动作重复次数而增加的负荷量 / 千克
1	1.1	1.1
2	2.3	2.3
3	3.4	3.4
4	4.5	4.5
5	5.7	5.7
6	6.8	6.8

在左侧一栏中，确认您的客户在特定练习中低于或高于训练日志中列出的“目标动作重复次数”所执行的代表次数。若客户的实际动作重复次数低于目标水平，则在当前训练负荷量的基础上减去“少于目标动作重复次数而减少的负荷量”一栏中相应数值的负荷量。若客户的实际动作重复次数高于目标水平，则在当前训练负荷量的基础上增加“多于目标动作重复次数而增加的负荷量”一栏中相应数值的负荷量。

第 1 ～ 2 周

若使用固定器械，初级训练计划前 2 周的练习（训练负荷量请参照表 4.1 和表 4.2）应按照以下顺序进行：

1. 腿部推蹬；
2. 胸部推举；
3. 坐姿划船；
4. 侧平举；
5. 仰卧起坐；
6. 躯干伸展。

若使用自由重量，初级训练计划前 2 周的练习（训练负荷量请参照表 4.3 和表 4.4）应按照以下顺序进行：

1. 哑铃深蹲；
4. 哑铃推举；

2. 哑铃仰卧推举；
3. 哑铃单臂划船；
5. 仰卧起坐；
6. 躯干伸展。

将第 305 页附录中的训练日志打印出来，记录客户训练信息。若对训练日志填写仍有疑问，请参考图 4.1 进行填写。确保客户按照以上练习顺序进行训练。在第 3 周、第 5 周、第 7 周、第 9 周增加新练习时，请参考表 4.1 ～表 4.4 中的训练负荷量。指导将客户每个动作练习 8 ～ 12 次，但仰卧起坐和躯干伸展除外，这 2 个练习的重复次数应为 20 ～ 30 次。针对其他各项练习，如果客户能连续 2 周正确地完成 12 个重复动作，则增加 0.57 ～ 1.1 千克的负荷量。

第3～4周

在这个阶段，客户的主要肌群得到强化，客户也熟悉了练习动作的模式。很多中老年人关心髋部机能，建议在器械条件允许的情况下，增加 2 项固定器械练习——髋内收肌练习用于锻炼髋内收肌，髋外展肌练习用于锻炼髋外展肌。这 2 项练习在腿部推蹬和胸部推举之间进行。

在自由重量训练中，深蹲能很好地强化髋部机能，因此无须增加其他下肢运动。但是需通过站姿哑铃弯举增强肱二头肌力量，通过哑铃颈后臂屈伸增强肱三头肌力量。这 2 项练习应在哑铃推举和仰卧起坐 2 项练习之间进行。

若使用固定器械，第 3 ～ 4 周的练习（新增练习的负荷量请参照表 4.1 和表 4.2）应按照以下顺序进行：

1. 腿部推蹬；
2. 髋内收肌练习；
3. 髋外展肌练习；
4. 胸部推举；
5. 坐姿划船；
6. 侧平举；
7. 仰卧起坐；
8. 躯干伸展。

若使用自由重量，第 3 ～ 4 周的练习（新增练习的负荷量请参照表 4.3 和表 4.4）应按照以下顺序进行：

1. 哑铃深蹲；
2. 哑铃仰卧推举；
3. 哑铃单臂划船；
4. 哑铃推举；
5. 站姿哑铃弯举；
6. 哑铃颈后臂屈伸；
7. 仰卧起坐；
8. 躯干伸展。

不论是固定器械训练还是自由重量训练，都应按照以上练习顺序在训练日志上做好记录（见第 305 页）并标注为“第 3 ～ 4 周训练日志”。

第5～6周

固定器械训练计划包括下肢练习、躯干练习及上肢练习。尽管胸部推举和坐姿划船都能锻炼手臂肌肉，但是颈后臂屈伸和肱二头肌弯举能达到更直接的锻炼效果。颈后臂屈伸专门锻炼肱三头肌，肱二头肌弯举专门锻炼肱二头肌。这2项练习在侧平举和仰卧起坐之间进行。

如果客户采用的是自由重量训练，可以在训练中增加哑铃耸肩和哑铃提踵2项练习。前者锻炼斜方肌上部，后者锻炼腓肠肌和比目鱼肌。完成其他所有练习后，再进行这2项练习。

若使用固定器械，第5～6周的练习（新增练习的负荷量请参照表4.1和表4.2）应按照以下顺序进行：

1. 腿部推蹬；
2. 髋内收肌练习；
3. 髋外展肌练习；
4. 胸部推举；
5. 坐姿划船；
6. 侧平举；
7. 颈后臂屈伸；
8. 肱二头肌弯举；
9. 仰卧起坐；
10. 躯干伸展。

若使用自由重量，第5～6周的练习（新增练习的负荷量请参照表4.3和表4.4）应按照以下顺序进行：

1. 哑铃深蹲；
2. 哑铃仰卧推举；
3. 哑铃单臂划船；
4. 哑铃推举；
5. 站姿哑铃弯举；
6. 哑铃颈后臂屈伸；
7. 仰卧起坐；
8. 躯干伸展；
9. 哑铃耸肩；
10. 哑铃提踵。

不论是固定器械训练还是自由重量训练，都应按照以上练习顺序在训练日志上做好记录（见第305页）并标注为“第5～6周训练日志”。

第7～8周

经过6周定期的力量训练，客户的肌肉增多，脂肪减少，客户能感觉到身体比起训练初期变得更加强健。此时，健身指导员可以向客户说明定期的力量训练给肌肉带来的改变（见第一章）。如果客户采用固定器械训练，可以在胸部推举练习后接着进行坐姿夹胸练习，在坐姿划船练习后接着进行屈臂下拉练习。这些练习可以锻炼胸大肌和背阔肌。

如果客户采用的是自由重量训练，应在哑铃仰卧推举练习之后加入哑铃飞鸟练习，进一步锻炼胸部肌肉，尤其是胸大肌。

若使用固定器械，第7～8周的练习（新增练习的负荷量请参照表4.1和表4.2）应按照以下顺序进行：

1. 腿部推蹬；
2. 髋内收肌练习；
3. 髋外展肌练习；
4. 胸部推举；
5. 坐姿夹胸；
6. 坐姿划船；
7. 屈臂下拉；
8. 侧平举；
9. 颈后臂屈伸；
10. 肱二头肌弯举；
11. 仰卧起坐；
12. 躯干伸展。

若使用自由重量，第7～8周的练习（新增练习的负荷量请参照表4.3和表4.4）应按照以下顺序进行：

1. 哑铃深蹲；
2. 哑铃仰卧推举；
3. 哑铃飞鸟；
4. 哑铃单臂划船；
5. 哑铃推举；
6. 站姿哑铃弯举；
7. 哑铃颈后臂屈伸；
8. 仰卧起坐；
9. 躯干伸展；
10. 哑铃耸肩；
11. 哑铃提踵。

不论是固定器械训练还是自由重量训练，都应按照以上练习顺序在训练日志上做好记录（见第305页）并标注为“第7～8周训练日志”。

第9～10周

第7～8周加入了两项锻炼胸部和上背部肌肉的固定器械练习，现在可以锻炼下肢肌肉了。腿部练习包含屈曲和伸展两部分，腿部屈曲锻炼腘绳肌，而腿部伸展锻炼股四头肌。

进行自由重量训练的客户如果有条件进行高位下拉练习，则应考虑将其安排在哑铃单臂划船练习之后。高位下拉可以有效地锻炼背阔肌和肱二头肌，而且也给训练计划增添了多样性。

若使用固定器械，第9～10周的练习（新增练习的负荷量请参照表4.1和表4.2）应按照以下顺序进行：

1. 腿部推蹬；
2. 腿部屈曲；
3. 腿部伸展；
4. 髋内收肌练习；
5. 髋外展肌练习；
6. 胸部推举；
7. 坐姿夹胸；
8. 坐姿划船；
9. 屈臂下拉；
10. 侧平举；
11. 颈后臂屈伸；
12. 肱二头肌弯举；
13. 仰卧起坐；
14. 躯干伸展。

若使用自由重量，第 9～10 周的练习（新增练习的负荷量请参照表 4.3 和表 4.4）应按照以下顺序进行：

1. 哑铃深蹲；
2. 哑铃仰卧推举；
3. 哑铃飞鸟；
4. 哑铃单臂划船；
5. 高位下拉；
6. 哑铃推举；
7. 站姿哑铃弯举；
8. 哑铃颈后臂屈伸；
9. 仰卧起坐；
10. 躯干伸展；
11. 哑铃耸肩；
12. 哑铃提踵。

不论是固定器械训练还是自由重量训练，都应按照以上练习顺序在训练日志上做好记录（见第 305 页）并标注为“第 9 ～ 10 周训练日志”。

下一步是什么呢？

客户目前已经完成了为期 10 周的初级力量训练，全身的主要肌群得到了有效的锻炼，效果应十分显著。此时，客户可以选择继续或改变训练计划。例如，针对目标锻炼肌肉可以更换不同的练习，这样既能丰富训练的内容，还能促进肌肉的发展；也可以同时结合固定器械和自由重量进行训练。

第五章

中级和高级训练计划

如果客户时间充裕且有意向加强力量训练，可以增加每个练习动作的训练量，或者新增练习动作以锻炼各主要肌群，也可以通过采用不同的训练计划着重增大肌肉体积，增强肌肉力量或增强肌肉耐力等。本章的内容有助于设计此类训练计划。

初级训练计划（见第四章）提供了建议初始负荷量（需完成 8 ～ 12 次动作重复）的数据，为期 10 周的初级力量训练需循序渐进地展开。系统性的训练能让客户掌握动作要领，从生理上适应训练计划。当为期 10 周的初级力量训练接近尾声，客户可能会对他们接下来该做什么产生疑问。由于他们的肌肉力量和身体成分得到明显改善，你或许想让客户继续训练。如果是这样的话，训练要随着客户越发强健的身体而做出调整，并逐步增加训练负荷。

你可能决定让能力水平更高的客户参加更具挑战性的训练。这是令人十分激动的时刻！因为他们的肌肉能够承受更大的负荷量，肌肉耐力也能让他们完成时间更长、要求更高的训练。很明显，综合性更强的训练的目标是增强肌肉力量，促进肌肉生长。你应采取合理的训练方法，时刻谨记客户的能力水平；强调正确练习的重要性；逐步增加练习项目、训练量及训练负荷量。

中级训练的注意事项

针对进一步的力量训练，本章有 3 种中级训练计划可供选择，其训练效果各不相同，其中一种注重增大肌肉体积，另一种注重增强肌肉力量，还有一种注重增强肌肉耐力。

根据客户的需求确定最佳的训练计划后，你应参考本章内容指导客户进行正确的练习。客户可以单独进行自由重量训练或固定器械训练，也可以用二者相结合的方式进行训练。

请你务必运用第二章中的训练原则和教学方法，以及第三章中的训练流程和指导来引导客户进行训练。

中级训练是在进行了为期 10 周的初级训练的基础上开展的。为降低训练过多、过早而带来的不利影响，各训练计划都包括刚开始的为期 4 周的过渡训练。过渡训练的训练强度较小，接着就是为期 4 周的训练强度加大的训练。4 周为一个训练周期，每个训练周期的训练强度逐渐递增。

随着训练的要求越来越高，训练时间逐渐增加。为了帮助你规划好客户的训练时间，这里列出了完成各训练计划中的运动所需的大致时间。在保证运动效果的基础上尽量缩短了训练时间。如果客户的运动时间有限，则在过渡训练期（第 1 ～ 4 周）就开始执行标准训练计划，因为其不像综合性训练计划（如第 6 ～ 9 周与第 11 ～ 14 周的训练计划）一样需要花费很多时间。

训练日志信息的记录

确定客户所采用的训练计划（针对肌肉体积、肌肉力量、肌肉耐力）及所使用的器械（固定器械、自由重量）后，下一步是做好训练日志上的训练信息的记录。若客户要进行 3 个训练周期的训练，需准备好 12 份附录中的训练日志。必要时，可参考图 4.1，回顾一下记录目标动作重复次数、动作组数及训练负荷量的方法。图 4.1 也展示了记录训练日期、实际动作重复次数及评语等信息的位置。

以下方法有助于衔接为期 10 周的初级训练和训练强度更大的训练，帮助客户适应接下来的训练。在确定客户采用哪种训练计划之前，你应先考虑所选计划涉及的器械，还要注意某些自由重量训练需要有专业人员看护，如杠铃深蹲、哑铃仰卧推举等。

所有的训练计划必须达到以下要求。

· 在训练日志上做好练习、负荷量及目标动作重复次数等的记录（见 305 页）。

· 指导客户学习记录每项练习完成的动作重复次数及日期（建议参照图 4.1）。

· 提醒客户按照书中列出的练习顺序进行训练。

· 鼓励客户完成相应的动作重复次数，第 2 组和第 3 组的训练量可适当减少。

· 若客户的练习组数超过 1 组，且连续 2 项练习的最后一组的动作重复次数均超过设定的次数，则按照表 4.5 中的数据增加训练负荷量；若客户的动作重复次数不到所设定的次数，则按照表 4.5 中的数据减少训练负荷量。

· 如果将客户正在进行的哑铃训练转换为杠铃训练，则需增加训练负荷量。建议同一项练习中的杠铃重量是单只哑铃重量的 2 倍。

· 若决定增加客户的练习动作或训练量，尤其是决定两者都增加的时候，请考虑采用本章高级训练计划中的每周 4 天的训练计划。

肌肉体积

为以增大肌肉体积为目标的客户设计训练计划时，应根据以下方法，对为期 10 周的初级训练计划进行调整。

· 每项练习重复 8 ～ 12 次，需增加负荷量（见表 5.1 和表 5.2）。如果增加量约为 2.3 千克，那么应将动作重复次数减少至 8 次。为期 10 周的初级训练应该能保证让肌肉承受更大的负荷量。但如果对一次性增加 2.3 千克的负荷量没有太大的把握，可以在第 1 周增加 1.15 千克，在第 2 周增加剩余的 1.15 千克。

表 5.1

中级增肌固定器械训练计划

（每周 3 次，有间隔地进行训练）

			训练周期		
			第 1 ～ 4 周	第 6 ～ 9 周	第 11 ～ 14 周
序号	练习	次数	组数	组数	组数
1	腿部推蹬	8 ～ 12	2	3	3
2	腿部屈曲	8 ～ 12	2	3	3
3	腿部伸展	8 ～ 12	2	2	3
4	坐姿夹胸	8 ～ 12	2	3	3
5	胸部推举	8 ～ 12	2	2	3
6	坐姿划船	8 ～ 12	2	2	3
7	屈臂下拉	8 ～ 12	2	2	3
8	侧平举	8 ～ 12	1	2	3
9	颈后臂屈伸	8 ～ 12	2	3	3
10	肱二头肌弯举	8 ～ 12	2	3	3
11	双杠臂屈伸	8 ～ 12	1	2	2
12	引体向上	8 ～ 12	1	2	2
13	躯干伸展	8 ～ 12	1	2	2
14	仰卧起坐	8 ～ 12	1	2	2
预计所需时间 / 分			45	65	70

注：第 4 周和第 9 周及第 14 周之后 1 周的训练强度应有所减小，训练负荷量应减少 4.5 千克，并且训练量设置为 1 组即可。

表 5.2

中级增肌自由重量训练计划

（每周 3 次，有间隔地进行训练）

			训练周期		
			第 1 ～ 4 周	第 6 ～ 9 周	第 11 ～ 14 周
序号	练习	次数	组数	组数	组数
1	哑铃或杠铃深蹲	8 ～ 12	2	3	3
2	哑铃或杠铃仰卧推举	8 ～ 12	2	3	3
3	哑铃飞鸟	8 ～ 12	1	2	2
4	哑铃单臂划船	8 ～ 12	2	2	3
5	高位下拉	8 ～ 12	2	2	2
6	哑铃侧平举	8 ～ 12	1	2	2
7	站姿哑铃或杠铃弯举	8 ～ 12	2	3	
8	哑铃单臂弯举	8 ～ 12	1	2	2
9	哑铃颈后臂屈伸	8 ～ 12	1	2	2
10	肱三头肌下压	8 ～ 12	1	2	2
11	杠铃耸肩	8 ～ 12	1	2	2
12	仰卧起坐	30 ～ 50	1	2	2
13	躯干伸展	10 ～ 15	1	2	2
预计所需时间 / 分			40	60	65

注：第 4 周和第 9 周及第 14 周之后 1 周的训练强度应有所减小，训练负荷量应减少 4.5 千克，并且训练量设置为 1 组即可。

· 在自由重量训练计划中，有杠铃和哑铃两种器械可选择；还加入了一项新的肱二头肌的练习——哑铃单臂弯举。记住，练习哑铃单臂弯举时，负荷量应小于站姿杠铃弯举负荷量的一半。在固定器械训练计划中，替换为辅助式引体向上和双杠臂屈伸等练习——男性可以尝试利用 40% 的自重，女性可以尝试利用 60% 的自重。固定器械训练中采用的负荷量是为了抵消自重，因此增加额外重量可以降低练习难度。如有需要请参考表 4.5。如果客户想加强手臂肌肉以外其他部位的肌肉，可以增加不同的练习。

· 对于某些练习，第 1 个训练周期的训练组数应增加至 2 组，后面两个训练周期的训练组数应增加至 3 组。对于其他练习，第 2 个训练周期的训练组数可增加至 2 组，第 3 个训练周期的训练组数仍为 2 组（见表 5.1 和表 5.2）。

· 休息时间为 1 分钟。

· 在自由重量训练计划中，仰卧起坐在第 1 ～ 4 周的动作重复次数为 30 次，第 6 ～ 9 周的动作重复次数为 40 次，第 11 ～ 14 周的动作重复次数为 50 次。

· 完成每个周期的训练后，客户可进行为期 1 周的强度稍小的训练。这可以让客户从重复的训练中得到短暂的休息，也可以让肌肉得到休息和重建，变得更加强健。这一训练只练习 1 组（仰卧起坐和躯干伸展除外），每组 8 ～ 12 次，负荷量减少 4.5 千克，各项练习的重复次数应保持一致。第 15 周之后，重复第 1 ～ 4 周的训练（见表 5.1 和表 5.2），按照表 4.5 的数据对负荷量进行适当调整。每个训练周期结束后，都要进行为期 1 周的强度略小的训练。如果有意向继续让客户进行高级训练，那么采取此方案（强度略小的训练周期也包含在内）十分重要。

肌肉力量

为以增强肌肉力量为目标的客户设计训练计划时，应根据以下方法，对为期 10 周的初级训练计划进行调整。

· 在第 1 ～ 2 周，逐步增加有星号标记的练习（见表 5.3 和表 5.4）的负荷量——在原来的基础上增加 4.5 千克，减少动作重复次数——从 8 ～ 12 次减少至 6 ～ 8 次。如果负荷量增加后，无法完成 6 ～ 8 次动作重复，则参考表 4.5 对负荷量进行适当调整。如果对一次性增加 4.5 千克的负荷量没有太大把握，那么可以在第 1 周增加 2.3 千克，在第 2 周增加 1.1 千克，在第 3 周增加剩余的 1.1 千克。若在连续 2 次训练中，客户在进行最后 1 组训练时，能够比目标动作重复次数多完成 2 次以上，则增加 1.1 千克的负荷量。

· 对于无星号标记的练习，指导客户完成 8 ～ 12 次动作重复，如需调整负荷量，请参考表 4.5。若在连续 2 次训练中，客户在进行最后 1 组训练时，能够比目标动作重复次数多完成 2 次以上，则增加 1.1 千克的负荷量。

· 针对动作重复次数为 6 ～ 8 次的练习，练习组数在第 2 个训练周期可增加至 2 组，在第 3 个训练周期可增加至 3 组。对于动作重复次数为 8 ～ 12 次的练习，第 1 个训练周期的训练组数增加至 2 组，剩余两个训练周期的训练组数均为 2 组（针对动作重复次数为 30 ～ 50 次和 10 ～ 15 次的练习，3 个训练周期组数一致）（见表 5.3 和表 5.4）。

· 将休息时间延长至 2 ～ 3 分钟，休息时间越长，肌肉就有越多时间恢复，这样其才能在接下来的练习中承受更大的负荷量。

· 完成每个周期的训练后，客户可进行为期 1 周的强度稍小的训练。这一训练只练习 1 组，动作重复次数应保持一致（6 ～ 8 次或 8 ～ 12 次），负荷量减少

4.5 千克。第 15 周之后，重复第 1 ～ 4 周的训练并按照表 4.5 的数据对负荷量进行适当调整。每个训练周期结束后，都要进行为期 1 周的强度略小的训练。如果有意向继续让客户进行高级训练，建议采取此方案。欲了解更多关于调整运动强度以最大限度地增强肌肉力量的方法和原理，请参考贝希勒与厄尔二人的相关著作（2004，2005，2006，2008）。

表 5.3

中级肌肉力量强化固定器械训练计划

（每周 3 次，有间隔地进行训练）

			训练周期		
			第 1 ～ 4 周	第 6 ～ 9 周	第 11 ～ 14 周
序号	练习	次数	组数	组数	组数
1	* 腿部推蹬	6 ～ 8	1	2	3
2	提踵	8 ～ 12	2	2	2
3	* 胸部推举	6 ～ 8	1	2	3
4	* 坐姿划船	6 ～ 8	1	2	3
5	侧平举	8 ～ 12	2	2	2
6	颈后臂屈伸	8 ～ 12	2	2	2
7	肱二头肌弯举	8 ～ 12	2	2	2
8	躯干伸展	8 ～ 12	2	2	2
9	仰卧起坐	8 ～ 12	2	2	2
预计所需时间 / 分			45	60	70

* 在第 1 ～ 2 周，逐步增加有星号标记的练习（见表 5.3 和表 5.4）的训练负荷量，将动作重复次数从 8 ～ 12 次减少至 6 ～ 8 次。

注：第 4 周、第 9 周及第 14 周之后 1 周的训练强度应有所减小，训练负荷量应减少 4.5 千克，并且训练量设置为 1 组即可。

表 5.4

中级肌肉力量强化自由重量训练计划

（每周 3 次，有间隔地进行训练）

			训练周期		
			第 1 ～ 4 周	第 6 ～ 9 周	第 11 ～ 14 周
序号	练习	次数	组数	组数	组数
1	* 哑铃或杠铃深蹲	6 ～ 8	1	2	3
2	哑铃或杠铃提踵	8 ～ 12	2	2	2
3	* 哑铃或杠铃仰卧推举	6 ～ 8	1	2	3
4	* 哑铃单臂划船	6 ～ 8	1	2	3
5	哑铃侧平举	8 ～ 12	2	2	2
6	站姿哑铃或杠铃弯举	8 ～ 12	2	2	2
7	哑铃颈后臂屈伸	8 ～ 12	2	2	2
8	仰卧起坐	30 ～ 50	2	2	2
9	躯干伸展	10 ～ 15	2	2	2
预计所需时间 / 分			45	60	70

* 在第 1 ～ 2 周，逐步增加有星号标记的练习（见表 5.3 和表 5.4）的训练负荷量，将动作重复次数从 8 ～ 12 次减少至 6 ～ 8 次。

注：第 4 周、第 9 周及第 14 周之后 1 周的训练强度应有所减小，训练负荷量应减少 4.5 千克，并且训练量设置为 1 组即可。

肌肉耐力

为以增强肌肉耐力为目标的客户设计训练计划时，应根据以下方法，对为期 10 周的初级训练计划进行调整。

· 保持训练负荷量不变的情况下，逐步将动作重复次数增加至 15 次（见表 5.5 和表 5.6）。若在连续 2 次训练中，客户在进行最后 1 组训练时能够完成 12 次以上动作重复，则增加 1.1 千克的负荷量。

· 对于某些练习，第 1 个训练周期和第 2 个训练周期的训练组数应增加至 2 组，第 3 个训练周期的组数应增加至 3 组。对于其他练习，第 2 个训练周期的训练组数可增加至 2 组，第 3 个训练周期的组数仍为 2 组（见表 5.5 和表 5.6）。

· 即使是多组练习，休息时间也为 1 分钟。

· 在自由重量训练计划中，仰卧起坐在第 1 ～ 4 周的动作重复次数为 30 次，第 6 ～ 9 周的动作重复次数为 40 次，第 11 ～ 14 周的动作重复次数为 50 次。

· 完成每个周期的训练后，客户可进行为期 1 周的强度稍小的训练，其原因在第 181 页有所提及。这一训练只练习 1 组，每组 15 次，负荷量减少 4.5 千克。第 15 周之后，重复第 1～4 周的训练（见表 5.5 和表 5.6），按照表 4.5 的数据对负荷量进行适当调整。每个训练周期结束后，都要进行为期 1 周的强度略小的训练。如果有意向继续让客户进行高级训练，那么在此之前请采取此方案。

表 5.5

中级肌肉耐力强化固定器械训练计划

（每周 3 次，有间隔地进行训练）

			训练周期		
			第 1～4 周	第 6～9 周	第 11～14 周
序号	练习	次数	组数	组数	组数
1	腿部伸展	12～15	2	2	3
2	腿部屈曲	12～15	2	2	3
3	髋外展肌练习	12～15	1	2	2
4	髋内收肌练习	12～15	1	2	2
5	坐姿夹胸	12～15	2	2	3
6	屈臂下拉	12～15	2	2	3
7	侧平举	12～15	2	2	3
8	颈后臂屈伸	12～15	2	2	3
9	肱二头肌弯举	12～15	2	2	3
10	坐姿转体	12～15	1	2	2
预计所需时间 / 分			35	40	55

注：第 4 周、第 9 周及第 14 周之后 1 周的训练强度应有所减小，训练负荷量应减少 4.5 千克，并且训练量设置为 1 组即可。

表 5.6
中级肌肉耐力强化自由重量训练计划
（每周 3 次，有间隔地进行训练）

			训练周期		
			第 1 ～ 4 周	第 6 ～ 9 周	第 11 ～ 14 周
序号	练习	次数	组数	组数	组数
1	哑铃或杠铃深蹲	12 ～ 15	2	2	3
2	哑铃或杠铃提踵	12 ～ 15	1	2	2
3	哑铃或杠铃仰卧推举	12 ～ 15	2	2	3
4	哑铃飞鸟	12 ～ 15	1	2	2
5	哑铃单臂划船	12 ～ 15	2	2	3
6	哑铃推举	12 ～ 15	2	2	3
7	哑铃或杠铃肱二头肌弯举	12 ～ 15	2	2	3
8	哑铃颈后臂屈伸	12 ～ 15	2	2	3
9	杠铃耸肩	12 ～ 15	1	2	2
10	仰卧起坐	30 ～ 50	2	2	2
11	躯干伸展	10 ～ 15	2	2	2
预计所需时间 / 分			35	40	55

注：第 4 周、第 9 周及第 14 周之后 1 周的训练强度应有所减小，训练负荷量应减少 4.5 千克，并且训练量设置为 1 组即可。

如果客户的主要目标是调整身体成分，那么很有可能其脂肪过多，肌肉过少。你可以考虑采取以下方法帮助客户改善身体成分。

· 遵循本章中关于增大肌肉体积的训练计划，帮助客户增大肌肉体积。

· 提醒客户注意食物的选择（见第十章中的相关内容），了解减少脂肪与热量摄入的重要性。鼓励他们改善身体成分，积极进行有氧训练和力量训练，最好采用循环式训练法。

· 制订一个有氧训练计划（肌肉耐力），帮助客户燃烧更多的热量。相关的其他指导，请参考贝希勒和厄尔所著的《重量训练指南》（*Fitness Weight Training*）（2005）及韦斯科特撰写的《增强力量和耐力》（*Building Strength and Stamina*）（2003）。

高级训练的注意事项

正如中级训练一样，高级训练可以达到特定的训练效果（增大肌肉体积、增强肌肉力量或肌肉耐力等）。高级训练计划包括 2 个为期 4 周的训练周期，以及在第 4 周和第 9 周后的 1 个训练强度较小的训练周。根据训练效果，高级训练计划可分为增大肌肉体积、增强肌肉力量及增强肌肉耐力 3 种类型。高级训练与中级训练不同的是，要达到增大肌肉体积和增强肌肉力量的训练效果需进行分解式训练。此高级训练法将针对身体的不同部位将练习拆分开来进行，部分肌肉每周锻炼 2 次，另一部分肌肉也是每周锻炼 2 次，但是二者时间需错开。这样的话，客户可以每周锻炼 4 次而不是 3 次，同时缩短每次完成运动所需的时间，并且在保证每次的训练时间合理的前提下，还可以增加练习项目和练习组数。客户在每次训练中可进行多种练习项目，以有针对性地增大肌肉体积及增强肌肉力量。稍后会举例进行说明。此方法的缺点是客户每周需多花 1 天进行训练。

增强肌肉耐力的训练期

第二章已经详细地说明了，针对同一肌群，训练不得连续进行，两次训练需间隔 2～3 天。为达到增强肌肉耐力的效果，建议客户周一、周三和周五或者周二、周四和周六进行训练。

分解式训练每周需锻炼 4 次，请选择适合客户情况的训练计划，并准备好训练日志。每种训练计划每周都要求 2 次上半身训练和 2 次下半身训练；针对同一肌群的 2 次训练之间要有足够的恢复时间。

1. 周一、周四——上半身训练；周二、周五——下半身训练。
2. 周日、周三——上半身训练；周一、周四——下半身训练。
3. 周二、周五——上半身训练；周三、周六——下半身训练。

高级训练：肌肉体积

如表 5.7 所示，为期 4 周的高级增肌训练计划包括每周 4 次锻炼——上半身训练 2 次，下半身训练 2 次。上半身训练包括胸部、上背部练习各 2 项，肩部、肱三头肌和肱二头肌练习各 1 项。下半身训练包括大腿肌肉练习 2 项，腘绳肌、股四头肌、小腿肌肉、腹部肌肉及腰部肌肉练习各 1 项。

对于表 5.7 列出的 7 项上半身练习和 7 项下半身练习，客户均需重复 10～12 次。在第 5 周，训练负荷量减少 4.5 千克，并且各项练习只进行 1 组即可，这样可以促进肌肉恢复，使其变得更强健。在第 6～9 周，可参照表 5.8 的数据增加训练组数。若有需求，可参照表 4.5 增加训练负荷量。第 10 周和第 5 周的训练相同。如果客户有意愿进行强度更大的分解式训练，并且也能安全地训练，那么你可以向客户推荐贝希勒和厄尔所著的《重量训练指南》（2005）一书中更高级别的训练。

表 5.7

高级增肌训练计划：第 1 ～ 4 周（第 1 个训练周期）

序号	肌肉	次数	组数	自由重量训练	固定器械训练
上半身训练时间：30 分钟					
1	胸部肌肉	10 ～ 12	2	杠铃 / 哑铃仰卧推举	胸部推举
2	胸部肌肉	10 ～ 12	2	哑铃飞鸟	坐姿夹胸
3	上背部肌肉	10 ～ 12	2	哑铃单臂划船	坐姿划船
4	肩部肌肉	10 ～ 12	2	双臂交替哑铃推举	肩上推举
5	上背部肌肉	10 ～ 12	2	高位下拉*	下拉或屈臂下拉
6	肱三头肌	10 ～ 12	2	仰卧哑铃肱三头肌屈伸	颈后臂屈伸
7	肱二头肌	10 ～ 12	2	站姿杠铃弯举	肱二头肌弯举
下半身训练时间：30 分钟					
1	大腿肌肉	10 ～ 12	2	深蹲	双腿推蹬
2	大腿肌肉	10 ～ 12	2	弓步	单腿推蹬
3	腘绳肌	10 ～ 12	2	深蹲	腿部屈曲
4	股四头肌	10 ～ 12	2	弓步	腿部伸展
5	小腿肌肉	10 ～ 12	2	提踵	提踵
6	腹部肌肉	30 ～ 40	2	仰卧起坐	
		10 ～ 12	2		腹部屈曲
7	腰部肌肉	10 ～ 15	2	躯干伸展	
		10 ～ 12	2		腰部伸展

注：第 4 周之后 1 周的训练强度应有所减小，训练负荷量应减少 4.5 千克，并且训练量设置为 1 组即可。

* 原书如此。

表 5.8

高级增肌训练计划：第 6 ～ 9 周（第 2 个训练周期）

序号	肌肉	次数	组数	自由重量训练	固定器械训练
上半身训练时间：35 分钟					
1	胸部肌肉	10 ～ 12	3	仰卧推举	胸部推举
2	胸部肌肉	10 ～ 12	2	哑铃飞鸟	坐姿夹胸
3	上背部肌肉	10 ～ 12	2	哑铃单臂划船	坐姿划船
4	肩部肌肉	10 ～ 12	3	哑铃侧平举	肩上推举
5	上背部肌肉	10 ～ 12	2	高位下拉*	下拉或屈臂下拉
6	肱三头肌	10 ～ 12	2	仰卧哑铃肱三头肌屈伸	颈后臂屈伸
7	肱二头肌	10 ～ 12	3	站姿杠铃弯举	肱二头肌弯举

续表

序号	肌肉	次数	组数	自由重量训练	固定器械训练
下半身训练时间：40 分钟					
1	大腿肌肉	10～12	3	深蹲	双腿推蹬
2	大腿肌肉	10～12	2	弓步	单腿推蹬
3	腘绳肌	10～12	2	深蹲	腿部屈曲
4	股四头肌	10～12	2	弓步	腿部伸展
5	小腿肌肉	10～12	2	提踵	提踵
6	腹部肌肉	40～50	3	仰卧起坐	
		10～12	2		腹部屈曲
7	腰部肌肉	15～20	3	躯干伸展	
		10～12	3		腰部伸展

注：第 9 周之后 1 周的训练强度应有所减小，训练负荷量应减少 4.5 千克，并且训练量仅设置 1 组即可。

* 原书如此。

高级训练：肌肉力量

在表 5.9 中，为期 4 周的高级肌肉力量强化训练计划包括每周 2 次上半身训练和 2 次下半身训练。在第 1～2 周，大部分练习要完成 2～3 组，每组重复 8～10 次。在第 3～4 周，有星号标记的练习每组需重复 6～8 次。该部分的练习与增肌训练中的练习相似。在第 5 周，训练负荷量减少 4.5 千克，只练习 1 组即可。这样可以让肌肉适当恢复，变得更强健。在表 5.10 中，第 2 个训练周期的训练内容与第 1 个训练周期的训练内容相同，均练习 3 组，但是应增加负荷量，并将动作重复次数限制在表 5.10 所示的次数。第 10 周和第 5 周的训练相同。

如果客户有意愿进行强度更大的分解式训练，可以参考贝希勒和厄尔所著的《重量训练指南》（2005）及《NSCA-CPT 美国国家体能协会私人教练认证指南》（*Essentials of Personal Training*）（2004）。

表 5.9

高级肌肉力量强化训练计划：第 1～4 周（第 1 个训练周期）

序号	肌肉	次数	组数	自由重量训练	固定器械训练
上半身训练时间：35 分钟					
1	胸部肌肉	6～10	3	仰卧推举	胸部推举
2	胸部肌肉	8～10	2	哑铃飞鸟	坐姿夹胸
3	*上背部肌肉	6～10	2	哑铃单臂划船	坐姿划船
4	*肩部肌肉	6～10	3	双臂交替哑铃推举	肩上推举
5	上背部肌肉	8～10	2	高位下拉**	下拉或屈臂下拉

续表

序号	肌肉	次数	组数	自由重量训练	固定器械训练
6	肱三头肌	10	2	仰卧哑铃肱三头肌屈伸	颈后臂屈伸
7	肱二头肌	10	2	站姿杠铃弯举	肱二头肌弯举
下半身训练时间：40 分钟					
1	* 大腿肌肉	6～10	3	深蹲	双腿推蹬
2	* 大腿肌肉	6～10	3	弓步	单腿推蹬
3	腘绳肌	8～10	2	深蹲	腿部屈曲
4	股四头肌	8～10	2	弓步	腿部伸展
5	小腿肌肉	8～10	2	提踵	提踵
6	腹部肌肉	30～40	3	仰卧起坐	
		8～10	3		腹部屈曲
7	腰部肌肉	10～15	3	躯干伸展	
		8～10	3		腰部伸展

* 在第 3～4 周，逐步增加有星号标记的练习的训练负荷量，将动作重复次数从 8～10 次减少至 6～8 次。

注：第 4 周之后 1 周的训练强度应有所减小，训练负荷量应减少 4.5 千克，并且训练量设置为 1 组即可。

** 原书如此。

表 5.10

高级肌肉力量强化训练计划：第 6～9 周（第 2 个训练周期）

序号	肌肉	次数	组数	自由重量训练	固定器械训练
上半身训练时间：45 分钟					
1	胸部肌肉	5	3	仰卧推举	胸部推举
2	胸部肌肉	8～10	3	哑铃飞鸟	坐姿夹胸
3	上背部肌肉	5	3	哑铃单臂划船	坐姿划船
4	肩部肌肉	5	3	双臂交替哑铃推举	肩上推举
5	上背部肌肉	8～10	3	高位下拉*	下拉或屈臂下拉
6	肱三头肌	10	3	仰卧哑铃肱三头肌屈伸	颈后臂屈伸
7	肱二头肌	10	3	站姿杠铃弯举	肱二头肌弯举
下半身训练时间：50 分钟					
1	大腿肌肉	5	3	深蹲	双腿推蹬
2	大腿肌肉	5	3	弓步	单腿推蹬
3	腘绳肌	8～10	3	深蹲	腿部屈曲
4	股四头肌	8～10	3	弓步	腿部伸展
5	小腿肌肉	8～10	3	提踵	提踵
6	腹部肌肉	40～50	3	仰卧起坐	
7	腰部肌肉	8～10	3		腹部屈曲
		15～20	3	躯干伸展	
		8～10	3		腰部伸展

注：第 9 周之后 1 周的训练强度应有所减小，训练负荷量应减少 4.5 千克，并且训练量设置为 1 组即可。

* 原书如此。

高级训练：肌肉耐力

高级肌肉耐力强化训练计划的第 1 ～ 4 周的训练内容如表 5.11 所示，每项练习都完成 3 组，每周训练 3 次。每项练习都能锻炼到八大主要肌群，包含胸部肌肉、

表 5.11

高级肌肉耐力强化训练计划：第 1 ～ 4 周（第 1 个训练周期）

序号	肌肉	次数	组数	自由重量训练	固定器械训练
训练时间：30 分钟					
1	胸部肌肉	15 ～ 20	3	杠铃 / 哑铃仰卧推举	胸部推举
2	背部肌肉	15 ～ 20	3	哑铃单臂划船	坐姿划船
3	肩部肌肉	15 ～ 20	3	双臂交替哑铃推举	肩上推举
4	肱二头肌	15 ～ 20	3	肱二头肌弯举	肱二头肌弯举
5	肱三头肌	15 ～ 20	3	仰卧哑铃肱三头肌屈伸	颈后臂屈伸
6	大腿肌肉	15 ～ 20	3	弓步	双腿推蹬
7	腹部肌肉	30 ～ 40	3	仰卧起坐	
		15 ～ 20	3		腹部屈曲
8	腰部肌肉	10 ～ 15	3	躯干伸展	
		8 ～ 10	3		腰部伸展

表 5.12

高级肌肉耐力强化训练计划：第 6 ～ 9 周（第 2 个训练周期）

序号	肌肉	次数	组数	自由重量训练	固定器械训练
训练时间：34 分钟					
1	胸部肌肉	15 ～ 20	3	杠铃 / 哑铃仰卧推举	胸部推举
2	胸部肌肉	15 ～ 20	1	哑铃飞鸟	坐姿夹胸
3	肱二头肌	15 ～ 20	3	哑铃单臂划船	坐姿划船
4	肩部肌肉	15 ～ 20	3	双臂交替哑铃推举	肩上推举
5	背部肌肉	15 ～ 20	1	高位下拉 *	下拉或屈臂下拉
6	肱三头肌	15 ～ 20	3	仰卧哑铃肱三头肌屈伸	颈后臂屈伸
7	肱二头肌	15 ～ 20	3	站姿杠铃弯举	肱二头肌弯举
8	大腿肌肉	15 ～ 20	3	弓步	双腿推蹬
9	小腿肌肉	15 ～ 20	3	提踵	提踵
10	腹部肌肉	40 ～ 50	3	仰卧起坐	
		15 ～ 20	3		腹部屈曲
11	腰部肌肉	15 ～ 20	3	躯干伸展	
		8 ～ 10			腰部伸展

* 原书如此。

背部肌肉、肩部肌肉、肱二头肌、肱三头肌、大腿肌肉、腹部肌肉及腰部肌肉。在第 5 周，训练负荷量减少 4.5 千克，只练习 1 组即可。这样可以让肌肉适当恢复，变得更强健。在第 6 ～ 9 周，增加 3 项练习——依次锻炼肱三头肌、肱二头肌及小腿肌肉（见表 5.12）。在此期间，将练习的动作重复次数逐步增加至 20 次（个别练习除外，具体见表 5.12）。第 10 周和第 5 周的训练相同。

确定新练习项目的训练负荷量

确定新练习项目的训练负荷量可遵循以下方法。

1. 向客户展示如何使用最小配重片（固定器械训练）、最小哑铃（哑铃训练）、销棒或者无配重片的杠铃棒（杠铃训练）进行训练，并按照第二章中的教学方法进行指导。

2. 确定训练负荷量，确保在该负荷下客户能完成 15 次动作重复，并要求客户按量完成。

3. 观察客户在完成动作重复时的力量情况。

4. 增减训练负荷量时，请参考表 4.5。

第六章

替代练习和训练计划

尽管固定器械训练和自由重量训练十分有益，但是使用其他形式的阻力器械也能达到很好的训练效果。一些中老年人害怕使用训练器械；对于另一些中老年人来说，由于预算紧张，办理健身房会员或购买训练器械都是有困难的。本章的练习不仅能加强客户在力量训练中的体验，减少其受伤的风险，而且所需费用较少。重视中老年人的力量训练但又苦于无法提供昂贵器械的健身指导员能在本章内容中获益匪浅。对于热情和新意并存，并且意识到力量训练能极大地改善中老年人的生活质量的健身指导员，这里有多种练习可供选择。

做好训练计划

根据需锻炼的肌肉部位，将自重和弹力带训练进行分组，并按照难易程度进行排列。指导客户演练动作，再慢慢地、有控制地完成练习。如果刚开始有客户无法完成全范围动作，则鼓励他们循序渐进，尽量达到动作的全范围；但若该要求会加大当前关节或肌肉的压力，则不建议采用。

因为每个人的力量情况不同，所以不存在适用于所有客户的具体方案，如动作重复次数或弹力带厚度等。在确定某练习的各项参数之前，应先考虑客户在练习中可能遇到的困难，以及其需克服的阻力等。表 6.1 为制订适合客户的训练计划提供了十分有用的指导。

练习次数、组数及休息时间的指导

对于健康水平较低的客户，应试着确定他们能正确地完成至少 5 次的练习动作有哪些。

表 6.1
自重和弹力带训练指导

	健康水平		
	低	平均	高
训练或负荷量	重复 5 次	重复 10 次	重复 15 ～ 20 次
初始训练组数	1	1	2
增加训练组数时，应达到的重复次数	10	15	20 ～ 25
训练组数增加至	2	2 ～ 3	3 ～ 4
组间休息时间	3 分钟	2 ～ 3 分钟	1 ～ 2 分钟

对于普通中老年人来说，所确定的练习的重复次数不超过 10 次。体魄强健的中老年人应选择能进行 15 ～ 20 次重复并且会造成疲乏感的练习。如果采用弹力带训练，所选择的弹力带的厚度应与表 6.1 中不同健康水平对应的重复次数相适应。除非由于关节或肌肉等方面的问题而无法进行练习，否则训练内容至少应包含 1 项上半身练习、1 项下半身练习及 1 项腹部练习。本章稍后会有对于这些练习动作的介绍说明，或者供健身指导员使用的指令。对于肌肉力量较弱的客户，如果选择自重训练，可采用推墙练习锻炼胸部和肱三头肌，屈膝微蹲练习锻炼股四头肌和腘绳肌，辅助式屈膝仰卧起坐练习锻炼腹肌。若选择弹力带训练，可采用弹力带胸部推举练习锻炼胸部和肱三头肌，弹力带深蹲练习锻炼股四头肌和腘绳肌。

根据客户的肌肉力量水平及目标训练效果，健康水平略低的客户每个动作练习 1 组；健康水平略高的客户每个动作练习 2 组。表 6.1 提供了关于不同健康水平客户的训练指导。

自重训练

以下各项练习均可借助自身体重来增添训练的多样性。自重训练的一个缺点是，由于客户的肌肉力量水平不同，因此很难为之匹配合适的负荷量。本章提供的练习可使传统练习更加丰富，无论客户的健康水平如何，它们都可以使练习更加实用、有效。无论选取何种练习，都要确保客户能缓慢并有控制地完成各项练习，并且都能准确地达到动作的全范围（不会造成疼痛）。

俯卧撑及其变式

主要锻炼肌肉：胸大肌、三角肌前束、肱三头肌

俯卧撑及其变式练习都能有效地锻炼胸大肌、三角肌前束和肱三头肌。标准俯卧撑基本上只动用同一处肌群，因此对中老年人难度很大。但是俯卧撑及其变式练习很适合他们。健身指导员应指导客户在练习期间保持背部挺直，如第198页所示。需要注意的是，在进行所有俯卧撑类的练习（包括推墙练习）时，客户应在上推动作阶段呼气，还原动作阶段吸气。

推墙练习

1. 指导客户做好准备姿势，双脚放置于离墙面60～90厘米处，双脚分开，间距与髋部同宽，双手分开放在墙面上，双手间距比肩部略宽，肘部微屈。

2. 屈肘，胸部往墙面方向移动，稍作停留后还原至初始姿势。

桌子俯卧撑

1. 确保桌子（本书以多个垒在一起的台阶进行动作示范）稳定，或者紧靠住墙。

2. 指导客户双脚分开，间距与髋部同宽站在离桌子120厘米处，双手分开放置于桌面边缘，双手间距比肩部略宽。

3. 身体缓缓下放，直到胸部贴近桌子边缘。

4. 稍作停留，再上推身体还原至初始姿势。

地面俯卧撑

1. 俯卧于地面，双脚分开，与髋部同宽，双手分开放于地面，双手间距比肩部略宽，身体保持平直。

2. 将身体上推至初始姿势，稍作停留，再缓缓地下放身体，直到胸部接近地面。

3. 如果客户以此姿势完成至少 5 次动作重复的难度较大，则采取双膝触地的姿势以减小负荷。

4. 指导客户改变双手的间距，以锻炼不同的肌肉：双手间距较大，则胸大肌受力；双手间距较小，则是肱三头肌受力。

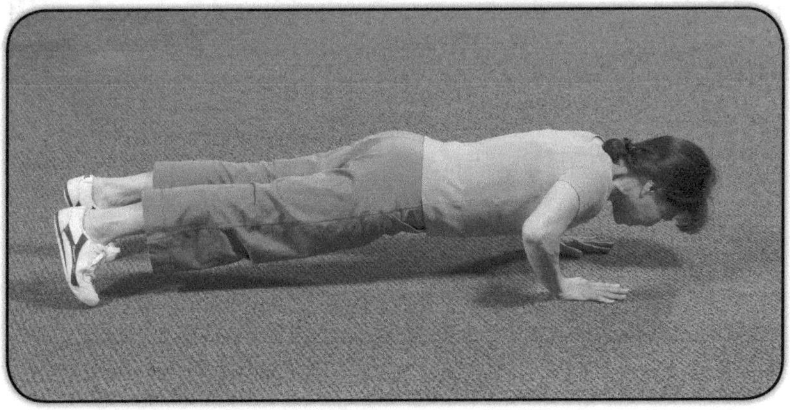

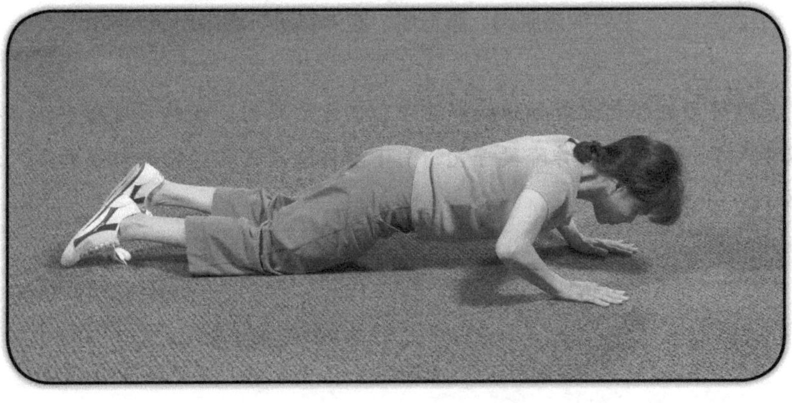

椅上倾斜俯卧撑

1. 当客户能够完成 15 次地面俯卧撑动作重复时，可指导客户将双脚置于稳定的椅子或凳子上，增加练习的难度。

2. 双脚在椅子或凳子上分开，间距与髋部同宽，双手分开放于地面上，双手间距比肩部略宽，背部保持挺直。缓缓地下放身体，直到胸部接近地面。

3. 短暂停留后，上推身体还原至初始姿势。

仰卧起坐及其变式

主要锻炼肌肉：腹直肌、腹外斜肌、腹内斜肌

正确练习仰卧起坐能加强腹部前方和侧方的肌肉。在练习过程中，正确的呼吸方法是，在向上动作阶段呼气，向下动作阶段吸气。仰卧起坐的变式练习见第 199 ～ 201 页。

辅助式屈膝仰卧起坐

1. 指导客户仰卧于垫子（或干净的地毯）上，双臂放在身体两侧，肘部、前臂及手掌紧贴在垫子上。

2. 双脚分开，间距与髋部同宽，双膝弯曲，脚跟尽量靠近臀部。

3. 指导客户卷曲腹部，前臂用力下推，开始上抬动作。

4. 当上背部与地面成 30 度角（应比图中的角度更大）时，稍作停留，再还原至初始姿势。

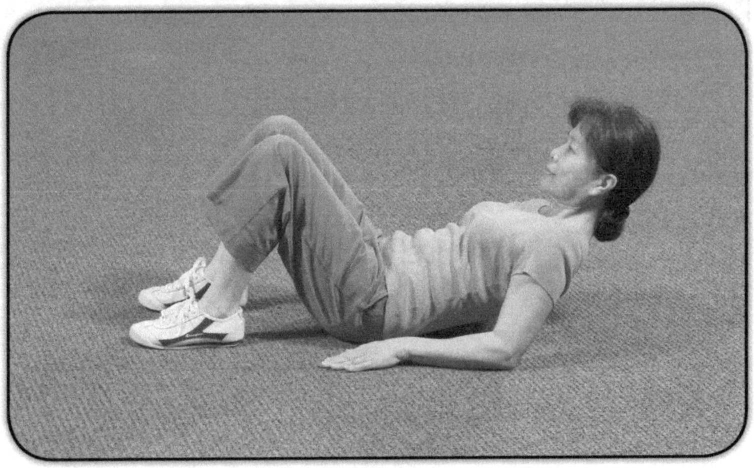

屈膝仰卧起坐

1. 指导客户按照辅助式屈膝仰卧起坐的姿势准备好，双手放松置于后脑勺，以使头颈部处于居中位置。

2. 指导客户缓慢地将肩部和上背部抬离地面，直到腰部受力。

3. 稍作停留，再还原至初始姿势。

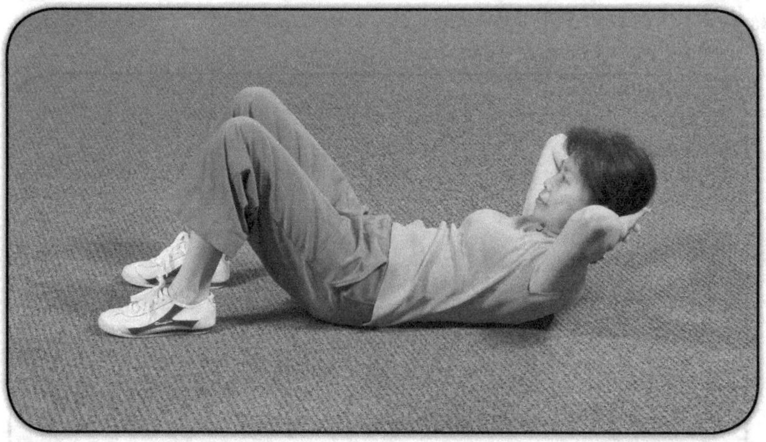

膝盖回拉式仰卧起坐

1. 指导客户按照屈膝仰卧起坐的姿势准备好，向上卷腹时，回拉左膝，并尽力触碰左臂肘部。

2. 稍作停留，再还原至初始姿势。

3. 以同样的方式完成右膝和右肘的动作。

4. 左右两侧交替进行练习。

5. 膝盖回拉式仰卧起坐的负荷来自上肢和下肢，受力肌肉是腹肌和髋屈肌群。

椅上转体仰卧起坐

1. 指导客户按照屈膝仰卧起坐的姿势准备好，将双腿放置于稳定的椅子或凳子上。双脚分开，间距与髋部同宽。肩部向上卷曲并抬离地面，直到腰部受力。向左或向右扭转身体，稍作停留之后再还原至初始姿势。

2. 左右交替扭转身体。

3. 交替转体的目的是强化上腹部两侧的肌肉（腹斜肌）及腹直肌。

屈膝及其变式

主要锻炼肌肉：股四头肌、腘绳肌、臀部肌群

在屈膝过程中，正确的呼吸方式是，在向上动作阶段呼气，向下动作阶段吸气。屈膝的变式练习见第 202 ～ 204 页。

屈膝微蹲

1. 双脚分开站立，双脚间距略大于肩宽，身体保持直立。臀部下移到弯曲膝盖姿势的 1/4，双膝微屈即可。

2. 稍作停留，再还原至初始姿势。

3. 若客户在保持平衡上有问题，可以指导客户扶住椅子或桌子之类的固定物。

4. 当臀部下移时，脚跟可能会抬起，但是在练习全程，双脚需踩实地面。

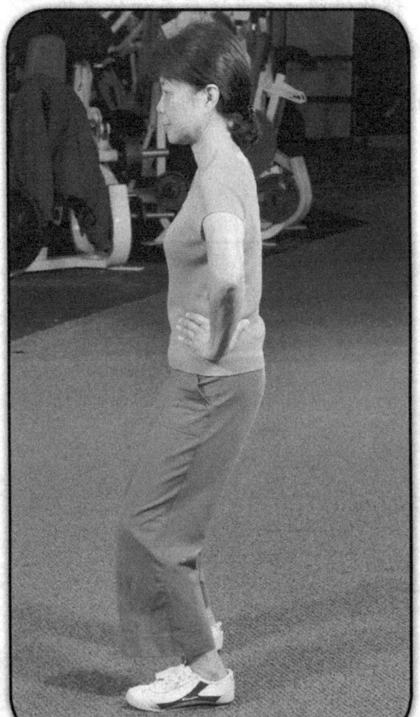

屈膝半蹲

1. 双脚分开站立，双脚间距略大于肩宽，身体保持直立。臀部下移到弯曲膝盖姿势的 1/2，双膝弯曲，身体重心后移。

2. 当臀部下移时，脚跟可能会抬起，但是在练习全程，双脚需踩实地面。

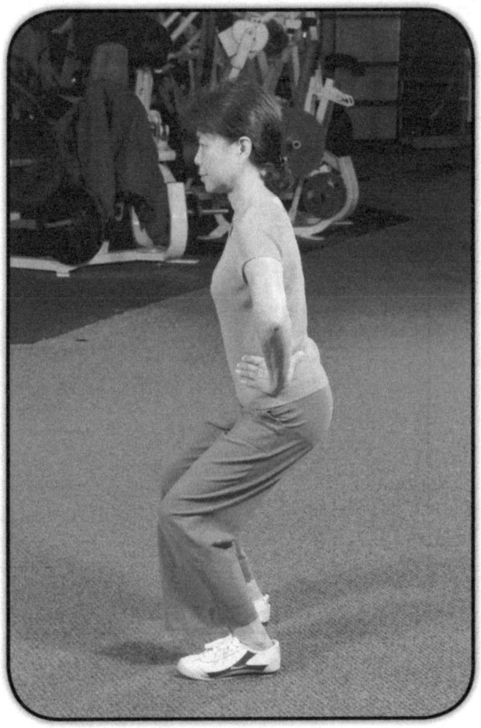

屈膝深蹲

1. 双脚分开站立，双脚间距略大于肩宽，身体保持直立。相较于屈膝半蹲练习，此练习的要求更高，臀部要下移到弯曲膝盖姿势的 3/4 处。

2. 下图展示了屈膝深蹲时臀部下移的最低位置。

引体向上（仅限下放动作阶段）及其变式

主要锻炼肌肉：背阔肌、肱二头肌

很多人无法克服全身重量进行上拉，但是由于下放动作中的肌肉比上拉动作中的肌肉更有力，所以几乎所有人都能完成引体向上的变式练习。进行各式引体向上练习时，客户应双手握住手柄，背部保持挺直，双眼平视前方。引体向上的变式练习见第 205 ～ 207 页。

部分引体向上

1. 指导客户站在踏板上，双脚自然分开，下颌高于手柄。双手握住手柄，掌心朝向肩部，双手间距与肩部同宽。

2. 身体缓缓下放，直到肘部夹角为 45 度，稍作停留，上拉至初始姿势，过程中双脚自然交叉。

3. 在向下动作阶段吸气，向上动作阶段呼气。

4. 随着客户的身体愈发强健，可以指导客户下放身体直到肘部夹角为 90 度。

5. 下一阶段则是指导客户加大下放身体的幅度，即下放身体至肘部夹角为 135 度。最后阶段是完成全范围的引体向上。

踏板引体向上——仅下放动作阶段

1. 指导掌握练习要领的客户踩在踏板上，双脚自然分开，下颌高于手柄。双手握住手柄，掌心朝向肩部，双手间距与肩部同宽。

2. 身体缓缓地下落，直到手臂完全伸直，过程中双脚自然交叉。

3. 手臂达到伸直状态时，踩回踏板，还原至初始姿势。

4. 在此练习中，向下动作阶段呼气，踩回踏板时吸气。

踏板引体向上——腿部辅助

1. 指导掌握要领的客户踩在踏板上，双脚自然分开，下颌高于手柄。双手握住手柄，掌心朝向肩部，双手间距与肩部同宽。

2. 双腿屈膝，直到肘部达到近乎伸直的状态。

3. 身体向上提起，可借助腿部力量。此动作应在向上动作阶段进行而非向下动作阶段。

4. 在向上动作阶段呼气，向下动作阶段吸气。

弹力带训练

弹力带（管）可作为传统力量训练器械的替代物，它价格较低且用途广泛。但是，弹力带训练存在一些局限。弹力带训练的第一个局限是，很难决定所使用的弹力带（管）的长度和厚度。因为没有根据弹力带（管）的长度和厚度所对应的阻力进行分类的标准化体系，所以你必须尽力确定客户所处的训练阶段相对应的训练阻力。其实，实践起来这一点并没有听上去那么困难；经过仔细观察，你可以准确判断客户是否已准备好挑战更短或更厚的弹力带（管）。弹力带训练的第二个局限是，判断训练进步的标准与自由重量训练和固定器械训练相比，不是很客观，也不容易观察。推荐一个有助于客户每次训练时在同一个地方抓握弹力带（管）的方法——在弹力带（管）上，每隔 15 厘米做一个标记。动作重复次数不变，客户抓握的标记点越往下，就说明肌肉力量越大，这是很容易观察的。弹力带训练的第三个局限是，动作练习全程的弹性阻力无法保持一致；练习刚开始时，弹性阻力小；快结束时，弹力带（管）拉伸到最大长度，弹性阻力最大。

从好的方面来看，弹力带（管）有多种厚度选择，因此弹性阻力的可选范围较大。弹力管有不同的直径（可以通过不同的颜色辨别直径大小），既有剪裁好的也有未剪裁的。建议选购未剪裁的弹力管，这样可以根据长度需求进行剪裁。弹力器材种类多样，有厚薄不同的弹力带和弹力管，你可以买到符合不同肌肉体积及不同肌肉力量水平的弹力器材。弹力带变式练习可以从整体上逐步增加客户的力量训练强度。弹力器材是一种不错的训练选择，特别是在有限的训练空间内锻炼较大肌群的情况下。

技巧指导

你在指导客户学习呼吸方法并有控制地练习时，也应就弹力带训练的正确动作进行指导（Purvis，1997）。在针对性练习中，客户能利用弹性阻力来锻炼相应的肌群，同时避免给韧带和关节带来过大的压力。

你或许不知道在何处固定弹力带才能保证动作的正确性。图 6.1 ～图 6.3 为不同练习中正误姿势的示范。这些示范有助于客户做好准备姿势，选择正确的固定弹力带的位置，并保证练习的正确性。

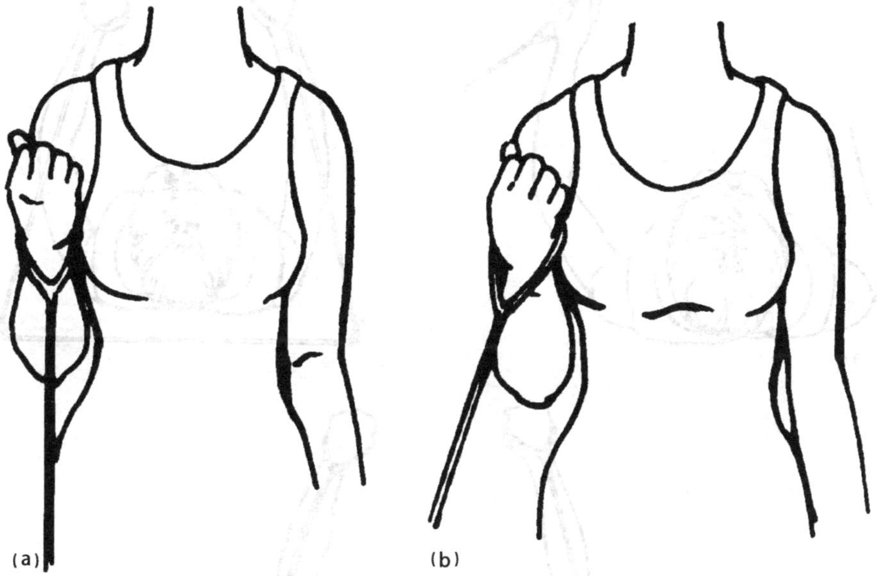

图 6.1 （a）正确姿势，（b）错误姿势

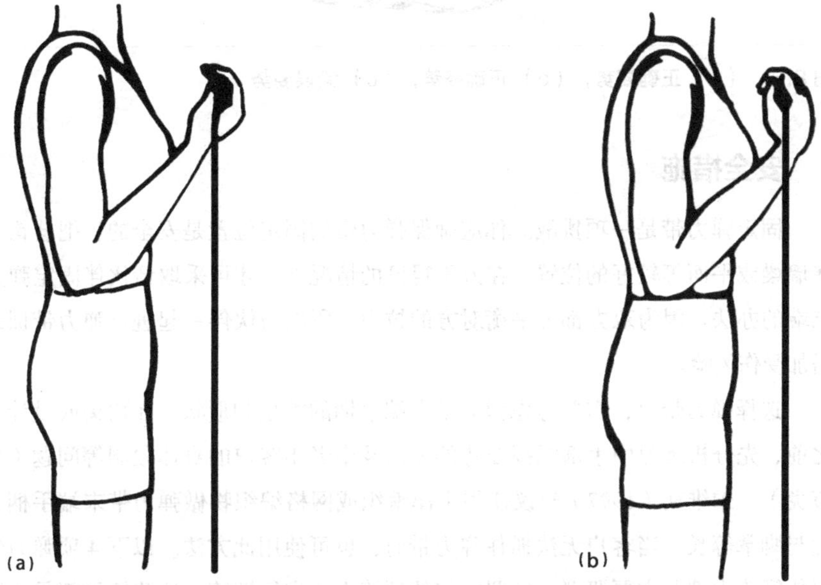

图 6.2 （a）正确姿势，（b）错误姿势

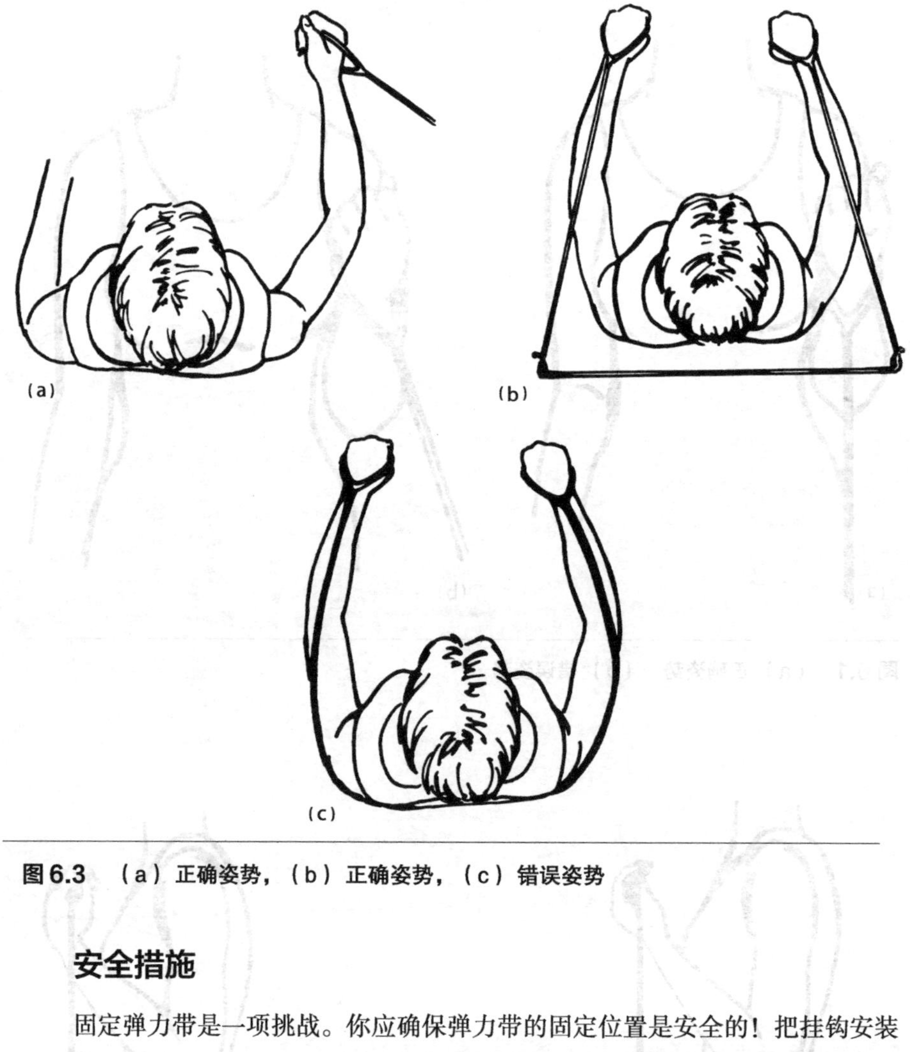

图 6.3 （a）正确姿势，（b）正确姿势，（c）错误姿势

安全措施

固定弹力带是一项挑战。你应确保弹力带的固定位置是安全的！把挂钩安装在墙梁或平面等较好的位置。在万不得已的情况下，才可采取请伙伴固定弹力带末端的办法。因为双方都要平衡对方的拉力，所以与伙伴一起进行弹力带训练会增加受伤风险。

选择弹力带时，需要考虑弹力带末端手柄的类型和形状。在购买或设计器械之前，先分析练习中手部抓握姿势的要求及中老年客户的身体限制等问题（如关节炎）。珀维斯（1997）建议使用牛津编织或网格编织物做弹力带末端手柄，长度与脚掌等长。当客户无法抓住弹力带时，也可使用此方法。以下 4 项弹力带练习能锻炼大部分主要肌群。按照之前的训练方法进行训练，这些练习都是不错的基础训练。

弹力带深蹲

主要锻炼肌肉：股四头肌、腘绳肌、臀肌

1. 指导客户双脚分开，踩实于弹力带上，双脚间距略大于肩宽。
2. 双手分别握住弹力带手柄，处于深蹲姿势。
3. 膝盖和髋部从深蹲姿势伸直，直到身体站直。
4. 稍作停留，再缓缓还原至初始姿势。
5. 在向上动作阶段呼气，向下动作阶段吸气。

弹力带胸部推举

主要锻炼肌肉：胸大肌、三角肌前束、肱三头肌

1. 坐直或站直，使弹力带与胸部齐平，双脚分开，间距与髋部同宽。
2. 弹力带可以被牢牢地固定在椅背或其他静物上，也可以挂在墙钩上。
3. 退而求其次的方法是，将弹力带固定在背后，并与胸部齐平。
4. 指导客户双手分别握住弹力带手柄，并使手柄位于近胸处。
5. 往前推手柄，直到肘部处于微屈状态，在此稍作停留，再还原至初始姿势。
6. 推手柄时呼气，还原时吸气。

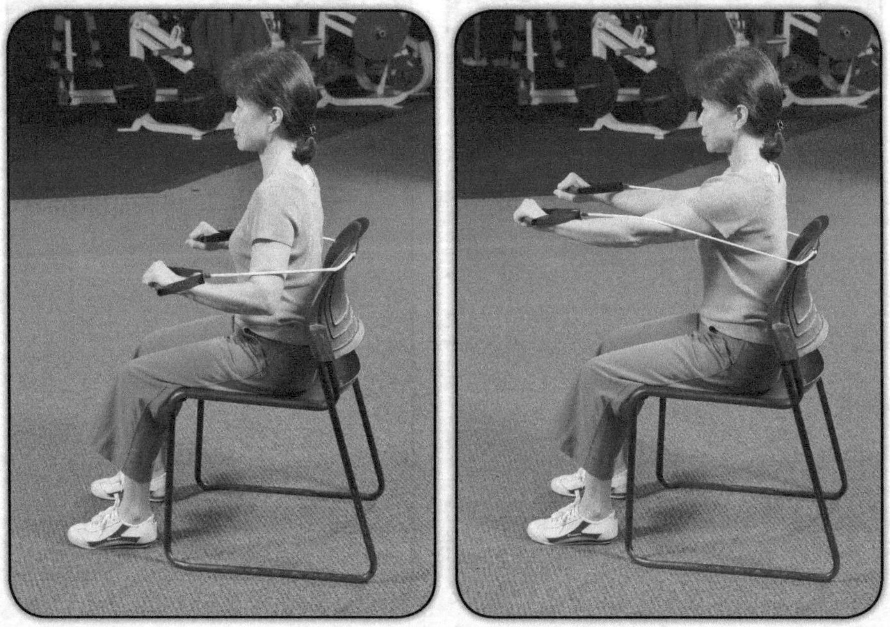

弹力带坐姿划船

主要锻炼肌肉：背阔肌、菱形肌、肱二头肌

1. 坐实于地面上，双腿伸直，双脚分开，间距略小于髋部，上半身挺直。

2. 将弹力带固定于静物上或挂在墙钩上，或者将弹力带紧紧环绕于脚底。

3. 双手握住手柄。

4. 把手柄拉向胸部方向，同时保持上半身挺直，稍作停留后再慢慢地还原至初始姿势。

5. 拉手柄时呼气，还原时吸气。

弹力带肱二头肌弯举

主要锻炼肌肉：肱二头肌、肱肌

1. 将弹力带固定于脚底或地面的挂钩上，双脚分开站立，间距与髋部同宽，使弹力带与上半身几乎保持平行，如第 209 页图 6.1（a）所示。

2. 处于初始姿势时，手肘伸直；处于结束姿势时，手肘弯曲。

3. 在向上动作阶段呼气，向下动作阶段吸气。

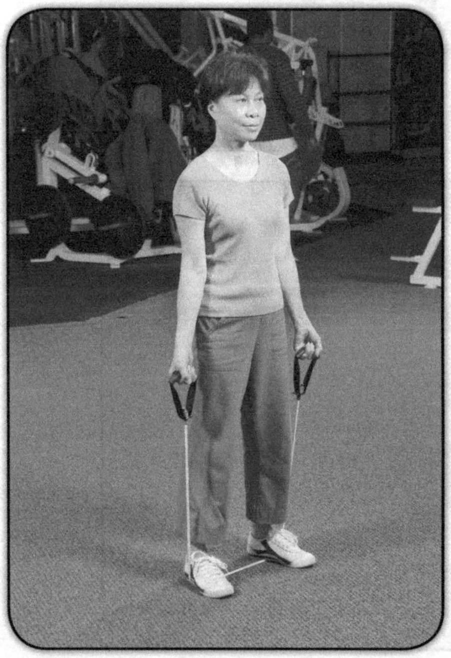

第七章

训练效果评估

感受到自己的进步可以给自己带来很大的动力，特别是见证了自己的进步并愿意继续进行力量训练的中老年人。非正式的效果评估，如关注中老年人的训练日志上训练负荷量的增加，注意到他们爬楼梯比以前更轻松，或者观察到镜子中更加健壮的身材等，都能起到有效的激励作用。有些人可能更偏向于以正式的效果评估，并且使用规范的标准来评估他们的肌肉力量、柔韧性、身体成分、个人感受等。本章提供的一些规范数据，可用于评估或观察中老年人在肌肉力量、柔韧性、身体成分及个人感受等方面发生的变化。需记住的是，可信的效果评估取决于准确的测试流程。在训练计划开始之前及结束之后，测试流程均按照同样的方法执行。

肌肉力量

我们期望肌肉经过训练后能变得更加强健，从训练计划前后的训练负荷量的对比中，也很容易看出肌肉力量是否提升。然而，很多客户也希望得知，与其他相同年龄、相同性别的中老年人相比，他们的肌肉力量情况如何。因此，我们确定了 20 ～ 80 岁男女肌肉力量的规范数据。

年龄及性别对比

表 7.1 中的数据是 245 名 20 ～ 70 岁的人经过 13 台标准固定器械的训练后，研究人员针对他们的肌肉力量进行评估所得出的规范信息（Westcott，1994）。尽管不同固定器械的负荷量有差异，但是表 7.1 中的规范数据适用于大部分的标准固定器械。例如，某厂商生产的 45 千克重的腿部伸展训练器与另一台同类训练器的重量相近。表 7.1 中的数据代表的是平均训练负荷量，研究对象经过 2 个月定期的力量训练后，

可以按该平均训练负荷量正确地完成 10 次动作重复（10RM）。

这些数据表明，允许完成 10 次动作重复的负荷量，从整体上来看每 10 年降低 5% ～ 10%。这也说明成年后，随着年龄的增长，肌肉力量会逐步衰退。另外，在每个年龄段中，男性的最大训练负荷量（允许完成 10 次动作重复）都比女性高大约 50%。

表 7.1

常见固定器械的平均训练负荷量（*n* = 245）

	各年龄段					
练习	20 ～ 29 岁	30 ～ 39 岁	40 ～ 49 岁	50 ～ 59 岁	60 ～ 69 岁	70 ～ 79 岁
腿部伸展						
男性 / 千克	51.0	47.6	44.2	40.8	37.4	34.0
女性 / 千克	30.6	29.5	28.3	27.2	26.1	24.9
腿部屈曲						
男性 / 千克	51.0	47.6	44.2	40.8	37.4	34.0
女性 / 千克	30.6	29.5	28.3	27.2	26.1	24.9
腿部推蹬						
男性 / 千克	108.9	99.8	90.7	81.6	72.6	63.5
女性 / 千克	74.8	68.0	61.2	54.4	49.9	45.4
坐姿夹胸						
男性 / 千克	45.4	43.1	40.8	38.6	36.3	31.8
女性 / 千克	26.1	24.9	23.8	22.7	21.6	20.4
胸部推举						
男性 / 千克	49.9	46.5	43.1	39.7	36.3	32.9
女性 / 千克	26.1	24.9	23.8	22.7	21.6	20.4
坐姿划船						
男性 / 千克	63.5	60.1	56.7	53.3	49.9	46.5
女性 / 千克	38.6	37.4	36.3	35.2	34.0	31.8
肩上推举						
男性 / 千克	47.6	44.2	40.8	37.4	32.9	28.3
女性 / 千克	22.7	21.6	20.4	19.3	18.1	17.0
肱二头肌弯举						
男性 / 千克	40.8	38.6	36.3	34.0	31.8	27.2
女性 / 千克	22.7	21.6	20.4	19.3	18.1	17.0

续表

练习	各年龄段					
	20～29岁	30～39岁	40～49岁	50～59岁	60～69岁	70～79岁
颈后臂屈伸						
男性 / 千克	40.8	38.6	36.3	34.0	31.8	27.2
女性 / 千克	22.7	21.6	20.4	19.3	18.1	17.0
腰部伸展						
男性 / 千克	49.9	47.6	45.4	43.1	40.8	38.6
女性 / 千克	36.3	35.2	34.0	32.9	30.6	29.5
仰卧起坐						
男性 / 千克	49.9	47.6	45.4	43.1	40.8	36.3
女性 / 千克	29.5	28.3	27.2	26.1	24.9	23.8
颈部屈曲						
男性 / 千克	31.8	30.6	29.5	28.3	27.2	24.9
女性 / 千克	20.4	19.3	18.1	17.0	15.9	14.7
颈部伸展						
男性 / 千克	36.3	35.2	34.0	32.9	31.8	27.2
女性 / 千克	23.8	22.7	21.6	20.4	19.3	18.1

来源：W. Westcott, 1994, "Strength training for life: Loads: Go figure," *Nautilus Magazine* 3 (4): 5-7. By permission of W. Westcott.

尽管男性能比女性举起更大的负重，但是一项以 907 人为研究对象的大型研究表明，如果一一对比男女的肌肉，会发现二者的肌肉力量接近（Westcott, 1987）。但是由于男性的肌肉重量占身体重量的比例（43%）超过女性（23%），因此男性的总体肌肉力量更大（Baechle and Earle，2006）。

表 7.2 表明男性研究对象完成 10 次腿部伸展动作的最大负荷比女性多出 50%，但是当根据体重进行调整（根据体重划分负荷量）时，在均完成 10 次腿部伸展动作的情况下，男性运用了 62% 的自重，女性只运用了 55% 的自重；当根据瘦体重进行调整（根据预计的瘦体重划分负荷）时，在均完成 10 次腿部伸展动作的情况下，男性和女性分别运用了 74% 和 73% 的瘦体重。这表明，如果将男性和女性的肌肉一一进行对比的话，他们的股四头肌力量相当。

表 7.2

利用可重复 10 次腿部伸展动作的负荷评价股四头肌力量（$n = 907$）

	男性	女性
年龄	43 岁	42 岁
体重	87 千克	65 千克
最大负荷（允许完成 10 次动作重复）	54 千克	36 千克
力量系数（体重）	62%	55%
力量系数（瘦体重）	74%	73%

来源：W. Westcott, 2003, *Building strength and stamina*, 2nd ed.（Champaign, IL:Human Kinetics）, 3.

美国基督教青年会（YMCA）腿部伸展测试

我们对客户的肌肉力量素质进行分类的标准是，907 名男女的测试表现的 YMCA 腿部伸展测试（Westcott，1987）。此方法简单易行，可用于评估体积大且常用的股四头肌的力量素质，也适用于中老年客户。该测试也可评估与体重相关的肌肉力量素质，这对于不同体形的人来说是个公平的评估方法。测试中使用的是允许完成 10 次动作重复的最大负荷量，这远低于客户的极限，因此测试的风险较低。但是，在进行测试之前，要先确定测试是否会加重膝关节的损伤，特别是对于关节炎患者而言。

YMCA 腿部伸展测试最初评估的是 45 岁左右人群的表现。一项关于成年后 60 年的肌肉力量变化的研究（Westcott，1994）得出，针对 50 ～ 70 岁人群的肌肉力量素质的评估与针对 45 岁人群的肌肉力量素质的评估相比，评估方式有所调整。

YMCA 腿部伸展测试流程如下（见图 7.1）。

· 在腿部伸展训练器上选择负荷量。负荷量为自身体重的 25% ～ 35%。按照以下方式，鼓励测试对象完成 10 次动作重复。

1. 2 秒内用双腿抬起滚筒垫，直至双膝伸直。

2. 保持该姿势 1 秒。

3. 4 秒内放下滚筒垫，回到初始姿势。

· 休息 2 分钟，选择自身体重的 40% ～ 50% 的负荷量，按以上方法鼓励测试对象完成 10 次动作重复。

· 逐步增加负荷量，继续测试，直到确定允许完成 10 次动作重复的最大负荷量。

· 此最大负荷量除以自身体重可得到肌肉力量系数，由此可确定测试对象当前肌肉力量素质类别（见表 7.3 和表 7.4）。

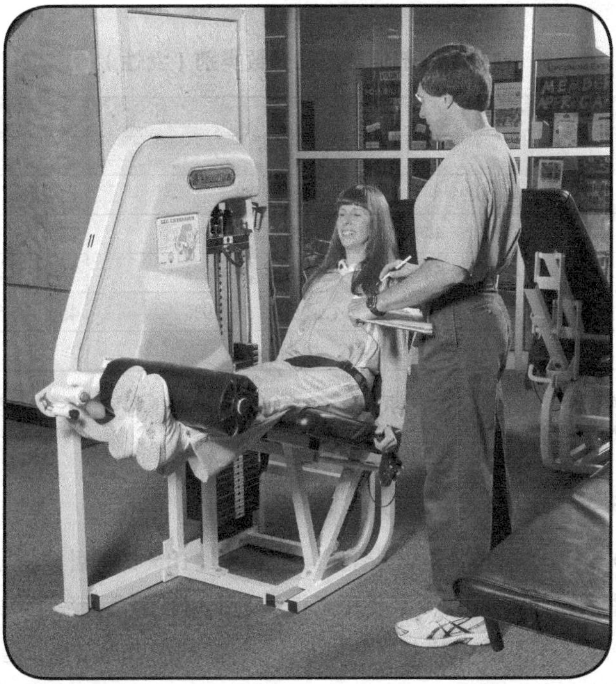

图 7.1　腿部伸展测试

表 7.3

YMCA 腿部伸展测试分数类别（男性）

肌肉力量	50 ～ 59 岁（体重的百分比）	60 ～ 69 岁（体重的百分比）	70 ～ 79 岁（体重的百分比）
低	≤ 44%	≤ 39%	≤ 34%
中下	45% ～ 54%	40% ～ 49%	35% ～ 44%
中等	55% ～ 64%	50% ～ 59%	45% ～ 54%
中上	65% ～ 74%	60% ～ 69%	55% ～ 64%
高	≥ 75%	≥ 70%	≥ 65%

举例：一名 55 岁的男性，体重为 82 千克，完成 10 次动作重复的负荷量为 54 千克，其肌肉力量系数约为 66%，其股四头肌的肌肉力量属于中上水平。

表 7.4

YMCA 腿部伸展测试分数类别（女性）

肌肉力量	50 ～ 59 岁（体重的百分比）	60 ～ 69 岁（体重的百分比）	70 ～ 79 岁（体重的百分比）
低	≤ 34%	≤ 29%	≤ 24%
中下	35% ～ 44%	30% ～ 39%	25% ～ 34%
中等	45% ～ 54%	40% ～ 49%	35% ～ 44%
中上	55% ～ 64%	50% ～ 59%	45% ～ 54%
高	≥ 65%	≥ 60%	≥ 55%

举例：一名 70 岁的女性，体重为 54 千克，完成 10 次动作重复的负荷量为 18 千克，其肌肉力量系数约为 33%，其股四头肌的肌肉力量属于中下水平。

仰卧推举测试

如果客户的肘关节和肩关节无骨质问题，那么 1RM 的仰卧推举可以作为评估其上肢力量素质水平的方法。尽管让中老年人进行 1RM 的力量评估测试存在安全隐患，但是研究已发现，该方法对中老年人及慢性疾病患者都是很安全的（ACSM，2010）。根据经过海沃德（2010）整编的女性运动研究中心及库珀有氧运动中心的数据，用负荷量除以体重，可得出 50 ～ 59 岁和 60 岁及以上中老年人群的 1RM 的仰卧推举测试的百分位数表（见表 7.5）。如果选用 1RM 的仰卧推举来评估力量素质水平，那么应参照中老年群体标准，并考虑按照以下方式对客户的百分数数值进行归类：低为 30% ～ 39%，中下为 40% ～ 49%，中等为 50% ～ 69%，中上为

表 7.5

1RM 的仰卧推举的年龄 - 性别标准（1RM/ 体重）

男性百分数排序 / %	年龄	
	50 ～ 59 岁	60 岁及以上
90	0.97	0.89
80	0.90	0.82
70	0.84	0.77
60	0.79	0.72
50	0.75	0.68
40	0.71	0.66
30	0.68	0.63
20	0.63	0.57
10	0.57	0.53

续表

女性百分数排序 / %	年龄		
	50～59 岁	60～69 岁	70 岁及以上
90	0.40	0.41	0.44
80	0.37	0.38	0.39
70	0.35	0.36	0.33
60	0.33	0.32	0.31
50	0.31	0.30	0.27
40	0.28	0.29	0.25
30	0.26	0.28	0.24
20	0.23	0.26	0.21
10	0.19	0.25	0.20

来源：V. Heyward, 2010, *Advanced fitness assessment and exercise prescription*, 6th ed. (Champaign, IL: Human Kinetics), 136; Data for men from Cooper Institute for Aerobics Research, 2005, *The physical fitness specialist manual* (Dallas, TX: The Cooper Institute). Data for women from Women's Exercise Research Center, 1998 (Washington, DC: The George Washington University Medical Center).

70%～79%，高为 80% 及以上。美国运动医学会关于运动测试及运动处方的资源手册（2010）中提供了各年龄段 1RM 的仰卧推举标准。

评估髋部和躯干的柔韧性

关节柔韧性是指关节的活动范围，其与肌肉伸展超过静息长度的能力相关。腰部出现问题可能与髋部和躯干的柔韧性较差有关，因此腰部是柔韧性测试中经常测量的部位。如果客户髋部和躯干的柔韧性合格的话，那么在膝盖绷直的情况下，手可以触碰到脚尖。但是为了降低背部拉伤的概率，在进行测试时，测试对象应采用坐姿而非站姿。此测量方法称为坐姿体前屈测试。

长期跟踪训练负荷量的增加情况

如果没有合适的测量设备，可通过长期对比客户的训练负荷量的方式来定期评估其力量素质。一般来说，在训练的前 2 个月，训练负荷量会增加 45%；第 3～4 个月，训练负荷量会增加 15%；之后每 2 个月训练负荷量会增加 5%。这代表训练卓有成效。例如，一名中老年男性先练习 45 千克的腿部推蹬，8 周后，其训练负荷量可能增加至 66 千克；16 周后，增加至 76 千克；24 周后，增加至 79 千克。

虽然特制的测试设备有助于髋部和躯干的柔韧性的测量（见图 7.2），但是简单的测试方法只需要一把量尺（见图 7.3）。待客户热身后，让客户坐实于地面，将量尺置于其双腿中间，使量尺的 38 厘米处对准脚跟。鼓励客户在膝盖伸直且不造成拉伤的情况下，尽量将身体往前倾。测量 3 次，记录最佳结果，并根据表 7.6 确定其柔韧性水平。

如果客户能够触碰到量尺的 38 厘米处，即脚跟，那么其髋部和躯干柔韧性很好。若触碰不到的话，如果在前几个月的训练中，测量结果每月增加 2.5 厘米，那么代表其髋部和躯干柔韧性有明显的改善。

图 7.2　髋部和躯干柔韧性测试——电子测试

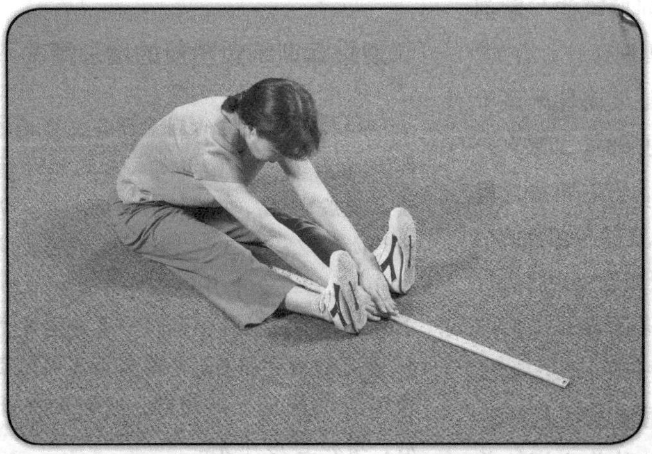

图 7.3　髋部和躯干柔韧性测试——量尺测试

表 7.6
根据坐姿体前屈测试分数评估 45 岁以上人群的髋部和躯干柔韧性

评估	男	女
优秀	48 ～ 58 厘米	53 ～ 61 厘米
良好	41 ～ 46 厘米	48 ～ 51 厘米
中上	36 ～ 38 厘米	43 ～ 46 厘米
中等	30 ～ 33 厘米	41 厘米
中下	25 ～ 28 厘米	36 ～ 38 厘米
差	18 ～ 23 厘米	28 ～ 33 厘米
极差	3 ～ 15 厘米	10 ～ 25 厘米

注：原书数据如此。
来源：Golding, Myers, and Sinning 1989.

一项由韦斯科特等人（1996）开展的研究发现，力量训练配合柔韧性训练能有效地增大肩关节外展，髋关节屈曲、伸展等练习的动作范围，且效果明显。吉鲁阿尔和赫尔利（1995）发现，完成为期 10 周的力量训练和柔韧性训练后，研究对象在肩关节外展和肩关节屈曲等方面的表现都有显著改善。这些结果表明，包含了力量训练和柔韧性训练的训练计划能够增大关节的活动范围。

身体成分

身体成分是指针对体重的两种基本成分——脂体重和瘦体重的相对度量。脂体重只包含脂肪组织，而瘦体重包括肌肉、骨骼、器官、血液、皮肤及其他非脂肪组织。脂体重占体重的比值通常也称作体脂百分比。理想状态下，成年男性的脂体重应占 15%，瘦体重应占 85%。也就是说，一名重 91 千克的男性，其理想的身体成分应该是 14 千克脂体重和 77 千克瘦体重。

由于生育需要更多脂肪，所以女性的理想脂体重应占 25%，瘦体重应占 75%。也就是说，一名重 54 千克的女性，理想的身体成分应该是 14 千克脂体重和 40 千克瘦体重。

两种测量身体成分最精准的方法是水下称重法和双能 X 射线吸收法（DXA）。使用水下称重法时，客户必须将身体里的空气呼出，并在水下坐好，但是此方法对大多数中老年人来说太具挑战性，而 DXA 价格高昂。测量身体成分的最常用且实惠的方法是借助皮褶厚度卡钳进行测量，即皮褶厚度测量法，该方法对于经过训练的健身指导员来说，操作方便且高效（见图 7.4）。

一项以中老年女性（平均年龄为 59 岁）为研究对象的为期 6 个月的研究表明，训练的前 3 个月，她们的瘦体重增加了 1.1 千克；第 4 ～ 6 个月，瘦体重又增加了 1.1 千克。减少的脂体重也与上述的时间和变化量接近；训练的前 3 个月，脂体重减少了 2.0 千克；第 4 ～ 6 个月，脂体重又减少了 2.0 千克（Westcott et al.，2008）。

只借助体重和身体质量指数可以测量吗？如果训练中减少的脂肪量不显著的话，只借助体重和身体质量指数可能起不到测量作用。例如，一名中老年人增加了 1.8 千克的瘦体重，减少了 1.8 千克的脂体重，其体重并没有变化，即使身体成分已有 3.6 千克的变化。

一种观察身体成分改善情况的方法是定期测量上腹部围度——让客户站直，

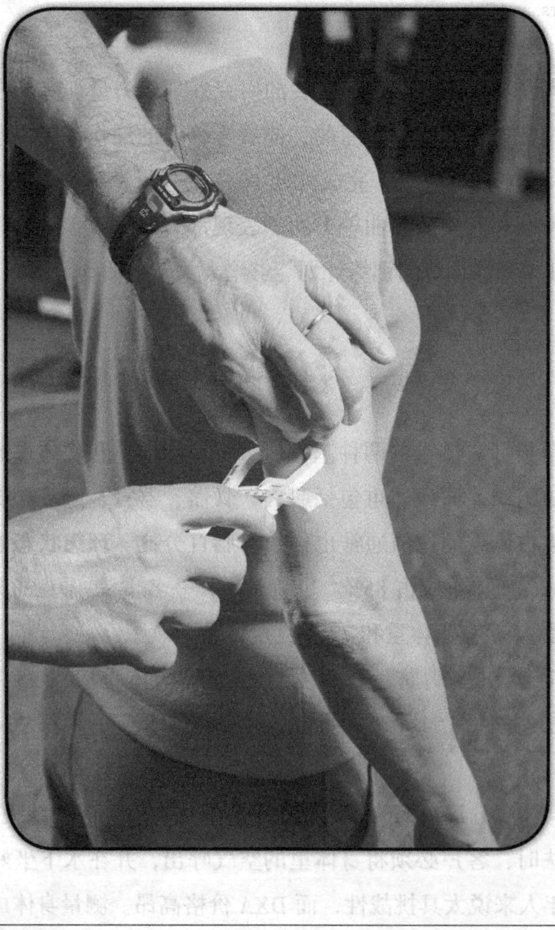

图 7.4　皮褶厚度测量

将软尺环绕在客户的腰部。训练前几个月，若腰围每月减少 1.3 厘米，则说明身体成分改善速度良好，力量训练计划也行之有效。

个人感受

根据测量前后的结果，我们可以很准确地评估身体素质（如肌肉力量、关节活动度及身体成分等）是否提高，方法也相对简单。但是在某些情况下，训练在心理层面的效果对于中老年客户来说甚至比身体层面发生的进步更为重要。力量训练后，客户的个人感受是不是积极向上的？训练结束后的理想情况是，中老年客户不仅身体变得更强健，同时个人感受更良好，自信心增强，行动更独立。大量由詹姆斯•安内西博士发表的研究表明，经过几周定期的力量训练后，中老年客户的很多心理指标都发生了显著的改善（Annesi et al., 2004; Annesi, et al., 2004; Annesi and Westcott，2004, 2007）。完成训练要求并保持训练持续性，似乎和个人感受有着密切的联系，我们可以据此对中老年客户的心理进行评估。

尽管个人感受很难进行量化，但是一份简单的调查问卷可以反映个人感受，而且效果令人满意。可考虑使用由韦斯科特（1995）制作的生活方式调查问卷（见图 7.5），填写者需记录他们的身体和心理感受，针对几个健康指标进行自我评价，每个健康指标有 5 个选择，分别是差、偏差、一般、良好及非常好。开展训练计划前后都要填写问卷，以便观察训练者的感受变化。

韦斯科特（1995）的研究表明，经过为期 8 周的力量和耐力训练后，研究对象感觉到整体身体健康程度、肌肉力量水平、心血管耐力水平、关节柔韧程度、整体体能水平、日常活跃度及自信程度等都有所提高。这些积极的感受不仅强化了训练带来的益处，也激励了 90% 的训练者继续进行他们的训练计划。如果使用该调查问卷（见图 7.5）对客户进行评估，可以将其缩放至 120%，打印在大小为 21.59

评估中老年人的机能状态

虽然专业人士可以通过上述测试来确定客户是否准备好进行力量训练计划，然后设置合适的练习强度，但是其他人可能只想确定客户在日常生活中保持独立活动的能力。因此，瓦雷拉等人（2008）所撰写的文章对此十分有用。由美国健康、体育、娱乐和舞蹈联盟，美国老年人健康协会，美国国家老人学研究院等提出的行动力评估标准，里克利和琼斯（2000）制订的测试组合，以及其余 12 名研究者提出的相关标准等，在该文章中都已详细地列出。该文章的综述提供了测试的选择、操作注意事项及测试结果的解读等内容。

厘米 ×27.94 厘米的纸张上。若想了解更多关于个人感受及如何坚持锻炼的信息，推荐阅读罗德·迪什曼撰写的《坚持锻炼》（*Exercise Adherence*）（Human Kinetics, 1988）。

训练效果评估总结

部分中老年人认为通过在日志上记录负荷增加量来评估力量训练效果已足够。而另一部分中老年人更倾向于正式的效果评估。还有一部分中老年人想要具体的反馈，以同其他伙伴比较他们的身体健康程度。

- YMCA 腿部伸展测试能安全有效地测试下肢肌肉力量，并为 50 ～ 70 岁人群提供有研究依据的肌肉力量评价标准。该测试根据允许完成 10 次动作重复的最大负荷量来评估与体重相关的股四头肌的力量。
- 借助坐姿体前屈测试来测量关节活动度，即柔韧性。此方法主要针对髋部和躯干肌群，这二者均与腰部的健康程度息息相关。研究表明，正确地进行力量训练可以提高髋部和躯干的柔韧性。
- 身体成分是指脂体重与瘦体重占总体重的比率。测量体脂百分比的最常见的方法是皮褶厚度测量法，测量工具是皮褶厚度卡钳。定期的力量训练可以增加瘦体重，减少脂体重，从而改善身体成分。
- 我们建议在开展训练计划前后，使用自我评价式的调查问卷，针对一些健康指标来评估个人感受。相关结果初步表明，力量训练有助于训练者在其身体健康和训练表现上获得更加积极的感受，同时增强自信。

生活方式调查问卷

年龄______________ 性别______________ 日期______________

请准确回答下列问题。
谢谢。

	非常好	良好	一般	偏差	差
1. 我的整体身体健康程度是……	❑	❑	❑	❑	❑
2. 我的肌肉力量水平是……	❑	❑	❑	❑	❑
3. 我的心血管耐力水平是……	❑	❑	❑	❑	❑
4. 我的关节柔韧程度是……	❑	❑	❑	❑	❑
5. 我的整体体能水平是……	❑	❑	❑	❑	❑
6. 我的日常活跃度是……	❑	❑	❑	❑	❑
7. 我想进行身体锻炼的愿望是……	❑	❑	❑	❑	❑
8. 我步行 1.6 千米的能力是……	❑	❑	❑	❑	❑
9. 我提拿大型物件（如生活用品、手提箱、吸尘器等）的能力是……	❑	❑	❑	❑	❑
10. 我的自信程度是……	❑	❑	❑	❑	❑
11. 我的个人独立程度是……	❑	❑	❑	❑	❑
12. 我的身体协调性是……	❑	❑	❑	❑	❑

图 7.5 生活方式调查问卷

来源：South Shore YMCA Fitness Research Department.

第八章

与特殊人群合作

衰老过程与多种使中老年人难以参加力量训练的症状、疾病及残疾有关。本章讨论了一些常见的情况并提出了合理的训练改进建议，以促进中老年男性和女性能够安全、有效地进行力量训练。本章讨论的症状和疾病包括超重或肥胖、糖尿病、心血管疾病、骨质疏松症、腰痛、关节炎、纤维肌痛、抑郁症、视觉与听觉障碍、中风和一般虚弱等。在为患有这些症状或疾病的客户设计训练计划之前，应对他们进行一个包括彻底的健康史回顾和身体检查在内的医学评估。健身指导员应对残疾、缺陷和健康问题予以盘整，并应从医师处获得客户参与本章建议的抗阻运动和训练计划的许可。

肥胖

超过 2/3 的美国成年人超重或肥胖（National Health and Nutrition Examination Survey，2004），许多人估计实际肥胖人数可能比这一数值还多（ACSM，2010）。相对于身高而言，当人们的实际体重比标准体重多 20% 时被认为是肥胖，然而这一方法仅以身高为参照，并不能定义一个人有多少多余的脂肪。身体质量指数（BMI）与身体脂肪没有关联，而是用身高和体重计算而来。美国国立卫生研究院（The National Institutes of Health，NIH）（2007）认为 BMI 值介于 25 和 29.9 之间为超重，超过 30 为肥胖。当使用皮褶厚度测量法或更准确的水下称重法来确定体脂百分比时，其值超过正常范围 5% 即被认为是肥胖。在中老年人群中，美国运动医学会（2010）提出，年龄为 50 ～ 59 岁的男性和女性令人满意的体脂百分比分别为 10% ～ 20% 与 20% ～ 32%。库伯研究院报告指出，60 ～ 69 岁与 70 ～ 79 岁的男性平均体脂百分比分别为 22.6% 和 23.1%，对于女性而言分别是

27.9% 和 28.6%（ACSM，2010）。尽管中老年人也可以使用测量腰围的方法，但是对于 56 岁以上的中老年人来说它并没有一个完善的参考值，因此可能不会有太大帮助。不管用哪种方法来评估身体成分，许多人的肥胖显然在很大程度上与他们的生活方式有关。

很容易理解为什么许多中老年男性和女性会因为肥胖而衰弱。不运动的成年人每 10 年会失去 2.3 千克的肌肉并增加约 6.8 千克的脂肪，身体的脂肪增加量超过体重增加量的 50%。大多数中老年人可能有很多的脂肪和很少的肌肉，这使他们进行体力活动时更为艰难，就像用摩托车发动机牵引一辆半挂火车一样。幸运的是，合理的力量训练可以改善这一情况（Campbell et al.，1994; Westcott，2009）。

器械注意事项

由于体重和体形，肥胖的人移动较为吃力，包括向上、向下的活动，以及各种步行活动。在选择器械的时候，肥胖的中老年人通常喜欢选择用直立或卧倒的固定器械替代跑步机和爬梯机来支撑他们的重量。因此，对于超重客户，请尝试使用可以容纳他们的体形的大型器械，器械结构应足够坚固以支撑他们的重量（包括他们使用的负荷或重量）。在运动过程中，超重客户应避免进行具有挑战性的动作，如收髋、蹬腿之类的动作。

与肥胖的客户一起合作时，请确保器械能够支撑其重量。大多数制造商在产品手册中提供了器械的重量限制；如果没有，请联系他们以确定每件器械的重量限制，并确保超重客户可以使用。对于自由重量训练而言，开始运动时以举哑铃代替从地板上举起杠铃可能更为容易。对于像肱二头肌弯举和颈后深蹲类的动作来说，自由重量杆的宽度可能太窄而不适合进行训练，客户应使用更宽一些的奥林匹克训练杆。此外，应考虑选择方便超重客户使用的器械，避免客户进行需要上下移动的地面运动（如仰卧起坐、改良式俯卧撑、拉伸动作等）。如果客户患有关节炎或关节疼痛，请考虑将力量训练与对其病症影响较小的运动（如踏步机运动、固定脚踏车运动或游泳等）交替进行。无论使用哪种器械或进行哪种运动，对于超重和肥胖的客户来说，他们应该能够正确地进行运动并感到舒适。

徒手健身的局限性

像仰卧起坐、俯卧撑和引体向上这样的健身动作是不错的选择，但是超重或肥胖的客户可连续进行的次数有限。因此，这些动作可能限制了他们的进步并会让他们感到难堪。设计使用固定器械或自由重量器械的练习可以避免这一问题，因为这些器械可以轻松调节阻力负荷来匹配每个客户的力量水平。例如，自由重量的仰卧推举与俯卧撑可以锻炼同样的肌肉；器械辅助式臂屈伸与引体向上对肌肉的训练效果也几乎是一样的。尽管客户可能没有力量完成俯卧撑或引体向上，但是仰卧推举和器械辅助式臂屈伸练习都可以根据个人力量水平来调整负荷，进而使客户能够完成如第四章中推荐的 8 ～ 12 次动作重复。

> **心血管耐力问题**
>
> 心血管耐力运动是精心设计的健身计划的重要组成部分，对于想要减重的客户特别有帮助。然而，有些肥胖的客户发现自己很难完成需要支撑体重的耐力运动，如踏板车等。因此，游泳和骑自行车（通常选择固定式）对他们来说是很好的选择。厄尔和贝希勒（Earle and Baechle，2004）描述的心血管训练计划，为超重客户制订心血管健身计划提供了完美的指南。

训练协议

鉴于许多中老年人患有肥胖症，他们可能会向健身指导员寻求关于减重、增加肌肉质量和力量的帮助和建议。当然，力量训练搭配合理的饮食可以为整体的身体成分带来理想的变化。参考第四章内容，健身指导员可以轻松地调整训练负荷或阻力，以匹配客户当前的力量水平；同时，可以选择坚固且大小适当的固定器械或自由重量器械，以使他们安全地进行练习。

虽然研究显示力量训练能够显著地减少体重（并增加肌肉质量），但是应提醒超重客户，合理的饮食对于帮助他们减重更为重要。健身指导员应向专业的营养师咨询并使用第十章中的信息，选择对心脏健康有益的食物，以帮助超重客户获得更理想的体重。此外，健身指导员应鼓励他们在训练前、训练中和训练后大量饮水，特别是在炎热潮湿的天气或空气流通不理想的训练区域。健身指导员应建议他们穿宽松的衣服以减少擦伤或穿方便脱下的衣服以避免过热（Flood and Constance，2002）。

糖尿病

糖尿病是一种使作为身体主要燃料来源的血糖无法得到有效传输和利用的代谢功能障碍性疾病。在 1 型糖尿病中，胰腺分泌胰岛素（一种能促进葡萄糖进入体细胞的激素）不足；在 2 型糖尿病中，胰腺虽然能分泌足够的胰岛素，但是体细胞对其效果有抵抗力。麻省综合医院糖尿病中心主任戴维·内森博士介绍，糖尿病发展至后期很难治疗，它是导致失明、肾衰竭及截肢的主要原因，也是心脏病和中风的诱病因素（Foreman，1997）。在美国，糖尿病患者预计有 1790 万人，另有 570 万人没有意识到自己患有此病（American Diabetes Association，2008）。

2 型糖尿病的诱因在一定程度上与遗传因素有关，但是年龄较大、行动缓慢、糖耐量降低和肥胖是其主要的诱发因素。仅仅有关肥胖引发 2 型糖尿病的病例报告就占 80％（National Institute of Diabetes and Digestive and Kidney Diseases，2004）。内森博士的研究显示，2 型糖尿病在 45 岁以上的成年人中的患病率比在 30 ～ 44 岁人群中的患病率高出 6 倍。糖耐量降低患者比其他人发生糖尿病的概率高出约 50%，而对于那些肥胖的糖耐量降低患者来说，患病风险更是双倍的。

因为所有的中老年人都有患糖尿病的第一风险因素（年龄较大），许多患者有患糖尿病的第二风险因素（肥胖），另外一些有患糖尿病的第三风险因素（糖耐量降低），所以健身指导员应对所有客户谨慎采取预防措施。虽然大多数有关糖尿病的出版作品推荐了耐力运动，如步行等（Weil，1993），但是如今也有很多人对在糖尿病患者的整体健身计划中增加力量训练表示支持（Eriksson，1997）。力量训练不仅可以与有氧运动一样提高胰岛素敏感度，而且可以通过增加 2 型糖尿病患者骨骼肌中葡萄糖的储存量来改善身体对血糖的控制（Eves and Plotnikoff，2006）。除了提高葡萄糖利用率以外，力量训练可能是改善身体成分、骨矿物质密度、灵活性和身体自我调节能力的最佳方式（Stewart，2004），也可以减少衰老过程中的许多消极影响（见第一章）。然而，对于有高血压和视网膜病变的糖尿病患者及那些最近进行了激光治疗的人来说，力量训练可能是禁忌（ACSM，2010）。

训练协议

根据目前已获得的信息及美国糖尿病协会、美国心脏协会和美国运动医学会等组织的态度，很明显，力量训练是否适合糖尿病患者取决于医师是否批准。但是并没有证据表明力量训练或高强度运动会对糖尿病患者产生有害影响。事实上，关于糖尿病患者的研究表明，进行强度较高的运动可能比进行强度较低的运动能更好地产生理想的代谢变化（*President's Council on Physical Fitness and Sports Research Digest*，1997; Segal et al.，1991）。健身指导员应该提醒客户在进行运动时使用适当的技巧，尽量减少持续的紧握、静态姿势和屏息，以避免高血压。我们建议中老年糖尿病患者从第四章提出的初级训练计划开始训练。但有一点应注意，初始训练负荷量要足够小以允许中老年客户完成 10 ～ 15 次动作重复（1RM 的 65% ～ 75%）。随着力量的提升，训练负荷量应增加，同时客户应能完成 8 ～ 10 次动作重复（1RM

血糖水平与运动

客户应遵循一些关于血糖水平的总体建议（American Diabetes Association，2008），但是每位客户的医师应根据实际情况确定具体的血糖水平，因为糖尿病不是严重威胁健康的唯一因素。

· 低于 5.6 毫摩尔 / 升。客户因血糖太低而不能安全地进行运动。应该提醒客户在开始训练之前吃含碳水化合物的小点心，如水果或饼干等。

· 5.6 ～ 13.9 毫摩尔 / 升。对于大多数人来说，这是一个训练前安全的血糖范围。

· 高于 13.9 毫摩尔 / 升。这个血糖水平被认为是 2 型糖尿病患者的警戒区域。客户应检查其尿液中的酮体含量。如果尿液中存在酮体，客户应该放弃运动，直到血糖水平恢复到正常的范围并且尿液中不再含酮体。对于 1 型糖尿病（胰岛素分泌不足）患者而言，当血糖水平为 13.9 毫摩尔 / 升（不考虑酮体水平）时，应停止运动并咨询医生，因为运动可能会导致血糖水平进一步升高和存在产生酮体的风险。如果高血糖水平是饮食不适（而不是忘记补充胰岛素）的结果，并且在运动期间血糖可以得到监测，那么可以小心地进行运动。

· 16.7 毫摩尔 / 升或者更高。如果血糖水平太高，则客户无法安全地进行运动，并有酮症酸中毒的风险。客户在进行运动之前，有必要向医师咨询。在此情况下，客户应推迟训练，直到其血糖水平下降到安全的范围内。有关糖尿病和葡萄糖水平的其他指南，请参阅美国运动医学会的风险分层逻辑模型（ACSM，2010）。

糖尿病患者可能需要调整其每日碳水化合物或胰岛素的摄入量，当需要做出改变的时候，他们应该向医师咨询，并向与糖尿病患者合作过的注册营养师寻求专业指导。

的 75% ～ 80%）（Eves and Plotnikoff， 2006）。随着客户获得更大的力量，肌肉发育和耐力水平进一步提高，他们可以进行第五章介绍的中级和高级训练计划。

预防措施

1 型糖尿病患者在训练中的常见问题是，由于补充胰岛素和运动的综合作用，他们可能会出现低血糖（急性低血糖）现象。因此，活动区域应保证供应罐装果汁或糖尿病葡萄糖片。确保客户在运动之前采取必要的预防措施（如吃适量的碳水化合物等）。含有丰富的碳水化合物与蛋白质的小吃有助于提供更高水平或连续的能源物质供应，从而使客户保持较高的血糖水平。对于任何出现低血糖症状（如头晕、虚弱、出汗、头痛、视物模糊、语言模糊、定向障碍或不协调等）的客户，健身指导员应指导他们立即坐下，饮用 180 ～ 240 毫升的果汁或者吃一些含糖食物（Rimmer，1997）。在运动过程中，客户可能会出现低血糖现象，并且可能在运动后持续 6 小时。为了抵消这种反应，糖尿病患者可能需要根据其医师的建议，在运动前减少补充的胰岛素剂量或增加碳水化合物的摄入量。

与糖尿病患者合作时，应注意以下几点。

· 鼓励客户在训练前、训练中及训练后大量饮水，特别是在炎热和潮湿的天气条件下及空气流通不畅的环境中。

· 请注意，在过热或潮湿的环境中训练，可能会对糖尿病患者，特别是周围神经病变的患者产生不好的影响。建议客户穿着宽松的或易脱下的衣服，特别是对超重客户而言。

· 请注意，使用 β 受体阻滞剂（在糖尿病患者中是常见的）和其他药物可能会干扰识别低血糖症状或心绞痛（及心率和血压读数）的能力。

· 鼓励糖尿病患者注意足部卫生并养成穿合适的鞋子的习惯。

· 帮助客户在训练前、后记录血糖水平，特别是在客户开始执行训练计划的时候。

· 如果在训练时，客户需要注射胰岛素，应提醒他们在非活动肌肉部位注射。

心血管疾病

在美国，心血管疾病是导致人类死亡的主要因素之一，它对许多中老年人的身体产生了不同程度的损害，是糖尿病患者死亡的主要原因。不幸的是，美国大约每 25 秒就有一个人出现冠心病症状，而且大约每 1 分钟就有 1 个人因此死亡。

幸运的是，约有 790 万名心脏病患者幸存下来（AHA，2007），但许多人需要一个可以加快康复的训练计划。

传统上，在每项运动中，应建议冠心病患者以他们能承受的最大负荷的 40%（1RM 的 40%）开始进行力量训练（Drought，1995；Kelemen et al.，1986; Vander et al.，1986）。尽管使用1RM的40%的负荷进行力量训练可能不足以改善肌肉力量，但是一项关于心脏康复患者的抗阻训练研究显示，使用的阻力为 1RM 的 30% 的训练者与使用的阻力高达 1RM 的 80% 的训练者相比，二者在肌肉力量和耐力水平上得到了近似的增长（Wenger，1995）。

1RM 百分比和心率考虑

虽然我们很清楚，心脏病患者不得在没有医师许可的情况下接受训练或使用较高的 1RM 百分比的训练负荷量，但对于许多冠脉搭桥手术后的训练者来说，高达 1RM 的 80%的负荷可能是安全的（Faigenbaum et al.，1990；Ghilarducci et al.，1989）。韦斯科特和奥格雷迪（1998）研究了中年男性的训练强度和心率反应之间的关系，并确定在重复训练的基础上，较小负荷（1RM 的 70%）能比较大负荷（1RM 的 85%）对心血管反应提供更多的控制。他们得出结论，冠脉搭桥手术后的训练者可以从更小的训练负荷（1RM 的 40%～60%）开始，然后进阶到更大的训练负荷。因此，心脏病患者不需要以超过 1RM 的 70%的训练负荷进行训练（Westcott，2009；Westcott and Guy，1996；Westcott et al.，1996），因为较小的训练负荷已被证明有利于低度至中度风险的冠脉搭桥手术后的训练者的肌肉力量发展（ACSM，2010；Pierson et al.，2001；Wenger et al.，1995）。

刚完成心脏或肺部康复计划的客户应向健身指导员提供从医院或康复工作人员那里获取的运动计划的相关信息。此信息应包含使用的训练负荷和训练量，以便健身指导员可以安全有效地指导客户进行训练。美国心肺康复协会（2006）建议客户执行可以舒适地进行 8 ～ 10 组练习和每组可进行 10 ～ 15 次动作重复的训练负荷（1RM 的 65%～ 75%）。在我们看来，在对冠脉搭桥手术后的客户进行力量训练指导时，只要客户的努力水平不超过“有点儿困难”的 12 ～ 13 的主观用力程度（Borg et al.，1988），那么训练负荷低至 1RM 的 30% 或高达 1RM 的 70%就都是合适的。在客户初步成功执行力量训练计划后，医师可能会逐渐批准他们使用更大的负荷进行训练，并取消运动环节中的医疗监测的要求。我们建议与冠脉搭桥手术后的训练者合作的健身指导员遵循以下节选自美国心肺康复协会（2006）和美国高级健身协会（American Senior Fitness Association）（Clark，1997）的训练指南。

· 指导客户在每次力量训练前、后进行热身及放松运动，在低强度下至少进行 10 分钟。

· 监测和记录每次训练期间的心率和自觉疲劳程度，医生可能会要求监测和记录血压。

· 强调每次重复动作时持续呼吸的重要性，不要屏住呼吸。

· 指导客户轻松地握着手柄、哑铃和杠铃，从而避免用力过大。

· 提醒客户在每次运动过程中，缓慢并有控制性地（2 秒向上，4 秒向下）持续移动（不要将重量保持在静止位置）。

· 当客户能够以正确的姿势舒适地完成 15 次动作重复时，逐渐增加训练负荷，在上半身运动中可逐渐增加 0.45 千克负荷量，在下半身运动中可逐渐增加 1.1 千克负荷量。

· 应进行针对所有主要肌群的运动，除非有其他理由（如造成不适或疼痛等）。

· 训练通常遵循目标锻炼肌肉从大到小的一般顺序。

· 将过顶运动的练习次数降至最低，特别是在力量训练的早期。

· 指导客户每周完成 2 ～ 3 次力量训练，每次训练至少间隔 48 小时。

· 强调出现心血管压力第一迹象时停止运动的重要性，这些迹象包括头晕、心率异常、呼吸异常短促或胸部不适等。如果出现上述任何症状，客户应立刻通知健身指导员。

· 从每位医师（有些客户有多位不同的医师）处获得完整的药物清单并研究其运动指征。

训练协议

心脏病患者或病情不稳定的患者（请参阅 ACSM 指南，2010）及尚未获得医师的允许脱离监督康复计划的患者，不得接受训练。在医学监督下进行力量训练的心脏病患者应根据症状限制性压力测试获得的信息进行运动。在第四章中提出的初级训练计划的指导期，健身指导员应遵循上述训练指南，并且应为大多数可以进行力量训练的心血管疾病患者提供良好服务。但是这里有一些调整。例如，第四章中的建议初始负荷为 1RM 的 70%～80%，比先前推荐的 1RM 的 65%～75%（AACVPR，2006）要大一些。最终，负荷分配应由患者的心血管状况和肌肉压力的水平决定；健身指导员必须确保负荷量不会导致患者的心血管系统过度劳累或过度受压。心脏病患者应遵循医师的建议，安全地进行力量训练，正确地进行运动（包括避免做瓦氏动作），并遵循本章介绍的训练指南。

骨质疏松症

骨质疏松症是一种以骨组织恶化为特征的病症，会导致骨骼易碎，易发生骨折。美国国家骨质疏松症基金会（NOF，2009）提出，美国有1000万人可能患有骨质疏松症，另有3400万人处于低骨量或骨质疏松的状态，这增加了他们患病的风险。在1000万患有骨质疏松症的人中，有800万是女性（NOF，2009）。不幸的是，骨质疏松症没有明显症状，通常在受伤后才被确认。因此，健身指导员必须询问中老年客户是否已经进行骨密度测试，特别是女性，如果已经进行，应该要求他们提供该报告的复印件。

在获得医生的批准后，健身指导员才可以向患有骨质疏松症的客户提供基本的力量训练指导（Menkes et al.，1993；Hughes et al.，1995；Rhodes et al.，2000；Kerr et al.，2001）。因为此类客户的骨骼可能非常脆弱，所以健身指导员应该在训练开始时分配非常小的负荷量。我们建议健身指导员参考纳尔逊及其同事的研究（1994），以相当于1RM的50%～60%的训练负荷开始训练，并指导客户每组只进行8～12次动作重复。在2组连续训练中，当他们可以用正确的技巧进行14次或更多次动作重复时，请谨慎地增加负荷。随着时间的推移，健身指导员应该将训练负荷增加到1RM的70%～80%（也许更大），因为较大的负荷似乎可以更有效地增加骨矿物质密度（ACSM，2010; Maddalozzo and Snow，2000），并增强肌肉质量和力量。不建议客户进行包括腰部弯曲（如俯身杠铃划船）或扭转脊柱（如扭转卷腹）和高冲击有氧运动的训练（ACSM，2010）。

我们还建议健身指导员遵循第四章介绍的训练计划，并进行一些改进和建议，从提供臀部和背部支撑的固定器械或长凳训练开始。使用器械更容易控制身体定位和对齐以及运动范围。我们发现，客户在以使用固定器械而不是自由重量开始训练时，会做得更好，特别是在他们刚开始进行力量训练的情况下。对于表现出良好肌肉协调性的中老年客户，请考虑引入自由重量训练和弹力带训练，因为这些训练可能有助于他们维持或提高动觉感知、力学运动和平衡能力。平衡练习对于避免跌倒至关重要。无论健身指导员与患有骨质疏松症的客户使用哪种训练模式，都应避免进行太多脊柱屈曲类的训练（如屈膝仰卧起坐、仰卧起坐），因为这些训练可能会导致骨折（Clark，1997）。因此，应该删除第四章练习列表中的仰卧起坐练习，或者大幅减小运动范围。应该强调髋部、背部和颈部伸肌运动（如髋关节内收和外展、屈曲和伸展运动，背部和颈部伸展运动等）（Bennell et al.，2000）。指导客户在训练期间保持背部挺直并从髋关节开始弯曲而不是从脊柱开始弯曲（National Institute on Aging Information Center，2008）。最终，使脊柱弯曲程度降到最低，促进伸展姿势，改善胸部扩张能力的练习（如哑铃飞鸟、坐姿夹胸），并且能锻炼腿部、腹部和背部的练习，是患有骨质疏松症的客户的理想选择。

腰痛

4/5 的成年人患有腰痛，这也是中老年男性和年轻男性的主要疾病。佛罗里达大学的研究人员已经证明，独立的躯干伸展运动可以增强腰部力量，减少腰部疼痛（Risch et al. 1993）。阻力训练能够提供全范围的躯干伸展，同时能最小化髋关节伸展。这能有效地加强腰部肌肉（Jones et al.，1988）。

尽管客户应避免在不舒服的时候训练，但是力量训练似乎是缓解和预防腰部不适的有效手段。不幸的是，力量训练并不能帮助每个人缓解腰部不适。因此，健身指导员必须从客户的医师（经客户批准）那里获知客户是否适合进行力量训练，并明确哪些训练是需要的或禁忌的，以及存在什么运动范围和脊柱负荷的限制。此外，健身指导员需明确应密切监测哪些体征和症状，以进行转诊或计划修正。

如上所述，我们建议患有腰痛（急性和慢性疼痛、与腿部疼痛相关的背部疼痛或坐骨神经痛）的客户在参与力量训练前先咨询其医师。

应为有腰部问题的客户选择能加强躯干、腰部伸肌和腹肌的练习。通过加强脊柱周围的这些肌肉和其他肌肉，客户椎间盘的压力可能会减小，疼痛也会减轻。因此，训练中包含的练习应该旨在加强腰部和腹部肌肉，加强和拉伸髂腰肌、腘绳肌、梨状肌、臀肌、股四头肌和腰方肌。

让客户以第四章中介绍的针对刚刚讨论的肌肉的初级训练计划开始训练，并分配较小的、允许完成 10 ～ 15 次动作重复的负荷（1RM 的 65%～ 75%）。例如，我们建议进行器械腰部运动（见第四章），该运动主要针对躯干伸肌并减弱髋关节伸肌的作用，从而促进基本的腰部力量的发展。躯干伸展是另一个腰部动作，而且易于执行。它涉及使用腰部肌肉将处于俯卧姿势的躯干从地板上抬起。通过使用双臂进行辅助，患有腰痛的客户也能够有效地进行这种动作。佛罗里达大学的腰痛患者通过执行一组 8 ～ 12 个器械躯干伸展运动，每周进行 2 天或 3 天，取得了很好的效果（Risch et al.，1993）。经过数周的预训练后，我们建议使用类似的训练方案，使用 10 ～ 15 次动作重复的负荷。波士顿地区的医生也相信，旋转训练机是通过强化腹斜肌来加强腰部肌肉从而改善躯干力量和功能的有效器械。然而，他们建议，非牵引臂应略微抬高以保证在整个运动过程中躯干处于直立位置。健身指导员必须密切监测每个客户对此处提及的和第三章中列出的练习的反应，并消除任何可能造成腰部不适的影响因素。如果客户在运动的任何时候感到腰痛、放射痛、麻木或肌肉无力，应停止运动，并立即与医生联系。如果客户一直在与理疗师或背部专科医生合作，健身指导员还应该与这些专家沟通关于客户对该训练计划的反应。理想情况下，上述力量训练计划应该是有效的——客户的腰部不适感会减弱，且客户将能够进行第五章提出的中级和高级训练计划。

关节炎

由关节炎引发的疼痛和肿胀常常是中老年人进行力量训练的限制因素。因此，针对客户的身体状况与客户的医师（经客户同意）进行沟通，如客户的关节炎类型，涉及哪些关节，以及具体应避免哪些运动，将使健身指导员能够设计出安全、有效的训练计划。类风湿关节炎患者，根据其炎症的轻重，能够进行的运动量和运动类型可能会有很大差异。另外，尽管骨关节炎偶尔也会发作，但是并不会每天都有变化。

美国高级健身协会会长克拉克（1997）介绍，大多数力量训练可以被改进以减轻关节炎的不适感，并增加锻炼的容易程度。健身指导员要做出一切合理的努力来实现这些成果。如果一项运动导致训练者产生超过持续 1 小时的关节不适，应予以更换。克拉克还建议，短时间的训练比长时间的训练更易坚持。例如，原本在周一、周三和周五每天用 1 小时进行力量训练和有氧运动结合的训练，现改为在周一、周三和周五每天进行 30 分钟的力量训练，并在周二、周四和周六每天进行 30 分钟的有氧运动，这对患有关节炎的客户来说更容易坚持。最终，训练的目标应该是增强肌肉耐力和力量，从而改善肌肉功能，但不会引起疼痛、炎症或关节损伤。

我们建议在锻炼开始和结束时进行 5 ～ 15 分钟的低（或无）冲击的运动（骑自行车或使用椭圆机或者踏步机，不要慢跑或在人行道上行走）。进行灵活性和适度范围的运动有助于减轻关节僵硬，增加关节灵活性，并防止软组织挛缩。所有的运动都应该是无痛的。我们认为第四章提出的初级训练计划是患有关节炎的客户进行力量训练的良好起点（Nelson，2002）。为患有关节炎的客户推荐动作重复次数为 2 ～ 3 次（以确定运动范围是否会导致疼痛）的较小的初始负荷（如 1RM 的 40%），之后再向其推荐动作重复次数为 10 ～ 15 次的负荷（1RM 的 65%～ 75%）。美国运动医学会（2006）建议在疲劳时停止运动或在疲劳发生之前进行 2 次或 3 次动作重复。

患有关节炎的客户在开始（前 2 周）仅进行第四章所示的 6 项练习，且每项练习仅执行 1 组，以获得更高水平的肌肉力量和耐力，这为随后几周增加练习提供了良好的基础。使用疼痛耐受度和改善情况作为训练进展的指南，并根据需要调整训练期间的运动范围。

关于设备问题，当患有关节炎的客户进行训练时，通常要优先考虑固定器械（相对于自由重量），因为它们可以提供更大的支持且不需要较大的握力，但客户进行自由重量训练、弹力带训练和等长运动也是有效的。对于一些骨关节炎患者，等长运动可能是一个更好的选择。

健身指导员在为患有关节炎的客户设计和执行训练计划时，可以考虑以下源自贾妮·克拉克（1997）和多萝茜·福尔茨–格雷（1997）的建议。

· 在训练期间监测疼痛水平，并根据需要调整负荷、运动组数和运动范围，以减轻关节炎不适症状。

· 在急性炎症期间，减小负荷并减少运动组数和重复次数。

· 简短的训练课程比长期的训练课程更易被接纳。以 1 组几个练习动作开始。

· 避免过度训练特定的肌肉关节区域。

· 如果引起不适，请避免需要紧握的运动（如高位下拉等）。

· 强调适当的技巧和姿势。

· 减轻关节的压力（例如，引入器械，用带子增加把手或杆的直径，并且使用腕带或手套等）。

· 如果在训练课程结束后关节疼痛持续 1 小时，请更换引起疼痛的相关运动。

纤维肌痛

纤维肌痛是一种以慢性肌肉骨骼（肌肉、韧带和关节）痛、疼痛、僵硬、疲劳和肌肉痉挛为特征的风湿病综合征，以及表现为离散解剖点的高度压痛（ACSM，2010）。此外，许多纤维肌痛患者有姿势不良和运动范围小的症状，这些患者存在的功能丧失也可能引发抑郁症和多种其他并发症。

在客户被诊断患有纤维肌痛之前，健身指导员务必要先了解客户的运动经验和运动历史。请咨询其医师以确保客户已获准参加力量训练并且医师已批准你为客户制订的力量训练计划。

虽然缺乏针对患有纤维肌痛的客户的训练强度或频率的科学性建议，但普遍接受的训练负荷为 1RM 的 50%～70%，每周训练 2 天或 3 天（ACSM，2010）。我们建议患有纤维肌痛的客户进行第四章所示的初级训练计划的前 2 周列出的 6

项练习，且每项练习以较小负荷或无负荷开始。

以不同类型的运动进行试验。与其他人相比，有些人可能在进行相同的运动时更为不舒服。确定压痛点的位置并调整运动范围以提高运动舒适度。虽然患有纤维肌痛的客户可能需要进行疼痛训练，但不要鼓励他们进行过度的疼痛训练。

引导客户将注意力集中在正确的姿势上。姿势是很重要的。在训练时，健身指导员要仔细观察，以纠正圆肩、驼背和身体前倾等姿势。

疲劳是纤维肌痛的常见副作用。要根据客户是否能够在 2 ～ 3 天内从之前的训练中完全恢复来决定何时增加训练强度。如果客户无法充分恢复，则应减少训练次数，减小使用的负荷量或减少动作重复次数及组数。此外，应在几组运动之间和不同运动之间设置更长的恢复时间（如 3 分钟或更长）。直到已经证明客户能够从每周 2 天的训练中完全恢复，才可以开展每周为期 3 天的训练。灵活性训练对于纤维肌痛患者至关重要。每次训练前、后应包含 5 ～ 10 分钟的以缓慢的动作进行的轻度拉伸。

抑郁症

力量训练可以培养和增强儿童的自我意识（Faigenbaum et al.，1997）和自信心（Westcott，1995），提高其自我效能（Baker et al.，2001），以及改善中老年人的情绪并提高其幸福感。哈佛医学院（Singh et al.，1997）的一项研究也表明，力量训练使 60 岁以上人群的抑郁水平显著降低。针对 16 名临床抑郁症患者的调查表明，经过 10 周力量训练后，有 14 名调查对象不再符合抑郁症的标准。这项研究的一个重要成果是发现了以较高强度（超过 1RM 的 80%）进行力量训练的训练者比以较低强度（低于 1RM 的 80%）进行力量训练的训练者在抑郁程度上有更大的改善。

因此，患有抑郁症的中老年人可以安全并成功地参与有监督的力量训练计划。建议他们从第四章介绍的初级训练计划开始，并在适当的情况下进行更高级的训练计划。如上所述，较高的训练强度可能在降低抑郁程度方面更有效。因此，建议将前 2 周的训练负荷设置为 1RM 的 75%（动作重复次数为 10 次），然后在客户可以完成 2 组或 2 组以上练习时，将负荷量增加到 1RM 的 80%（动作重复次数为 8 次）。

视觉与听觉障碍

与有视觉或听觉障碍的客户合作会面临额外的挑战，不过改善他们的体验的方法和防护措施有很多且易于实施。确保训练区域有充足的照明和良好的音响效果是一个良好的开端。应清除训练区域中可能导致客户跌倒或发生碰撞的障碍，移走过道和训练区域中的重物和障碍物，并确保门不是半开状态。将配有缆绳和吊杆的器械（如高位下拉机等）与客户将要使用的设备分开放置。确保训练区域的整洁，并且美国运动医学会的指南（ACSM，2006）提出，所有设备应间隔至少 1 米。配置防滑地板，也是与有视觉或听觉障碍的客户合作时需要重点注意的地方。

特别重要的一点是为有视觉障碍的客户提供精确的动作示范，并对有听觉障碍的客户大声而缓慢地说话。因为许多听力受损的人会读唇语，所以健身指导员一定要尽可能地正对着客户（Clark，1997）。

对于视觉障碍者，应避免训练计划涵盖可能对眼睛产生不必要的压力的练习以及会过度升高血压的练习。确保客户不会屏息，不会将阻力保持在静止的位置，或拉紧手柄以完成最后一个重复动作。因为有视觉或听觉障碍的客户可能难以保持平衡和正确姿势，我们建议他们从固定器械或自由重量训练开始，并在有支撑的位置执行训练。例如，倾斜哑铃推举比站立哑铃推举更适合他们。

健身指导员应该根据练习顺序设计出一套一致的运动模式，以常规方式从一个区域到另一个区域进行训练。每次只引入一个新的练习，并注意根据训练设施建立新的运动步骤和方式。

假设训练区域安排适当且训练计划易于操作，我们建议有视觉或听觉障碍的中老年客户尝试第四章提出的初级训练计划，尽管健身指导员可能需要对训练计划进行轻微的调整，但训练进度是合理的，这类客户的力量改善效果也应与其他中老年人相同。

中风

当我们被要求协助前美国橄榄球联赛冠军吉姆进行康复时，我们不知道如何强化其受中风影响的四肢，不知道如何对其无法握住东西的手和无法移动的手臂施加阻力。我们首先了解到，戴尼龙手套可以使他握住弯举机的手柄。然后我们发现，尽管他不能对抗任何阻力（肌肉向心作用），但是在我们将他的手臂置于完全收缩的弯曲位置之后，他可以对抗小一点儿的阻力（肌肉离心作用）。通过逐渐训练肌肉运动的离心阶段，吉姆的肱二头肌力量逐渐增加，最终他能够承受相对较大的训练负荷。中风客户对训练的反应往往是因人而异的，这种方法对吉姆有效，但是对其他中风客户可能无效。然而，你可能会发现，这种力量训练对具有类似障碍的客户也很有效（Weiss et al.，2000）。如果是这样，你只需耐心等待客户获得进步，特别是在训练的早期。

特别注意

提高平衡性、稳定性和神经肌肉协调性的训练是为中风患者精心设计的训练计划的重要组成部分。应将功能平衡和稳定练习纳入尽可能多的训练环节。任何类型的功能性训练（特别是涉及日常生活活动的训练）都是非常有益的。健身指导员需重点关注平衡性，让客户以一个稳定的姿势（如坐姿）开始训练，并注意客户的反应，根据需要为其提供支持。当客户尝试站立动作时，健身指导员需提供现场支持。另外，不要忘记客户正常的反馈系统可能会受到损害，因此询问客户是否可以感觉到正确姿势与不正确姿势之间的区别是一种有益的做法。

因为中风患者在站立和坐着的时候弯腰是典型的错误姿势，所以姿势训练是很重要的，它有助于恢复正常的运动模式。要强调头部、颈部、髋关节和膝关节的伸展运动，以及脊柱的旋转运动。另外，考虑结合手动张力练习。例如，尝试将手放在客户头部的后面，并要求他轻轻地将头部推回（伸展，不旋转，保持正常颈椎曲度）。把给予这种动作的温和抗力作为触觉反馈。特别重要的是，指导和提醒中风客户避免屏息或保持静止的姿势，因为这些行为可能会使血压显著升高。在使用具有独立运动臂的器械，如胸部推举机、坐式划船机、肩部推举机和肱二头肌推举器的时候，允许客户一次锻炼一侧（左侧、右侧）。器械上的夹板或矫形装置等可帮助中风患者控制关节定位和避免不必要的运动，减少受伤减轻疼痛。可以通过使用尼龙手套及增加杆和手柄的厚度来增强客户抓握杆和手柄的力量。

训练协议

建议遵循第四章提出的初级训练计划进行训练，并对其进行调整。我们也鼓励你考虑让客户采用离心训练方法。在该方法中，患有中风的客户在运动离心相位降低重量。请按照以下这些源自美国运动委员会（ACE）的《医学运动专家手册》（*Clinical Exercise Specialist Manual*）（1999）的建议进行训练。

在力量训练期间监测和记录血压和心率，持续了解客户正在服用什么药物，以及这些药物对血压、心率和平衡性有什么影响。

在为中风客户设计力量训练计划之前，应尝试从他的医师那里获得如下信息（经客户许可）。

1. 对这个患者的病情有何诊断？他的局限性和能力是什么？请详细说明。

2. 他存在认知缺陷吗？

3. 对运动心率和最大血压的具体建议是什么？

4. 他服用过什么药物？这些药物对运动心率和血压有什么影响？我还应该了解这些药物的哪些其他副作用？

5. 是否有警告标志？如果有，在他运动的时候我是否应该进行观察？

一般衰弱

对于一些中老年人，特别是年龄较大的人来说，其主要的身体问题是一般衰弱——缺少运动导致严重的肌肉萎缩和力量丧失。幸运的是，塔夫茨大学对第一章中讨论的 90 多岁的人的研究表明，即使是最老衰的成年人，其对正确设计的力量训练也有积极的反应（Fiatarone and Singh，2002；Fiatarone et al.，1994；Tufts，1994； Fiatarone et al.，1990； Frontera et al.，1988）。

建议身体虚弱的中老年人从第四章开篇提供的单组 6 项练习开始进行训练，除非这样做会加重现有的肌肉、骨骼或关节病症。中老年人的肩部有问题是一种很常见的现象，因此在选择过顶运动时要小心谨慎。谨慎起见，美国运动医学会（2010）建议中老年人进行训练时应从 10 ～ 15 次的动作重复（1RM 的 65%～75%)开始，然后增加负荷到能够进行第四章所述的 8 ～ 12 次动作重复(1RM 的 70%～ 80%）。随着客户变得更强壮，能够进行更难的训练及持续更长的时间，便可考虑让他们进行第四章后面部分提出的更具挑战性的训练。如果有必要的话，可以通过减少一些固定器械训练及增加自由重量训练，或者增加一些弹力带训练来改进训练计划。在训练时鼓励中老年客户像年轻客户一样付出努力，以提升自己的表现（Kalapotharakos，2005； Noble et al.，1983）。

总结

为中老年客户设计力量训练计划时应结合本章介绍的内容，并考虑由各个健康组织（如美国糖尿病协会、美国心脏协会等）和专业组织（如美国心肺康复协会、美国运动医学会等）倡导的防范措施。尽管本章推荐的训练强度可能较低，进度较慢，但是第二章介绍的训练原则和第四章介绍的初级训练计划是普遍适用的。

第九章

运动专项训练

许多年老的客户仍然喜欢参加有组织的娱乐和体育活动，并认真对待自己的表现。虽然有一些50岁以上的客户继续参加篮球、垒球、足球等团体运动，但大多数客户选择参加跑步、骑自行车、游泳、网球和高尔夫球等个人运动。本章将根据第二章介绍的训练原则来制订训练计划，以提升客户在选定的体育活动中的表现。这里采取的做法强调了在方案中纳入有助于增强平衡力，并且具有专项特色的练习的重要性；前者有助于降低受伤概率，后者将提升表现。

我们的第一个目标是帮助中老年客户避免与运动相关的伤害，这些伤害通常是由不相称的力量和肌肉不平衡造成的。我们可以通过强化在特定运动中经常受伤的肌肉来发展平衡的力量，以实现这一目标。如果跑步者大腿前方的股四头肌比大腿后方的腘绳肌更强壮，那么腘绳肌受伤的可能性就会增加。相反，如果大腿后方的腘绳肌比大腿前方的股四头肌更强壮，那么股四头肌受伤的可能性就会增加。因此，我们建议你为客户设计一个使腘绳肌和股四头肌力量平衡的训练计划，以减小大腿受伤的风险。平衡力量和避免关节处于不平衡的压力水平的概念不仅适用于髋关节和膝关节及与其相对的肌群，而且适用于身体的其他关节和与其相对的肌群。

我们的第二个目标是加强在特定运动中最突出的肌肉（原动肌），以增强运动能力，以实现此目标为目的的训练通常被称为运动专项训练。每项运动的成功与特定运动肌肉力量的发展和最终的表现力相关联，表现力本质上是肌肉力量和运动速度的乘积。

表现力 = 肌肉力量 × 运动速度

提高运动速度涉及超出本书范围的复杂的神经肌肉现象和技术训练。增加肌肉力量则是一个比较简单的过程，它能够通过实施第二章和第三章介绍的力量训练的原则、教学方法和流程而有效地实现。随着客户肌肉力量的增加，他们的表现力也会增强。

思考你刚刚阅读的关于运动专项的力量训练内容。首先，为了减小客户受伤的风险，他们应该强化参与运动较少的肌肉。其次，我们希望中老年人强化参与运动较多的肌肉，以增加他们的肌肉力量并增强他们的表现力。换句话说，我们希望他们的所有主要肌群良好协作，以获得最佳的参与运动的肌肉的质量和数量。

例如，在我们的一项关于高尔夫球运动的研究中，我们的相对简短但全面的整体肌肉调理方法产生了许多积极的结果，包括预期的和意想不到的效果。除了增强肌肉，减肥，增强力量，增强表现力并增加杆头速度，高尔夫球手发现，他们可以更频繁地进行自己喜爱的活动，不易疲劳且能够持续更长的时间。最重要的是，没有一个高尔夫球运动参与者（包括以前受伤的人）在他们继续力量训练计划时报告了与高尔夫球运动相关的受伤记录。

在本章中，我们提供了针对跑步、自行车、游泳、滑雪、网球、高尔夫球、攀岩、登山、铁人三项、划船和垒球运动的专项力量训练计划。虽然不同的运动的训练计划是不同的，但每个计划都以最适当的方式针对主要肌群发挥作用，以确保总体肌肉量的增加，以及肌肉平衡和肌肉力量的增强。你将了解每项运动中主要肌群的运动情况，以及如何正确地为客户制订训练计划，以发展其综合力量并改善其运动表现。

跑步者

长距离跑步是许多竞技和运动爱好者喜欢参加的一项运动。无论是在附近慢跑几千米，还是完成马拉松的客户，长距离跑步对他们而言都是一种高效的有氧训练。不幸的是，长距离跑步对肌肉骨骼系统的益处不大。跑步者的受伤概率极高。事实上，在高中阶段，越野跑运动员比任何其他运动员（包括足球和体操运动员等）都更易受伤。

为什么像跑步这样的非接触式运动是一项高风险的活动？实际上，跑步涉及大量的接触，但是与路面接触而不是与其他运动员接触。每跑一步，脚掌、踝关节、膝关节和髋关节承受的力量都是体重的 3 倍。这些着陆力也可能将过度的压力传递给腰部结构。

长距离跑步所造成的重复性冲击会使减震组织（特别是肌肉和肌腱）产生一

定程度的微创伤。在理想条件下，这些组织会在24小时内完全恢复。但许多因素可能会干扰其正常的恢复过程，最终导致组织弱化并易损伤。这些因素包括较长的运动阶段，快速的跑步节奏，训练间较短的恢复期，更多下坡跑，更硬的表面跑步，更多的竞赛，一般衰弱，及饮食和睡眠模式的不良变化等。

当然，你可以鼓励进行长距离跑步的客户采取相关措施来减少组织创伤的数量，并降低与跑步有关的受伤风险。这样的预防措施包括逐步增加训练的距离和速度，设置足够的恢复时间（特别是在艰苦训练之后），选择合适的跑步环境（软表面和水平地形），进行少量比赛，避免过度疲劳，并注意适当的营养和充足的睡眠。

诺特丹高中力量训练计划

连续4年，诺特丹高中30名长距离跑步者在夏季和冬季的越野和田径赛之间都参加了基础和简短的力量训练。每周周一、周三和周五，他们会进行30分钟的力量训练，这加强了他们的所有主要肌群。在这4年中，越野队赢得了马萨诸塞州总冠军和新英格兰冠军。更重要的是，在这4年，进行力量训练的时间里，只有一个女孩受了伤，这导致她错过了一次训练课。诺特丹高中跑步者意识到，合理的力量训练计划为跑步者提供了许多好处。这些好处如下。

- 更大的肌肉力量。
- 更强的肌肉耐力。
- 更高的关节柔韧性。
- 更好的身体成分。
- 减小受伤风险。
- 增强自信心。
- 提高跑步效率。

但是将组织创伤最小化的最有效手段之一是发展出更强的肌肉、肌腱、筋膜、韧带和骨骼。因此，每个运动员都应该进行定期的力量训练。可以参考我们参与诺特丹高中越野队和田径队的4年力量训练项目的结果。虽然前6项关于力量训练的好处应该是不言而喻的，但是你可能会因为跑步效率的提高而对力量训练更感兴趣。在新罕布什尔大学的一项研究（1995）中，进行力量训练的女子越野跑运动员体验到了跑步效率的显著提高。她们在非最大跑步速度（用4分40秒、4分20秒和4分跑完1千米）下，需要的氧气减少了4%，这意味着她们可以比以前更有效且更快地跑步。

关注

既然力量训练有如此多的好处，为什么只有少数跑步者能够定期进行力量训练呢？关注以下4点阻止许多跑步者进行力量训练的顾虑，并消除这些跑步者的误解。

· 增加体重。事实上，进行力量训练的人很少有增大肌肉体积的遗传潜力，特别是长距离跑步者，他们通常具有清瘦的体形。力量训练可以增强肌肉力量和耐力，但很少会使体重增加。

· 降低运动速度。关于跑步速度，我们的研究和许多其他研究都表明，更大的力量会激发更快的运动速度。我们只需要观察短跑运动员和中长跑运动员就会认识到，力量训练对跑步速度有积极的影响，因为这些运动员基本上都进行定期、高水平的力量训练。

· 缺少流畅的跑步形式。跑步涉及双腿和双臂的协调动作，两者缺少任何一个则无法运作。右臂与左腿以镜像方式移动，左臂与右腿以完美的姿势平衡。几乎不可能在快速跑步的同时缓慢地移动手臂，也不可能在快速移动手臂的同时缓慢地跑步。加强上半身肌肉可以更有效地协调双臂和双腿之间的动作，从而形成更流畅的跑步形式。

· 肌肉疲劳。力量训练肯定会引起肌肉疲劳，从而对客户参与跑步的肌肉的质量和数量产生不利影响。因此，我们建议客户进行简短的力量训练以免感到虚弱或疲惫。请记住，客户进行力量训练的目的是增强其跑步能力，而不是成为有竞争力的举重运动员。我们推荐跑步者在进行力量训练时只针对每个主要肌群进行 1 组练习，这不需要占用太多时间，并且不会产生过于持久的疲劳。客户也可以选择每周仅训练 1 ～ 2 天，这样可以降低肌肉疲劳的可能性。

力量训练计划

诺特丹高中的运动员及与我们合作的所有跑步者执行的力量训练计划都是综合性的训练计划，针对所有主要肌群。我们不试图模仿特定的运动或强调特定的运动肌肉，因为这种方法通常会导致过度训练，肌肉力量发展不平衡且肌肉骨骼系统易受伤。

例如，小腿肌肉（腓肠肌和比目鱼肌）在跑步中被经常使用。由于它们参与了每一个步伐的运动，许多人认为跑步者应该加强他们的小腿肌肉。的确如此，但更重要的是加强他们较弱的肌肉——胫骨肌肉（胫前肌）。如果客户只加强更大和更强的小腿后侧肌肉，那么这最终会压制较小和较弱的小腿前侧肌肉，从而导致胫前疼痛、应力性骨折、跟腱问题和其他小腿伤病。考虑到这一点，跑步者应进行负重反向提踵训练，以加强小腿肌肉，并使小腿肌肉组织保持平衡。

有些人认为，跑步者应以较小的阻力完成多组多次连续练习来增强自己的耐受能力。但这不是我们进行力量训练的目的。请记住，跑步是增强心血管耐力的最佳途径，力量训练是增强肌肉骨骼力量的最好方式。

大多数运动员通过适度负荷（约为 1RM 的 75%）训练最大限度地发展肌肉力

量，每组完成 8 ～ 12 次动作重复。然而，长距离跑步者通常具有较高百分比的慢缩型肌纤维，因此通过每组完成 12 ～ 16 次动作重复能获得更好的结果。当客户能够以良好的动作完成 16 次动作重复时，应该增加 0.45 ～ 2.3 千克负荷量。每项练习的每组训练对于力量的发展都应是足够的。

不必以快速进行训练，因为快速训练不一定会使客户成为跑步速度更快的跑步者，而降低训练速度也不会使客户的跑步速度下降。以受控的运动速度来训练可以最大限度地增大肌肉张力，并最大限度地减少动量以获得更好的训练效果。我们推荐每次动作重复用时 6 秒，其中向上动作阶段用时 2 秒，向下动作阶段用时 4 秒。客户可以通过使用自由重量或固定器械的各种练习来发展肌肉力量。以下部分介绍了针对主要肌群的推荐练习。

腿部肌肉

虽然杠铃深蹲是传统的腿部运动，但大多数跑步者可能会用其他的方式更好地进行训练，以避免在他们的肩上放沉重的杠铃。哑铃深蹲便是可以接受的替代练习，但这使许多客户没能承受足够的重量来对大腿肌肉施加适当的压力。

我们的建议是在精心设计的固定器械上进行腿部推蹬，它提供了全面的运动范围和良好的后背支撑。在进行腿部推蹬之前进行腿部伸展是可取的，其目标是训练股四头肌，而腿部屈曲旨在训练腘绳肌。每项练习进行 1 组已足够，但如果愿意的话，客户可以多进行几组。

上半身肌肉

上半身的标准练习是针对胸部肌肉的仰卧推举，针对中、上背部肌肉的俯身划船，以及针对肩部肌肉的过顶推举运动。这些都是可接受的练习，且用哑铃替代杠铃进行训练会更加安全。例如，因为在俯身杠铃划船中背部无法提供支撑，所以腰部承受的应力是杠铃重量的 10 倍。使用一只哑铃进行训练时，客户可以将另一只手放在长凳上并用后背进行支撑，因此能够更安全有效地执行此练习。

如果客户可以使用固定器械，我们建议针对胸部肌肉进行扩胸运动，针对中、上背部肌肉进行屈臂下拉运动，以及针对肩部肌肉进行侧平举运动。这些固定器械应能旋转，以更好地针对目标肌群进行训练。如果客户喜欢能够训练更多肌肉的线性运动，那么精心设计的胸部推举机、坐式划船机和肩部推举机基本上可以为所有的上半身肌肉和手臂肌肉提供组合训练。

手臂肌肉

针对肱二头肌的基本运动是手臂弯举，可使用杠铃、哑铃或固定器械等进行。训练肱三头肌涉及某种形式的使用自由重量或固定器械的手臂伸展运动。

同时训练肱二头肌和上背部肌肉的良好方式是进行自重引体向上，或者使用自重辅助的引体向上和臂屈伸进行训练。同时训练肱三头肌和胸部肌肉的良好方式是进行自重双杠臂屈伸，或者使用自重辅助的引体向上进行训练。

上腹部肌肉

固定器械训练是安全和逐步训练腹部肌肉的最佳方法。腹部训练机和腰部训练机可用来发展强壮的和耐损伤的上腹部。旋转训练机可用来加强腹斜肌。

如果无法使用合适的器械，那么基础的仰卧起坐可能是腹部训练的最佳选择。训练背部肌肉推荐前躺式（面朝下）的背部伸展运动。虽然这些练习都是以自重为阻力进行的，但是它们对于加强上腹部肌肉也是有效的。

颈部肌肉

在每次跑步时，颈部肌肉可使头部保持一个固定姿势。头部一般重达 6.8 千克，因此支撑头部是颈部肌肉的一项重要功能。事实上，许多跑步者首先产生疲劳和紧张感的部位就是颈部和肩部。因此，我们建议使用四方向颈部训练机来加强颈部肌肉。如果客户无法使用此器械，最好的选择是进行耸肩运动（哑铃或杠铃）和利用人工阻力进行训练。利用人工阻力训练颈部肌肉的方式是将手放在客户的前额上以抵抗其缓慢的颈部屈曲运动，或将双手放在客户的头后以抵抗其缓慢的颈部伸展运动。

表 9.1 列出了为跑步者推荐的力量训练计划。在客户掌握基础练习之后，可能需要添加表 9.2 提供的一些额外练习。

表 9.1

为跑步者推荐的力量训练计划：基础练习

肌肉	固定器械训练	自由重量训练
股四头肌	腿部伸展	哑铃深蹲
腘绳肌	腿部屈曲	哑铃深蹲
胸部肌肉	坐姿夹胸	哑铃仰卧推举
上背部肌肉	屈臂下拉	哑铃单臂划船

续表

肌肉	固定器械训练	自由重量训练
肩部肌肉	侧平举	哑铃肩上推举
肱二头肌	肱二头肌弯举	站姿哑铃弯举
肱三头肌	颈后臂屈伸	仰卧哑铃肱三头肌屈伸
腰部肌肉	腰部伸展	躯干伸展
腹部肌肉	腹部屈曲	仰卧起坐

表 9.2

为跑步者推荐的力量训练计划：额外练习

肌肉	固定器械训练	自由重量训练
股四头肌、腘绳肌和臀大肌	腿部推蹬	哑铃弓步蹲
胸部肌肉和肱三头肌	辅助式双杠臂屈伸	双杠臂屈伸
上背部肌肉和肱二头肌	辅助式引体向上	引体向上
腹内斜肌和腹外斜肌	坐姿转体	转体仰卧起坐
颈屈肌和颈伸肌	颈部屈曲和颈部伸展	手动抗阻颈部屈曲和颈部伸展
小腿肌肉	提踵	哑铃提踵
胫部肌肉	—	负重板脚趾抬高

跑步者力量训练总结

在为跑步者设计合理的力量训练计划时，建议仔细参阅以下训练指南。

训练选项：包括表 9.1 中的基础练习，并根据需要添加表 9.2 中的额外练习，确保每个主要肌群至少有 1 项练习。

组数：每项练习做 1 组。

训练负荷：1RM 的 60% ～ 70%。

动作重复次数：12 ～ 16 次（可控、连续）。

训练进度：可完成 16 次动作重复时，增加 5% 的负荷量（通常为 0.45 ～ 2.3 千克）。

速度：合适，通常向上动作阶段用时 2 秒，向下动作阶段用时 4 秒。

运动范围：全范围运动，但是应避免腿部推蹬运动出现姿势锁定。

训练频率：一周训练 1 ～ 2 天，不连续。

需要时间：每次训练 20 ～ 30 分钟。

骑行者

自行车是一种非常节能的代步工具，骑自行车是一种能够增强心血管耐力的很好的锻炼方式。在骑行过程中，腿部肌肉发力。与跑步不同，骑自行车不会对脚部、腿部和背部产生任何落地冲击力，从而降低了受到撞击伤害的风险。尽管如此，如同任何重复进行的运动一样，骑自行车对某些肌肉产生的压力比其他肌肉更大，这可能导致过度使用损伤。

来看看骑自行车时的主要肌肉参与情况。骑自行车中的做功行程主要由股四头肌（伸膝）和腘绳肌（伸髋）的收缩完成。虽然臀肌也参与髋关节伸展，但骑自行车的生物力学主要强调伸膝肌肉（股四头肌）。

在骑自行车的过程中做功的小腿肌肉包括使踝关节跖屈的腓肠肌和使踝关节背屈的胫（胫骨）前肌。虽然小腿肌肉参与每一次蹬伸，但是胫前肌仅作用于对抗踏板的向上拉动动作。

骑自行车会对上半身肌肉产生较大压力，包括肱三头肌、肩部肌肉、腰部肌肉、上背部肌肉、胸部肌肉、前臂肌肉和颈伸肌等。把手的正确定位能使上半身肌肉更均匀地受力，但是长时间的骑行可能会使一些肌肉比其他肌肉更易疲劳。例如，颈伸肌要连续工作以保持头部上扬，并且可能比其他上半身肌肉更容易疲劳。

肱三头肌、前肩部肌肉和腰部肌肉主要负责维持躯干的姿势。上背部肌肉和胸部肌肉为上臂提供稳定性，前臂肌肉使手能够对把手施加较大的抓力。

如同其他运动员一样，骑行者应该通过综合的抗阻训练来加强他们所有的主要肌群。也就是说，他们应该同时训练原动肌和拮抗肌，以平衡发展肌肉力量并确保关节的完整性。只训练原动肌通常会导致其过度使用，使关节的一侧变得比另一侧更强，最终使结构较弱的关节超负荷和受损。

注意，这并不意味着应该以相同的负荷训练原动肌和拮抗肌。例如，颈伸肌比颈屈肌更大和更强，但是，这两个肌肉组织都应该进行合理的力量训练。

关注

中老年骑行者的最大担忧也许是后部肌肉组织（腰部、上背部、颈部肌肉）和膝关节受伤（事故除外）。我们认为，防止这些问题的最佳方法是进行综合力量训练，其特征在于针对腰椎、肩部后缩和颈部伸展肌肉，以及膝关节伸展和屈曲肌肉进行抗阻训练。发展强壮和均衡的肌肉系统可以防止受伤并提高肌肉的性能。总体而言，大多数中老年骑行者应限制骑行时间，连续骑行时长应为 60 ～ 90 分钟。

力量训练计划

通常建议在进行针对躯干、手臂和颈部的较小肌群的训练之前，先进行针对较大的腿部肌群的训练。另外，对于针对每个肌群的训练，可以在进行线性训练之前优先执行旋转训练。

在进行具有更大阻力的多关节训练之前，先进行具有较小阻力的单关节训练。这种运动顺序有时被称为预先疲劳训练，因为旋转训练会使特定的肌肉疲劳，线性训练会在另一种肌肉的帮助下进一步使同一肌肉疲劳。例如，侧平举练习会使三角肌疲劳，随后的肩上推举练习会在肱三头肌的帮助下进一步使三角肌疲劳。以这种方式进行训练是很困难的，但是由于连续的旋转训练和线性训练需要的休息时间较少（10～20 秒），因此它是非常有效且省时的。

训练频率

在力量训练期间，应使被锻炼的肌肉疲劳。如果在训练之间和训练后有足够的恢复时间，该训练将有效地发展肌肉力量。研究表明，每周 2～3 次适当间隔的训练对于增强肌肉力量是有效的。每周计划进行 2 次力量训练的自行车运动员只需花费 1 小时的时间来出色地改善肌肉力量。针对中老年人的研究显示，他们进行 2 个月、每周 2 次的抗阻训练后，肌肉力量约增加了 50%。

组数

研究表明，正确执行一套力量训练计划足以发展肌肉力量。因此，我们建议客户选出一套力量训练计划并执行。每组练习应在 60～90 秒的时间内完成。每次练习约 90 秒，练习间歇为 30 秒，我们推荐的循环训练课程每节只需要 30 分钟。

训练负荷

当然，训练负荷应足以使进行无氧代谢的目标肌肉疲劳。大多数训练需要使用约 1RM 的 75% 的负荷量，经验表明，此负荷量能够提供安全且有效的训练刺激。

动作重复次数

研究表明，大多数人能以 1RM 的 75% 完成 8～12 次动作重复。具有低耐力肌肉的人（短跑运动员）通常能完成至少 8 次动作重复，具有高耐力肌肉的人（马拉松运动员）通常能完成超过 12 次动作重复。因为骑自行车本质上是一种耐力活动，所以大多数骑行者按照每组练习重复 12 ～ 16 次进行训练，以获得大幅度的肌肉力量增长。

请注意，为了获得更大的益处，每组力量训练必须达到使肌肉疲劳的程度。为了达到这种被称为临时性肌肉衰竭的状态，客户必须继续训练，直到肌肉不能再承受阻力。为获得最佳效果，训练强度应提高，训练进度应保持一致。

训练选项

表 9.3 列出了按适当的动作顺序对主要肌肉进行锻炼的推荐训练。

骑行者需要花相当多的时间和精力来完成他们的日常训练距离。因此，他们不应该在力量训练中花费不必要的时间和精力。幸运的是，耐力训练和力量训练是互补的活动。耐力训练需要较低的强度和较长的持续时间，而力量训练需要较高的强度和较短的持续时间。

表 9.3

为骑行者推荐的力量训练计划

肌肉	固定器械训练	自由重量训练
股四头肌	腿部伸展	哑铃深蹲
腘绳肌	腿部屈曲	哑铃深蹲
股四头肌、腘绳肌和臀大肌	腿部推蹬	杠铃深蹲
胸大肌、三角肌前束	坐姿夹胸	哑铃飞鸟
胸大肌和肱三头肌	胸部推举	杠铃仰卧推举
背阔肌	屈臂下拉	哑铃屈臂下拉
背阔肌和肱二头肌	坐姿划船	哑铃单臂划船
三角肌	侧平举	哑铃侧平举
三角肌和肱三头肌	肩上推举	哑铃仰卧推举
肱二头肌	肱二头肌弯举	站姿杠铃弯举
肱三头肌	颈后臂屈伸	哑铃后伸
竖脊肌	腰部伸展	躯干伸展
腹肌	腹部屈曲	仰卧起坐
颈屈肌和颈伸肌	颈部屈曲和颈部伸展	哑铃耸肩

训练进度

我们推荐进行力量发展的双重渐进体系。以客户能够进行 12 次动作重复的负荷量开始练习，持续训练到他们可以在 2 个连续训练周期内完成 16 次动作重复。当他们可以正确完成 16 次动作重复时，将负荷量提高 5%。保持这一负荷量继续训练，直到客户能够再次完成 16 次动作重复，然后再次增加 5%的负荷量。

速度

有一个说法是快速的力量训练使肌肉发展快速，而慢速的力量训练使肌肉发展缓慢。这个说法是不正确的。合理的力量训练使肌肉变得更强壮。速度是通过练习一个运动项目而发展的，重点是提高运动速度和保持适当的技术质量。

从实践的角度来看，客户进行力量训练的速度不可能比骑自行车的速度快，因为骑自行车时必须每分钟踩蹬90次。因此，推荐的方法是以受控的方式进行训练，以最大限度地发展肌肉力量，并尽量减少受伤的风险。研究表明，以适度的运动速度进行训练能够有效增强肌肉力量。因为肌肉在做离心运动时比做向心运动时更强，所以我们建议向上动作阶段用时 2 秒，向下动作阶段用时 4 秒。此 6 秒训练方案需要 70 ～ 95 秒的持续时间来努力完成每组 12 ～ 16 次动作重复。

运动范围

虽然骑自行车涉及腿部肌肉的中距离运动和上半身肌肉的静态收缩，但是进行全范围的力量训练是有益的。进行部分范围的运动是可以接受的，但为了安全，应进行全范围的运动。运动范围末端的弱点可能会降低关节的完整性，并增加受伤的风险。

骑行者应该从完全伸展的位置到完全收缩的位置进行诸如腿部伸展的运动。然而，腿部推蹬应该在到达锁紧位置之前结束。锁紧膝关节以抵抗较大的阻力会增加受伤的可能性，因此训练者应该避免这样做。

骑行者力量训练总结

根据我们从骑行者和铁人三项运动员中得到的经验，强壮的肌肉可以带来更好的表现。因为每次踩蹬踏板都需要较大的腿部力量，所以强大的腿部力量具有相当大的优势。经过力量训练，许多骑行者能够以相同的踏板频率使用较高的挡位，从而提高他们的行驶速度。

当为骑行者设计合理的力量训练计划时，建议仔细参阅下列训练指南。

训练选项： 结合表 9.3 的练习，确保每个主要肌群至少有 1 项练习。

组数： 每项练习做 1 组。

训练负荷： 1RM 的 60% ～ 70%。

动作重复次数： 12 ～ 16 次（可控、连续）。

训练进度： 可完成 16 次动作重复时，增加 5% 的负荷量（通常为 0.45 ～ 2.3 千克）。

速度： 合适，通常向上动作阶段用时 2 秒，向下动作阶段用时 4 秒。

运动范围： 全范围运动，但是应避免腿部推蹬运动出现姿势锁定。

训练频率： 一周训练 1 ～ 2 天，不连续。

需要时间： 每次训练 20 ～ 30 分钟。

游泳者

游泳经常被称为完美的身体活动，因为它似乎锻炼到了身体所有的主要肌群。的确，游泳通过拉动双臂的动作和踢腿的动作来兼顾上半身和下半身的运动。然而，在游泳时，一些主要肌群比其他主要肌群使用得更多，从而增加了过度使用和肌肉发展不平衡的风险。例如，将手臂拉过水面的上半身肌肉的运动比在空气中收回手臂的相对肌肉的运动要难得多。此外，游泳时，腿部进行相对较短且连续的移动，也可能会导致肌肉发展不平衡的问题。因为游泳在很大程度上是一个有氧活动，它很难实现肌肉增强，并且由水支撑的身体没有受到冲击力（不像慢跑），它也不会促进骨骼的发育。下面我们通过了解力量训练如何提高客户的游泳表现水平并降低受伤的风险来更仔细地研究这些问题。

关注

游泳者经历的多种过度使用问题大多与肩关节相关。这些常见的问题至少部分是由胸大肌和背阔肌对抗较大的水的阻力来拉动手臂进行运动，而相对较小的三角肌通过对抗较小的空气阻力来回拉手臂造成的。因此，较大年龄的游泳者必须加强他们的三角肌和斜方肌上部的力量。中老年人还应该安排合理的游泳时间（30 ～ 60 分钟），以减少过度训练的危险。

肌肉平衡性

为了产生必要的推进作用，大多数标准的游泳姿势强调了表 9.4 中列出的肌肉。

虽然加强这些原动肌对于改善游泳性能很重要，但是加强拮抗肌也是维持肌肉平衡和关节完整性以降低肩部结构的损伤风险所必需的。这些肌肉包括三角肌、肱二头肌和斜方肌上部。因此，表 9.5 中的训练被推荐用于发展上半身肌肉骨骼的综合力量。

虽然可以在训练计划中增加肱二头肌弯举和颈后臂屈伸练习，但是为了避免过度训练，增加这两项练习是不必要的，因为这些手臂肌肉已经在 5 项基本的上半身练习中得到了加强。关于肌肉平衡，我们还想通过全范围的关节练习来锻炼腿部肌肉，因此应将这些练习（见表 9.6）添加到训练计划中。

推荐的 8 项练习（腿部伸展、腿部屈曲、腿部推蹬、胸部推举、高位下拉、肩上推举、坐姿划船和上斜板仰卧推举）对于游泳者而言是相当全面的力量训练方案。但是如果时间允许，中老年客户也应该训练连接身体上下部位的上腹部肌肉及颈部肌肉。上腹部肌肉和颈部肌肉负责每次游泳动作伴随的躯干和头部的定位运动。中老年客户应考虑增加表 9.7 所示的练习来训练这些持续运动的肌群。

我们现在有 11 项练习，涉及了所有的主要肌群。中老年客户应每周间隔运动

表 9.4

参与游泳推进的主要肌肉

肌肉	推进行为
胸大肌	在水中拉回手臂
背阔肌	在水中拉回手臂
肱三头肌	在手臂划水动作末尾伸展肘关节

表 9.5

为游泳者推荐的上半身训练

肌肉	固定器械训练	自由重量训练
胸大肌、肱三头肌	胸部推举	杠铃仰卧推举
背阔肌、肱二头肌	高位下拉	哑铃屈臂下拉
三角肌、肱三头肌和斜方肌上部	肩上推举	哑铃仰卧推举
背阔肌、肱二头肌、三角肌后束、菱形肌和斜方肌	坐姿划船	哑铃单臂划船
胸大肌、肱三头肌和三角肌前束	上斜板仰卧推举	上斜板哑铃仰卧推举

表 9.6

为游泳者推荐的腿部训练

肌肉	固定器械训练	自由重量训练
股四头肌	腿部伸展	哑铃登阶
腘绳肌	腿部屈曲	哑铃登阶
股四头肌、腘绳肌和臀大肌	腿部推蹬	杠铃深蹲

表 9.7

为游泳者推荐的上腹部和颈部训练

肌肉	固定器械训练	自由重量训练
腹内斜肌和腹外斜肌、腰部肌肉和腹部肌肉	坐姿转体	转体仰卧起坐
颈屈肌	颈部屈曲	哑铃耸肩
颈伸肌	颈部伸展	哑铃耸肩

2～3天。他们应该从腿部较大的肌群开始训练，然后针对上半身肌肉进行训练，并用上腹部和颈部肌肉完成运动。建议客户的力量训练在约20分钟的时间里完成（1组11项练习，每项练习之间休息约1分钟）。虽然力量训练不应该干扰客户的游泳习惯，但如果可能的话，训练时间应该安排在不游泳的日子里。客户应确保摄入足够的热量，通过消耗更多的碳水化合物、蛋白质及大量的水来为其进行身体活动提供能量。最后，建议客户每晚至少睡8小时，以便他们能够充满活力和热情地进行每一次训练。这种平衡的力量训练将提高他们的游泳表现水平，减少过度使用和肌肉发展不平衡的可能性。

运动范围和速度

虽然标准的游泳动作能通过相当全面的运动范围来锻炼上半身肌肉，但踢腿动作仅在中度范围内完成。为了弥补这种潜在的局限性，每次力量训练都要在一个完整的运动范围内进行。指导客户在每次连续运动的情况下进行全面的关节屈曲和伸展运动，但不要以不舒服的姿势进行。在整个运动范围内进行的力量训练只有在以受控的运动速度下进行连续运动时才是安全有效的。末端释放训练和高速冲击的辅助运动可能会对关节结构造成过大的压力，因此我们应该指导客户避免这样做。在保证安全的前提下，适度的移动速度能够提供更大的力量刺激。一般来说，建议每次动作重复持续 6 秒——向上动作阶段持续 2 秒，向下动作阶段持续 4 秒。在每次运动中，我们应要求客户以正确的姿势坐着或站立。

加强肌肉和骨骼

游泳可以很好地改善心血管耐力和提高身体素质，然而它不能提供足够的刺激来塑造更强的肌肉或骨骼。为了加强肌肉骨骼系统，客户必须以足够大的阻力逐渐拉紧肌肉，在 90 秒内引起肌肉疲劳。因此，力量训练是对游泳的完美补充。力量训练是一种高强度和短时间的无氧活动，而游泳可能是低强度和长时间（取决于距离）的有氧活动。着陆力可以刺激骨骼重塑，但是游泳并不能提供这种刺激，因此力量训练对于游泳者来说尤为重要。

游泳者力量训练总结

为了确保肌肉和骨骼可以产生足够的抵抗力，且不会对身体结构造成过大的压力，建议仔细参阅以下训练指南。

训练选项：从表 9.5、表 9.6 和表 9.7 中选择练习，确保每块主要肌肉至少有 1 项练习。

组数：每项练习做 1 组。

训练负荷：1RM 的 70% ～ 80%。

动作重复次数：8 ～ 12 次（可控、连续）。

训练进度：可完成 12 次动作重复时，增加 5% 的负荷量（通常为 0.45 ～ 2.3 千克）。

速度：通常向上动作阶段用时 2 秒，向下动作阶段用时 4 秒。

运动范围：全范围运动，但是应避免腿部推蹬运动出现姿势锁定。

训练频率：每周在不游泳的日子里训练 2 次或 3 次。

需要时间：每次训练约 20 分钟。

滑雪者

尽管有升降机将人们带到山上，但下坡滑雪仍是一项体力活动。提供平衡性、稳定性，以及控制和速度的最佳组合的身体姿势需要相对高水平的肌肉力量。除了能提升滑雪表现，强大的肌肉骨骼系统还可以防止出现滑雪运动中常见的急性和过度使用性损伤。

虽然没有人会否认心肺训练的价值，但有氧训练显然不是下坡滑雪的限制因素。尽管关节缺乏柔韧性可能会导致运动受限，但关节活动度过大通常是有害的。更好地滑雪的关键是肌肉力量更强。为了提高身体素质，客户应该做其喜欢的耐力活动和伸展运动。此外，为了增强下陡坡时的信心和能力，他们还应该进行合理的力量训练。

下坡滑雪本质上是强调无氧能量系统的动力活动。股四头肌和腘绳肌的强力收缩提供了身体定位，可以利用雪和重力发挥最大优势。其中，转身动作发挥了重要作用，因为没有人能长时间保持在发力位置而不经历肌肉疲劳。转身动作既带来了挑战，也改变了位置。简短的卸载阶段为努力运动的股四头肌和腘绳肌提供了瞬间的释放和缓解。转弯动作激活了大腿的中部肌肉和侧向运动的腹斜肌。更具体地说，平滑的转弯动作与强壮的腹外斜肌和腹内斜肌紧密相关，它们可以控制上腹部旋转；还与强壮的外展肌和髋内收肌紧密相关，它们使髋部从一侧向另一侧移动。

虽然肩部、躯干和手臂的肌肉对力量的产生并没有很大作用，但是其有助于实现有效的点杖动作，并能够在发生坠落时吸收冲击力。在姿势支持和伤害预防方面起着重要作用的肌肉是腰部和颈部的肌肉。

此外，胫骨前肌在滑雪运动中可以控制踝关节。虽然现代滑雪靴减少了脚踝受伤的风险，但是强壮的胫骨前肌有助于改善下坡滑雪的足部动作和功能。

关注

无论技能水平如何，中老年滑雪者必须在斜坡上小心地运动，并在健身房内认真地训练。腿部肌肉疲软会导致过早疲劳，而疲劳常常是受伤的先兆。腰部肌肉虚弱会使滑雪者受伤的风险增大，并使其在滑雪后产生不适。因此，客户应在滑雪季之前加强上述主要肌群和其他主要肌群。建议客户采用以下力量训练计划。

力量训练计划

相对训练时间而言，力量发展与训练强度更加紧密相关，相对较短的训练时间也可能会获得显著的成效。

训练频率

研究显示，每周训练 2 天与每周训练 3 天会产生同样的力量发展。因此，每周训练 2 天可能更好，这样可以保证有充足的肌肉重塑时间。

组数

许多研究表明，单组训练和多组训练具有类似的力量发展效果。客户选择的训练组数主要由个人偏好和可用时间决定。我们的滑雪项目参与者通过做一个训练负荷为 1RM 的 50% 的热身运动，休息 60 秒，然后以他们的训练负荷量进行 1 组运动来达到瞬间肌肉疲劳，取得了出色的成绩。你可能想要尝试这种有效且省时的训练方案。

训练负荷和动作重复次数

肌肉力量通过在无氧能量系统中使目标肌肉疲劳而得到更好的发展，为了实现这一目标，训练时间应为 30 ～ 90 秒。每次动作重复在 6 秒内完成，每组 8 ～ 12 次动作重复将使无氧能量系统中的训练者疲劳（50 ～ 70 秒）。大多数人可用 1RM 的 70%～ 80% 的负荷进行 8 ～ 12 次动作重复，这是一个安全并有成效的运动量。虽然你可能会定期尝试用更多或更少的动作重复次数来对客户进行训练，但是每组 8 ～ 12 次是推荐的范围。

训练选项

根据我们的下坡滑雪需求分析，推荐使用以下固定器训练和自由重量训练。为了确保肌肉平衡发展和减少潜在伤害，训练拮抗肌是可取的。例如，滑雪者应该同时锻炼胫骨前肌和小腿同侧肌肉，以平衡小腿肌肉的发展。一般来说，最好先锻炼腿部较大的肌群，然后锻炼躯干、手臂、上腹部和颈部的较小肌群。表 9.8 列出了为滑雪者推荐的力量训练的综合计划。

虽然这个力量训练计划列出了可供选择的练习，但一些滑雪者可能没有时间在滑雪季之前及在滑雪季进行这些练习。在这种情况下，我们建议在短时间内进行针对大部分主要肌群的“六大”滑雪强化训练（见表 9.9）。

表 9.8

为滑雪者推荐的力量训练
（综合计划）

肌肉	滑雪功能	固定器械训练	自由重量训练
股四头肌	发力姿势	腿部伸展	杠铃深蹲
腘绳肌	发力姿势	腿部屈曲	杠铃深蹲
髋内收肌	转身	髋内收肌练习	哑铃登阶
髋外展肌	转身	髋外展肌练习	哑铃登阶
胸大肌	杆动作	坐姿夹胸	哑铃仰卧推举
背阔肌	杆动作	屈臂上拉	哑铃单臂划船
三角肌	杆动作	侧平举	哑铃仰卧推举
肱二头肌	杆动作	肱二头肌弯举	站姿哑铃弯举
肱三头肌	杆动作	颈后臂屈伸	哑铃后伸
竖脊肌	动作支撑	腰部伸展	躯干伸展
腹直肌	动作支撑	腹部屈曲	仰卧起坐
腹内斜肌和腹外斜肌	转身和动作支撑	坐姿转体	转体仰卧起坐
颈屈肌和颈伸肌	动作支撑	颈部屈曲和颈部伸展	哑铃耸肩
胫前肌	踝关节功能		负重板脚趾抬高
腓肠肌	踝关节功能	提踵	哑铃提踵

表 9.9

“六大”滑雪强化训练

肌肉	固定器械训练	自由重量训练
股四头肌、腘绳肌、臀大肌	腿部推蹬	哑铃深蹲
髋内收肌	髋内收肌练习	哑铃登阶
髋外展肌	髋外展肌练习	哑铃登阶
胸大肌、三角肌和肱三头肌	胸部推举	哑铃仰卧推举
背阔肌、肱二头肌、三角肌后束、菱形肌和斜方肌	坐姿划船	哑铃单臂划船
腹内斜肌和腹外斜肌、腰部和腹部肌肉	坐姿转体	转体仰卧起坐

训练进度

如果客户使用推荐的每组 8 ～ 12 次动作重复，那么他们需要一个合理的训练进度。因为肌肉力量是逐渐发展的，所以连续训练之间不应该增加 5% 以上的负荷。中老年客户应该在他们能够以良好的形式完成 12 次动作重复之前，以固定的负荷量进行训练。然后，他们应该增加 5% 的负荷（通常为 0.45 ～ 2.3 千克）来进行下一次训练。使用双重渐进体系，首先增加动作重复次数，然后增加负荷量，是刺激肌肉力量持续增长的安全方法。

训练技巧

力量训练应以安全、高效的方式进行。在训练技巧方面，这意味着每次动作重复应使用最大的活动范围和适当的移动速度。

· 最大的活动范围。在抵抗阻力的运动范围内，肌肉力量能够得到很好的发展。要在整个关节运动中发展力量，必须在最大的活动范围内进行训练。也就是说，目标肌肉应该从完全伸展的位置运动到完全收缩的位置。

· 适当的运动速度。慢速力量训练比爆发式力量训练更有效率。慢速运动能比快速运动产生更多的肌肉力量和肌肉张力。较慢的运动速度不太重视动量，它更加强调目标肌肉。因为下坡滑雪主要是肌肉离心收缩，所以建议强调每次重复的负（降低）相位。我们的建议是每次动作重复用时 6 秒，向上动作阶段约用时 2 秒，向下动作阶段约用时 4 秒。

· 呼吸。客户必须在运动时保持流畅的呼吸，因为屏住呼吸可能导致血压升高及血流受阻。推荐的呼吸模式是在每次向上动作阶段呼气，并在每次向下动作阶段吸气。

滑雪者力量训练总结

当为滑雪者设计合理的力量训练计划时，建议仔细参阅以下训练指南。

运动选项： 包括表 9.8 中的练习或考虑表 9.9 中的练习，确保每个主要肌群至少包含 1 项练习。

组数： 每项练习做 1 组。

训练负荷： 1RM 的 70% ～ 80%。

动作重复次数： 8 ～ 12 次（可控、连续）。

训练进度： 可完成 12 次动作重复时，增加 5% 的负荷量（通常为 0.45 ～ 2.3 千克）。

速度： 合适，通常向上动作阶段用时 2 秒，向下动作阶段用时 4 秒。

运动范围： 全范围运动，但是应避免腿部推蹬运动出现姿势锁定。

训练频率： 一周训练 2 ～ 3 天，不连续，并且在当季每周训练 1 ～ 2 天。

需要时间： 每次训练 30 分钟，“六大”滑雪强化训练需 12 分钟。

网球运动员

网球是一项技术要求较高的运动。网球运动员需要具有极好的手眼协调能力、良好的敏捷性和敏锐的空间意识。除了身体和精神上的挑战之外，一场好的单打比赛可以提供无氧和有氧训练。技能对于顶级网球运动员来说至关重要，且技能的发展可使运动员在第二盘和第三盘中更容易保持体力，而这是获胜的关键因素。

健身有许多形式，健身训练是训练计划的具体内容。例如，通过拉伸练习来增加关节的柔韧性，通过有氧活动改善心血管耐力，通过抗阻训练增加肌肉力量等。当然，所有这些健身训练可能都有助于提升网球运动员的表现。不过，如果要专注于顶级网球运动员的身体训练的某个领域，那么最重要的无疑是力量训练。

关注

网球单打是中老年人能够以相对较高水平的技能和表现进行的运动之一，网球双打更具挑战性。中老年网球运动员的主要关注领域是打打停停及前后左右方向的运动，这些运动会对腿部、肩部、肘部和持球拍手臂的腕关节施加相当大的压力，以致它们可能因过度使用而受伤。适当的力量训练可以降低这些典型的网球伤害发生的风险，并增强网球运动员在运动过程中的表现力。

初级力量训练计划

网球比赛涉及很多肌肉骨骼的活动，包括腿部、腹部、上半身和手臂的肌肉。网球运动员应据此训练他们的主要肌群。这种方法保证了整体力量和肌肉的平衡发展，以增强运动能力并减少受伤的风险。进行表 9.10 所示的固定器械训练和自由重量训练，可以为客户准备好接受进一步的训练提供一个坚实的基础。

表 9.10

为网球运动员推荐的初级力量训练

肌肉	固定器械训练	自由重量训练
股四头肌	腿部伸展	哑铃登阶
腘绳肌	腿部屈曲	哑铃深蹲
胸大肌	坐姿夹胸	哑铃飞鸟
背阔肌	屈臂下拉	哑铃屈臂下拉
三角肌	侧平举	哑铃侧平举
肱二头肌	肱二头肌弯举	站姿哑铃弯举
肱三头肌	颈后臂屈伸	哑铃后伸
竖脊肌	腰部伸展	躯干伸展
腹直肌	腹部屈曲	仰卧起坐
颈屈肌和颈伸肌	颈部屈曲和颈部伸展	哑铃耸肩

这一训练是从锻炼腿部较大的肌肉开始，以锻炼颈部较小的肌肉结束的，这是推荐的顺序。只要客户以良好的姿势进行训练并使肌肉达到疲劳点，每项练习进行 1 组就已足够。因为训练强度是肌肉力量发展的关键，所以在 50 ～ 70 秒内，应该使用足够的阻力使目标肌肉疲劳。一般来说，这个阻力水平对应的最重负荷量应能使他们完成 8 ～ 12 次动作重复。

每次动作重复大约用时 6 秒，向上动作阶段约为 2 秒，向下动作阶段约为 4 秒。较慢的下降过程强调了负向肌肉收缩，使每组训练更加有效。客户应该在最大的活动范围内进行动作重复，以提高关节的完整性和柔韧性。

随着肌肉越来越强壮，逐步增加训练强度是必不可少的。最好通过逐步提高运动阻力来实现这一目标。当客户可以在 2 次连续的训练中完成 12 次动作重复时，负荷量便不再足以产生最大的力量优势。增加 5% 的负荷量（通常为 0.45 ～ 2.3 千克）后，该训练可以继续刺激力量的发展。

根据网球运动员的活动时间表，力量训练应该每周进行 1 ～ 2 次。研究表明，每周进行 2 次力量训练比 1 次力量训练更有效，但只要遵循推荐的力量训练指南，在赛季中每周进行 1 次力量训练就足够了。

高级力量训练计划

在完成为期两个月的初级力量训练之后，客户可能已准备好进行高级力量训练。其中有些可以替代入门训练，还有一些将作为网球运动的补充训练。

腿部肌肉

让我们从训练有力的腿部肌肉开始，较强的腿部力量有助于产生强有力的落地球及实现球场上的快速移动。用腿部推蹬替换腿部伸展和腿部屈曲，同时训练这些腿部肌群和臀肌，而不是分别训练股四头肌和腘绳肌。腿部推蹬允许使用更大的负荷量，是发展腿部力量的最佳运动。股四头肌、腘绳肌、髋内收肌和髋外展肌等在重量转换和横向运动方面起主要作用。大腿内侧和外侧的拮抗肌能够在髋内收肌练习和髋外展肌练习中得到较好的训练，应该将它们添加到客户的力量训练计划之中。

由于停止和前进的动作几乎都需要腿部肌肉持续发力和发挥减震作用，因此进行一些小腿肌肉的强化练习是明智的。小腿推举或站姿提踵对于锻炼小腿的腓肠肌和比目鱼肌是非常有效的，它们是对上肢运动的良好补充。

上腹部肌肉

腿部肌肉产生的力量是通过上腹部肌肉转移到上半身的。挥拍动作（触地击球和发球）涉及使用腹内斜肌和腹外斜肌。这些重要的肌肉可以在旋转训练机的作用下得到有效的加强。该机器顺时针工作时训练右侧腹内斜肌和左侧腹外斜肌，逆时针该机器训练左侧腹内斜肌和右侧腹外斜肌。为了全面训练腹部肌肉，可在腰部和腹肌训练机上进行坐姿转体练习。

上半身肌肉

参与挥拍动作的上半身肌肉主要是胸大肌、背阔肌、三角肌及手臂的肱二头肌和肱三头肌。虽然初级力量训练计划有单独针对这些肌肉的练习，但同时对一些肌肉进行训练可能是有益的。最好通过推拉运动来实现这个目标，如仰卧推举、坐姿划船、过顶推举运动和下拉运动等。

胸部推举和仰卧推举是能够同时加强胸大肌和肱三头肌的受欢迎的运动。坐姿划船和俯身划船可同时加强对侧背阔肌和肱二头肌。

过顶推举运动是同时训练肩部肌肉和肱三头肌的有效的训练方式之一。与这个运动相对应的是下拉运动，它可同时训练背阔肌和肱二头肌。

表 9.11 列出了为网球运动员推荐的高级力量训练。此训练应与初级力量训练以同样的方式进行，也就是说，每组完成 8 ～ 12 次动作重复。

表 9.11
为网球运动员推荐的高级力量训练

肌肉	固定器械训练	自由重量训练
股四头肌、腘绳肌和臀大肌	腿部推蹬	杠铃深蹲
髋内收肌	髋内收肌练习	哑铃登阶
髋外展肌	髋外展肌练习	哑铃登阶
腓肠肌和比目鱼肌	提踵	杠铃提踵
胸大肌和肱三头肌	胸部推举	杠铃仰卧推举
背阔肌、肱二头肌、三角肌后束、菱形肌和斜方肌	坐姿划船	哑铃单臂划船
三角肌和肱三头肌	肩上推举	哑铃仰卧推举
背阔肌和肱二头肌	高位下拉	滑轮下拉
竖脊肌	腰部伸展	躯干伸展
腹直肌	腹部屈曲	仰卧起坐
腹外斜肌和腹内斜肌	坐姿转体	转体仰卧起坐
颈屈肌和颈伸肌	颈部屈曲和颈部伸展	哑铃耸肩

手臂肌肉

尽管初级和高级力量训练计划都提供了多样化的练习和合理的伤害保护，但是客户应该采取更多的措施来保护在网球运动中容易遭受较大压力的特别脆弱的肌群。

较小的且容易受伤的肌群首先是环绕和稳定肩关节的肩部旋转肌群。

肩部旋转肌群位于三角肌下方，使我们能够以不同的姿势旋转手臂。向后旋转手臂，称为外旋，会使用小圆肌和冈下肌。向前旋转手臂，称为内旋，会使用肩胛下肌。手臂在肩关节处外展涉及冈上肌。环绕着肩关节的这 4 块肌肉，既能保证肩关节结构的稳定性，又能使手臂做出正手、反手和发球动作。

幸运的是，这 4 块相对较小的肌肉对适当的力量训练反应良好。不幸的是，大多数人没有对他们的肩部旋转肌群做任何特定的训练，这种情况是很危险的，因为对于网球运动员来说，肩部旋转肌群经常发生损伤，并且一旦损伤，通常需要很长的恢复期。

标准力量训练对肩部旋转肌群有益，客户应该每周至少进行 1 次训练，尤其是针对肩部旋转肌群。

训练肩部旋转肌群最好的方式是旋转肩器械运动，这是一个具有双重作用的运动，为肩部内外部旋转肌提供全范围的旋转阻力。

如果无法使用此器械，客户可以使用弹力带来强化这些重要肌肉。指导客户将弹力带系在门上，使其与腰部齐平，让客户右侧朝门站立，右肘紧贴右侧躯干，用右手拉起弹力带通过上腹部。这个练习能锻炼右侧肩内部旋转肌，如图 9.1 所示。接下来，让客户保持左肘紧贴左侧躯干，将弹力带从腹部拉开，以锻炼左侧肩外部旋转肌。让客户左侧朝门站，换另一只手重复这两个练习。旋转肌训练也可以用哑铃进行，如图 9.2 所示。在右侧完成肩内外部旋转肌运动后，让客户换左手重复练习。

在网球比赛中，网球运动员需要做大量的手腕动作，前臂肌肉很容易被过度拉紧，导致肘关节、腕关节受伤。前臂训练器械提供了 5 项单独的腕关节练习来训练所有的前臂肌肉。很少有比此器械更适合网球运动员的，特别是在增强握力和减少受伤的可能性方面。

如果无法使用此器械，卷腕器练习（见图 9.3）是一个较好的替代练习。只需将一个 2.3 千克的负重板绑在一根 60 厘米长的绳子的一端，绳子的另一端绑在一个圆形的木销上。让客户双手握住木销，顺时针转动手腕，使绳子缠绕在木销上并提起负重板，该练习可锻炼前臂屈肌；当重物触及木销时，让客户逆时针转动手腕放下绳子并降低重物，该练习可锻炼前臂伸肌。

如果客户每周打网球 3 ～ 4 天，那么在不打网球的日子里进行 2 天力量训练是可行的。该训练计划在每次活动后留下了足够的恢复时间。如果客户每天练习网球，力量训练应该在网球训练后 4 小时左右进行，以取得最佳效果。例如，如果客户每天上午 9 点到 11 点打网球，则你可以在下午 3 点左右安排他们进行力量训练，大多数情况下，推荐在 1 ～ 2 个等间隔的训练日进行力量训练。

记住，技能训练是提高网球运动员比赛效率的重要因素。然而，体能训练可以提高网球比赛的成绩。体能训练的基础是肌肉力量，一个健壮的网球运动员应该能有更好的运动表现。

（a） （b）

图 9.1 弹力带肩内旋练习：（a）起始姿势和（b）结束姿势

（a） （b）

图 9.2 哑铃肩外旋练习：（a）起始姿势和（b）结束姿势

图 9.3　卷腕器练习

网球运动员力量训练总结

当为网球运动员设计合理的力量训练计划时，建议仔细参阅以下训练指南。

训练选项： 包括表 9.10 的初级练习及 / 或表 9.11 的高级练习，确保每个主要肌群至少包括 1 项练习。

组数： 每项练习做 1 组。

训练负荷： 1RM 的 70% ～ 80%。

动作重复次数： 12 ～ 16 次（可控、连续）。

训练进度： 可完成 12 次动作重复时，增加 5% 的负荷量（通常为 0.45 ～ 2.3 千克）。

速度： 合适，通常向上动作阶段用时 2 秒，向下动作阶段用时 4 秒。

运动范围： 全范围运动，但是应避免腿部推蹬运动出现姿势锁定。

训练频率： 一周训练 2 次，不连续，并且客户在训练当天不打网球；或者一周同一天训练 2 次，中间至少间隔 4 小时。

需要时间： 约 25 分钟。

高尔夫球手

美国有超过5000万人喜欢打高尔夫球。如果你的客户像大多数高尔夫球手一样，想以更高的技术水平打高尔夫球且不受伤，那么完成精心设计的高级高尔夫球力量训练计划后，他们可以发挥得更好并持续更长的时间。

我们建议的高尔夫球训练方法是每周进行2次简短的训练，以为客户练习和进行他们喜欢的运动留下足够的时间。每次训练包括力量训练、伸展运动和任选的有氧运动。高尔夫球手一直避免进行力量训练，因为他们担心体重增加、肌肉过大、变得紧张、速度下降、协调能力下降、击球失误和错过更高的分数。但是我们的研究表明，进行正规力量训练的高尔夫球手获得了良好的训练效果（Westcott et al., 1996）。从表9.12可以看出，77名成年高尔夫球手完成历时8周的力量训练后，他们的健康状况、身体素质和击球能力得到了显著改善。他们的平均静息血压降低了4.5毫米汞柱，肌肉力量增加了50%以上，肌肉增加了1.8千克，脂肪减少了1.9千克，并且他们的杆头速度（驱动力）增加了6.1%。

该研究的关键之处包括以下几点。

· 柔韧性训练。我们的高尔夫球手在完成拉伸运动与力量训练计划后，杆头速度提高了很多。他们对主要肌群进行了6个基本的拉伸，拉伸部位包括大腿、髋部、腰部、上背部、胸部和肩部。每项柔韧性练习都缓慢进行，并在完全拉伸的位置保持20秒静止状态。

· 耐力训练。虽然我们的高尔夫球研究并没有涉及心肺训练，但我们建议客户在进行力量训练的同时定期进行有氧运动。在1～10级的强度范围内，热身和放松运动应以低强度（3～4级）进行，训练应以中等强度（6～8级）进行。让

表9.12

77名男性和女性高尔夫球手完成8周力量训练计划的结果

平均静息血压	降低	–4.5毫米汞柱
肌肉力量	增加	+56.0%
体重	减少	–0.1千克
脂肪百分比	降低	–2.0%
肌肉质量	增加	+1.8千克
脂肪质量	减少	–1.9千克
杆头速度	增加	+6.1%

表现力

简单来说，表现力等于肌肉力量乘以运动距离除以运动时间。也就是说，可以通过增加肌肉力量，增加挥杆距离或缩短挥杆时间来增强击球表现力。力量训练是增加肌肉力量的最佳手段，伸展运动是增加挥杆距离的最佳手段。缩短挥杆时间是一项比较复杂的任务，涉及实践和协调，但更强的肌肉和更高的关节柔韧度对这一目标的实现有促进作用。

表现力 = 肌肉力量 × 运动距离 ÷ 运动时间

客户选择他们喜欢的耐力运动（如步行、慢跑、骑自行车、踏步等）或组合运动以达到交叉训练的效果。虽然增强心血管耐力对高尔夫球运动的击球力量几乎没有直接的影响，但是通过提高客户的耐疲劳性，他们可以发挥得越来越好。因此，如果有时间，我们建议客户每周不连续地进行 3 次、每次 20 ～ 30 分钟的有氧运动。

关注

中老年高尔夫球手往往会出现背部、肩部、肘部、手腕及髋部的损伤。虽然这些损伤可能归因于过度使用，但更有可能是强有力的挥杆动作导致的。因此，中老年高尔夫球手必须进行足够的力量训练，以发展这些需要承受高水平压力的肌肉和关节结构。

力量训练计划

前述研究中的中老年高尔夫球手进行了 12 项基本练习，并取得了良好的成绩。所有的练习使用合适的速度（向上动作阶段时长 2 秒，向下动作阶段时长 4 秒），在最大的运动范围内运动并逐渐增加负荷量（每次的负荷增加量为 0.45 ～ 2.3 千克，完成 12 次动作重复）。每周可进行 2 次力量训练，但如果客户时间有限，那么每周进行 1 次力量训练也足够了。

下面介绍我们推荐的练习、训练原理和训练进度，以增加整体肌肉力量。我们从第一组肌肉——躯干肌肉开始进行训练，这有两点原因。第一，许多高尔夫球手都有腰部问题，这主要是由于其躯干肌肉较弱，特别是腰部的竖脊肌较弱。第二，躯干肌肉（腹肌）在将髋部和大腿肌肉产生的力量转移到产生挥杆动作的上半身肌肉的过程中起关键作用。这些肌肉可以通过固定器械训练（如腰部训练机、腹部训练机、旋转训练机）或自重训练（如躯干伸展、仰卧起坐、转体仰卧起坐等）进行锻炼，如表 9.13 所示。

高尔夫球手应该加强的第二组肌肉是大腿和臀部的肌群。大腿前侧肌肉（股四头肌）和大腿后侧肌肉（腘绳肌）是产生力量的主要部位，特别是与臀部的臀

表 9.13

为高尔夫球手推荐的力量训练：

针对躯干肌肉

肌肉	固定器械训练	自重训练
腰部肌肉	腰部伸展	躯干伸展
腹部肌肉	腹部屈曲	仰卧起坐
腹外斜肌和腹内斜肌	坐姿转体	转体仰卧起坐

大肌相结合处。腿部推蹬和深蹲运动是加强这些肌群的理想选择。因为重心移动和推臀动作是强有力的击球动作的关键组成部分，所以我们建议对大腿内侧肌肉（髋内收肌）和大腿外侧肌肉（髋外展肌）进行专门的力量训练。表 9.14 列出了推荐的针对大腿和臀部肌肉的练习。

为增加高尔夫球手的击球力量而应该训练的第三组肌肉是上半身肌肉，包括胸肌（胸大肌）、上背部肌肉（背阔肌）和肩部肌肉（三角肌）。这些肌肉不仅可产生手臂的挥杆动作，而且可控制肩关节的运动。因此，胸大肌、背阔肌和三角肌应以均衡的方式进行加强。表 9.15 列出了推荐的上半身肌肉训练（胸部推举、高位下拉、侧平举或哑铃仰卧推举、哑铃单臂划船、哑铃侧平举）。

另外，如果时间允许，我们建议中老年高尔夫球手对手臂和颈部的肌肉进行

表 9.14

为高尔夫球手推荐的力量训练：

针对大腿和臀部肌肉

肌肉	固定器械训练	自由重量训练
股四头肌、腘绳肌和臀大肌	腿部推蹬	哑铃深蹲
髋内收肌	髋内收肌练习	哑铃登阶
髋外展肌	髋外展肌练习	哑铃登阶

表 9.15

为高尔夫球手推荐的力量训练：

针对上半身肌肉

肌肉	固定器械训练	自由重量训练
胸大肌和肱三头肌	胸部推举	哑铃仰卧推举
背阔肌和肱二头肌	高位下拉	哑铃单臂划船
三角肌	侧平举	哑铃侧平举

特定的力量训练。上臂前侧肌肉（肱二头肌）和后侧肌肉（肱三头肌）参与对球杆的控制，它们对产生连贯的挥杆动作至关重要。虽然肱三头肌在胸部推举和哑铃仰卧推举运动中得到了锻炼，但我们建议进一步针对此肌群进行额外的训练。同样，虽然肱二头肌在下拉和哑铃单臂划船运动中得到了锻炼，但我们建议进行更为专业的针对肱二头肌的锻炼。推荐的手臂练习（颈后臂屈伸和肱二头肌弯举，或者仰卧哑铃肱三头肌屈伸和站姿哑铃弯举）在表 9.16 中列出。

头部稳定性是成功掌握手眼协调的运动技巧的基本条件。因此，我们认为颈部训练是高尔夫球手力量训练计划的重要组成部分。我们推荐的颈部练习（颈部屈曲和颈部伸展或哑铃耸肩）已在表 9.16 中列出。

我们建议中老年高尔夫球手在每次锻炼时按照表 9.17 列出的顺序进行整套的

表 9.16

为高尔夫球手推荐的力量训练：
针对手臂和颈部肌肉

肌肉	固定器械训练	自由重量训练
肱三头肌	颈后臂屈伸	仰卧哑铃肱三头肌屈伸
肱二头肌	肱二头肌弯举	站姿哑铃弯举
颈屈肌和颈伸肌	颈部屈曲和颈部伸展	哑铃耸肩

表 9.17

高尔夫球手力量训练推荐顺序

固定器械训练	自由重量训练
腿部推蹬	哑铃深蹲
髋内收肌练习	哑铃登阶
髋外展肌练习	哑铃登阶
胸部推举	哑铃仰卧推举
高位下拉	哑铃单臂划船
侧平举	哑铃侧平举
颈后臂屈伸	仰卧哑铃肱三头肌屈伸
肱二头肌弯举	站姿哑铃弯举
腰部伸展	躯干伸展
腹部屈曲	仰卧起坐
坐姿转体	转体仰卧起坐
颈部屈曲和颈部伸展	哑铃耸肩

运动。客户应该以适中的速度进行训练，向上动作阶段大约为 2 秒，向下动作阶段大约为 4 秒。

只要无不适感，客户就可以在最大的关节活动范围内进行动作重复。

中老年高尔夫球手应该以一定的运动阻力进行训练，以在完成 8 ～ 12 次动作重复时达到瞬时肌肉疲劳。当他们在 2 次连续的训练中可以用正确的技术完成 12 次动作重复时，将负荷量增加 5%（通常为 0.45 ～ 2.3 千克）。虽然每周锻炼 1 次是足够的，但客户可以通过每周不连续的 2 次训练，以更快的速度改善肌肉健康状况和增强击球能力。 要准确记录客户的训练信息，分析他们的击球能力与其力量增长的关系。

高尔夫球手力量训练总结

当为高尔夫球手设计合理的力量训练计划时，建议仔细参阅以下训练指南。

训练选项： 包括表 9.13 ～表 9.16 中的练习，针对上半身、大腿、臀部、躯干、手臂和颈部的肌肉进行练习，确保每个主要肌群至少包括 1 项练习。

组数： 每项练习做 1 组。

训练负荷： 1RM 的 70% ～ 80%。

动作重复次数： 8 ～ 12 次（可控、连续）。

训练进度： 可完成 12 次动作重复时，增加 5% 的负荷量（通常为 0.45 ～ 2.3 千克）。

速度： 合适，通常向上动作阶段用时 2 秒，向下动作阶段用时 4 秒。

运动范围： 全范围运动，但是应避免腿部推蹬运动出现姿势锁定。

训练频率： 一周训练 2 天，不连续。

需要时间： 约 25 分钟。

攀岩者和登山者

攀岩和登山运动正成为受中老年人欢迎的娱乐活动。进行这些具有挑战性的运动需要拥有相对较高水平的肌肉力量。

几年前，我们对攀岩运动带来的生理益处进行了一些研究，使用机械攀岩设备收集了每个运动阶段的数据（Westcott，1992）。30 名男性和女性在循环式攀岩机上每天训练 20 分钟，每周 2 天，为期 8 周。这种相当有限的模拟攀岩显著改善了训练者的肌肉力量、关节灵活性和心血管耐力。

至少可以说，我们对常规攀岩运动相关的身体适应性印象深刻。

当然，攀岩运动也有另一面。由于这是一项具有肌肉挑战性的高强度运动，因此我们建议事先进行体能训练，尤其是全面的力量训练。

关注

攀岩运动涉及大多数主要肌群，但是，与几乎所有的身体活动一样，其中一些肌肉比其他肌肉参与度更高。握岩石动作对前臂肌肉造成了很大的压力，增加了肘部和手腕受伤的可能性。攀岩运动也需要臀部、大腿和小腿肌肉保持持续紧张，以及相当高的核心稳定性。

力量训练计划

因为攀岩运动几乎涉及所有的主要肌群，所以我们建议进行一个全面的力量训练。精心设计的力量训练计划应该涉及针对腿部、躯干、上腹部、手臂、颈部和前臂肌肉的练习。虽然前臂肌肉通常不被认为是主要的肌肉，但抓握能力对于成功攀岩尤其重要。表 9.18 列出了我们推荐的单关节练习，它们可以有效地、有针对性地训练与攀岩运动有关的目标肌肉。这些练习通常在力量器械上进行。

表 9.19 列出了推荐的替代练习，主要是多关节练习，可同时训练几个肌群。固定器械训练包括腿部推蹬、胸部推举、坐姿划船、上斜板仰卧推举、高位下拉、肩上推举、辅助式引体向上、辅助式双杠臂屈伸、坐姿转体、前臂伸展和前臂屈曲练习。自由重量训练包括深蹲、仰卧推举、哑铃单臂划船、上斜板仰卧推举、下拉、过顶推举、引体向上、双杠臂屈伸、转体仰卧起坐和卷腕器练习。

训练频率

一般建议力量训练的频率是每周 3 次，最新研究表明，这种方法在新手训练者中产生了良好的效果。但是，一些相同的研究显示，这与每周进行 2 次训练的肌肉发育状况基本相同。客户应通过每周训练 2 天或 3 天获得类似的力量。要确保连续 2 次训练的间隔至少为 48 小时，以使肌肉得到充分恢复。

表 9.18
推荐的单关节练习：
针对在攀岩和登山中使用的目标肌肉

肌肉	训练
股四头肌	腿部伸展
腘绳肌	腿部屈曲
髋内收肌	髋内收肌练习
髋外展肌	髋外展肌练习
胸大肌	坐姿夹胸
背阔肌	屈臂上拉
三角肌	侧平举
肱二头肌	肱二头肌弯举
肱三头肌	颈后臂屈伸
竖脊肌	腰部伸展
腹直肌	腹部屈曲
颈伸肌	颈部伸展
颈屈肌	颈部屈曲
前臂伸肌	前臂伸展
前臂屈肌	前臂屈曲

表 9.19
推荐的多关节替代练习：
针对在攀岩和登山中使用的目标肌肉

肌肉	固定器械训练	自由重量训练
股四头肌、腘绳肌和臀大肌	腿部推蹬	哑铃深蹲
胸大肌、三角肌前束和肱三头肌	胸部推举	仰卧推举
背阔肌、三角肌后束和肱二头肌	坐姿划船	哑铃单臂划船
三角肌后束、胸大肌和肱三头肌	上斜板仰卧推举	上斜板仰卧推举
背阔肌、三角肌后束和肱二头肌	高位下拉	下拉
三角肌、肱二头肌和斜方肌上部	肩上推举	过顶推举
背阔肌、三角肌后束和肱二头肌	辅助式引体向上	引体向上
胸大肌、三角肌前束和肱三头肌	辅助式双杠臂屈伸	双杠臂屈伸
腹外斜肌和腹内斜肌	坐姿转体	转体仰卧起坐
前臂伸肌	前臂伸展	卷腕器练习
前臂屈肌	前臂屈曲	卷腕器练习

组数

研究已经清楚地表明，单组力量训练对于刺激肌肉发育是高效的。尽管运动员如果愿意，肯定会完成更多组练习，但是进行 1 组良好的练习就可以获得优异的成绩。如果一个人执行表 9.18 列出的 15 项练习，每项练习执行 1 组，假设每组约 1 分钟，练习间隔约 1 分钟，则整个力量训练将需要约 30 分钟。

训练负荷

我们建议在进行抗阻训练时，允许重复动作至少 8 次但不超过 12 次。如果客户不能完成 8 次动作重复，则应减少负荷，如果客户可以完成 13 次或更多次动作重复，那么负荷应增加 5%。大多数中老年人可以用约 1RM 的 80%的负荷完成 8 次动作重复，并且用约 1RM 的 70%的负荷完成 12 次动作重复，这是一个非常有效的发展肌肉力量的训练负荷量范围。

动作重复次数

显然，肌肉耐力在攀岩运动中起着重要的作用，因此，强调低阻力，多动作重复次数的力量训练计划可能是吸引人的。虽然这种方法是可以接受的，但是我们的研究显示，执行每组 8 ～ 12 次动作重复的标准训练计划后，肌肉力量和耐力都有很好的改善。实际上，当动作重复次数较少（5 ～ 10 次）或较多（15 ～ 20 次）时，我们发现力量发展没有显著的差异，这表明达到肌肉疲劳点时，各种动作重复次数的方案都是有效的。为了以有效的方式增加肌肉力量和增强肌肉耐力，我们建议执行 8 ～ 12 次动作重复的标准方案。

训练选项

如果客户采用固定器械训练，可以考虑以下倾向于针对特定肌群的单关节练习。在表 9.18 中，这些练习包括腿部伸展、腿部屈曲、髋内收肌练习、髋外展肌练习、坐姿夹胸、屈臂上拉、侧平举、肱二头肌弯举、颈后臂屈伸、腰部伸展、腹部屈曲、颈部伸展、颈部屈曲、前臂伸展和前臂屈曲。如果客户喜欢固定器械或自由重量训练，也可进行多关节练习，我们建议进行腿部推蹬、胸部推举、坐姿划船或哑铃深蹲、仰卧推举、哑铃单臂划船等（见表 9.19），以及标准自重上腹部运动（躯干伸展和转体仰卧起坐）。

训练进度

我们推荐的训练进度是当客户在 2 次连续训练中可以用正确的形式完成 12 次动作重复时，将负荷量提高 5%。该方式体现了训练计划的双重渐进，首先增加动作重复次数，其次增加训练负荷量。

速度

由于攀岩运动的张力性，我们建议以中等速度的向上动作和向下动作进行训练，这样能够更有效地发展肌肉力量。训练者不应进行快速、高速冲击的连续运动，而应以受控的速度保持对目标肌群的持续张力。虽然每次动作重复用时 6 秒（向上动作阶段约为 2 秒，向下动作阶段约为 4 秒）应该是足够的，但中老年攀岩者在重复动作时可能会更慢地进行，以获得更大的好处。

运动范围

适当的力量训练提高了关节的柔韧性。显然，关节的柔韧性与关节的最大活动范围相关。换句话说，客户应尽可能地在最大的运动范围内训练目标肌肉。

应用

虽然力量训练显然是有利于攀岩运动的，但它带给训练者的登山表现的好处并不明显。一般来说，登山者应该有一个强大和平衡的肌肉系统，以在各种上下坡道和山腰行走。因此，登山者的基本力量训练与攀岩者的类似，目标肌肉应包括股四头肌、腘绳肌、髋内收肌、髋外展肌、胸大肌、背阔肌、三角肌、肱二头肌、肱三头肌，以及腰部、腹肌和颈部肌肉。考虑到这一点，表 9.18 中列出的单关节练习和表 9.19 中列出的多关节练习也适用于登山者，尽管前臂练习与此活动不太相关。

登山运动的性质决定了力量

体重

当然，攀岩者不希望有任何额外的负重，他们必须克服自身体重爬上悬崖峭壁的边缘。力量训练将增加肌肉质量，类似于从六缸发动机改造为八缸发动机。除了增加肌肉质量，力量训练通常会导致同等（或更大）脂肪重量的减少。有数百名参与者的研究表明，10 周的力量训练使他们增加了 1.4 千克的肌肉，并减少了 1.8 千克的脂肪（Westcott，2009）。换句话说，力量训练可以改善客户的身体成分（更多的肌肉和更少的脂肪），而不增加其体重，这会增强他们的运动能力和改善攀登表现。

训练的技巧非常重要。例如，徒步登山是一项艰苦的运动，会对大腿肌肉造成相当大的压力。但徒步下山可能会更加困难，因为它会对大腿肌肉造成更大的压力。徒步下山运动强调肌肉离心收缩，这种收缩可以减轻重力，防止登山者在下山时跌倒。肌肉离心收缩会对组织造成更多的微创伤，并且经常导致登山者在活动后的第二天出现肌肉酸痛。

按此理解，登山者在力量训练中强调肌肉离心收缩似乎是有用的。因为过度的肌肉超负荷会导致严重的组织损伤，我们不赞成中老年训练者用比正常负荷大的负荷量进行离心训练。但是，我们建议他们执行精心控制的向下动作，以强调每次动作重复的离心阶段。例如，如果训练者在 2 秒内提起负荷并在 4 ～ 6 秒内降低负荷，则可充分进行肌肉离心收缩。这种技术会提升整体的训练效果，并且可以在上坡和下坡的运动中转化为更好的肌肉反应。

因为登山者经常背着包，所以他们需要发展出强壮的上腹部、下半身和上半身的肌肉，尤其是强壮的腿部肌肉。只要客户以合理的强度进行力量训练，完成推荐的训练计划就足够了。当训练负荷量足以使目标肌群在 8 ～ 12 次受控的动作重复中达到疲劳，每项练习做 1 组就已非常有效。每周 20 ～ 30 分钟的训练会产生极好的肌肉力量。这个训练计划是提升高运动表现和改善身体素质的重要部分。

攀岩者和登山者力量训练总结

当为攀岩者和登山者设计合理的力量训练计划时，建议仔细参阅以下训练指南。

训练选项：包括表 9.18 和表 9.19 列出的单关节和多关节练习，确保每个主要肌群至少有 1 项练习。

组数：每项练习做 1 组。

训练负荷：1RM 的 70% ～ 80%。

动作重复次数：8 ～ 12 次（可控、连续）。

训练进度：可完成 12 次动作重复时，增加 5% 的负荷量（通常为 0.45 ～ 2.3 千克）。

速度：合适，通常向上动作阶段约为 2 秒，向下动作阶段约为 4 秒。

运动范围：全范围运动，但是应避免腿部推蹬运动出现姿势锁定。

训练频率：一周训练 2 ～ 3 次，不连续。

需要时间：约 30 分钟。

铁人三项运动员

一般认为，更强壮的运动员会发挥得更好。对于足球、篮球、棒球等运动，大多数人会同意力量训练是非常有益的。但是当涉及游泳、骑自行车和跑步等耐力活动时，大家的意见则有所不同。事实上，有人认为有氧运动员需要尽可能瘦，力量训练只会使他们变得更壮，而不是更好。

虽然很少有成功的铁人三项运动员体重超过 90 千克，但是担心变得体形过大和过于强壮基本上是毫无根据的。首先，顶级铁人三项运动员通常有较瘦的体形。也就是说，他们具有线性体形，坚实而修长。比较而言，他们的脂肪和肌肉含量相对较低。因为他们的外胚层脂肪细胞较少，所以他们不容易增加脂肪；由于他们的肌肉细胞较少，因此他们不易形成肌肉。换句话说，瘦形体质者不具有发展大型肌肉的遗传潜力。

但是，他们可以通过一个合理的力量训练计划变得更加精瘦和强壮。例如，假设汤姆重 68 千克，体脂百分比为 10%。因此，他的脂体重（脂肪）约为 7 千克，瘦体重（去脂体重）约为 61 千克。经过 10 周的定期力量训练，汤姆仍然重 68 千克。但是，他增加了 1 千克肌肉，瘦体重为 62 千克，并且损失了 1 千克脂肪。虽然他的体重不变，但是他现在的体脂百分比约为 8.8%，他比以前更精瘦了。

可以这样比喻，汤姆从六缸发动机变成了八缸发动机。虽然他的体重不变，但是他增强了自己的动力，运动表现可达到更高的水平。大功率对于耐力项目及短跑项目至关重要。由于功率等于功除以时间，因此，能在最短时间内完成铁人三项（功）的人是最强大的运动员，也是赢家。

肌肉是身体的引擎。但与汽车发动机不同，肌肉在移动和休息时都会使用能量（用于维护和修护）。定期进行力量训练会使静息代谢率提高约 7%，即每天休息时可多燃烧 100 千卡的能量。其他时候的能量消耗是相同的，这个差异相当于维持正常的代谢功能时，每个月的脂肪减少量将增加近 0.45 千克。

显然，铁人三项运动员通过力量训练发展更强壮的肌肉不会有什么损失，而且可以获得更多的好处。虽然好处不是很明显，但是设计精良的力量训练计划的最大好处可能是铁人三项运动员能够降低意外事件发生的风险。这里指的是许多铁人三项运动员可能遭受的各种过度损伤。游泳、骑自行车和跑步都强调使用某些肌肉，因此脚部、膝盖、髋部、背部、肩部和颈部的关节结构可能会变得易受肌肉骨骼问题的影响。进行综合力量训练，可以防止许多潜在的肌肉过度使用和发展不平衡的问题发生。

例如，游泳相对于肩部屈曲和外展（从空中收回手臂）而言，更强调肩部伸直和内收动作（在水面上划手臂）。因此，较强的胸大肌和背阔肌倾向于压制较弱的三角肌，这往往会导致肩部受伤，特别是在脆弱的肩回旋肌部位。

此外，一些肌肉需要被显著地强化才能提升运动表现。许多骑行者长时间骑行时，其颈部肌肉会有不适感。对骑行者及游泳者而言，更强的颈部肌肉可能是非常有益的。请记住，每次身体活动都会使用一定百分比的最大肌肉力量。随着客户最大肌肉力量的增加，他们在任何次最大努力下进行持续工作的能力也会增加，包括游泳、骑自行车和跑步等。

关注

对铁人三项动作员而言，力量训练有什么缺点吗？有，主要指训练时间和恢复能力方面的缺点。因为铁人三项是需耗费大量的时间和能量的有氧活动，很少有人可以再进行力量训练。对大多数铁人三项运动员来说，每天进行 1 小时的局部肌群力量训练会适得其反。

铁人三项运动员必须采取合理的方法进行力量训练。与找出其他客户在疲惫之前可以承受多少力量训练相反，健身指导员应该确定铁人三项客户需要多少力量训练来实现肌肉骨骼系统的逐步加强和竞争能力的增强。

力量训练计划

铁人三项运动员应该采用安全有效的力量训练计划。也就是说，铁人三项运动员不应该进行高风险的运动或高速的运动，因为这些活动通常会降低训练的安全性。他们应该考虑进行单组力量训练，因为这种训练需要的时间和能量更少。研究表明，单组力量训练对力量发展是有效的，而且比多组力量训练耗时更少。

大多数人认为，耐力运动员应该比力量运动员以更多的动作重复次数进行力量训练，在某种程度上这个想法是正确的。耐力运动员通常具有相对较高比例的慢缩型肌纤维，其疲劳感产生较慢并且其对动作重复次数多的力量训练反应良好。因此，我们建议耐力运动员每组完成 12 ～ 16 次动作重复。

当然，一个人的速度决定了其完成 12 ～ 16 次动作重复所需的时间。研究表明，每次动作重复用时 6 秒对于发展肌肉力量而言既安全又高效。每次动作重复用时 6 秒，12 ～ 16 次动作重复需 72 ～ 96 秒。因为肌肉可以在离心收缩（向下动作阶段）中产生比向心收缩（向上动作阶段）更多的力，我们建议向上动作阶段用时 2 秒，向下动作阶段用时 4 秒。

为了确保肌肉平衡发展，必须对所有的主要肌群进行训练。因此，为中老年客户制订的基本的铁人三项力量训练计划可能包括表9.20列出的固定器械训练、自由重量或自重训练。

表 9.20
为铁人三项运动员推荐的力量训练计划

肌肉	固定器械训练	自由重量或自重训练
股四头肌	腿部伸展	深蹲
腘绳肌	腿部屈曲	深蹲
腰部肌肉	腰部伸展	躯干伸展
腹部肌肉	腹部屈曲	仰卧起坐
胸部肌肉	胸部推举	仰卧推举
上背部肌肉	坐姿划船	哑铃单臂划船
肩部肌肉	侧平举	过顶推举
肱二头肌	肱二头肌弯举	站姿哑铃弯举
肱三头肌	颈后臂屈伸	仰卧哑铃肱三头肌屈伸

我们建议中老年铁人三项运动员每周进行2次力量训练，因为针对力量训练频率的研究显示，每周进行2次与每周进行3次训练同样有效（Westcott et al.，2009）。

在客户掌握了基本的练习之后，可以增加一些专门的练习，以进一步提高其运动表现水平。例如，我们建议铁人三项运动员使用四向颈部器械，以加强最重要和最脆弱的肌群之一——颈部肌群。更强的颈部肌群有助于提高游泳和骑自行车的运动表现水平，也可以增强跑步能力。

腹斜肌也需重点训练。这些肌肉在自由泳的转动动作中被广泛使用。为加强腹内斜肌和腹外斜肌，我们可选择进行坐姿转体或转体仰卧起坐练习。

因为肱三头肌在游泳时被动态使用，在骑自行车时被静态使用，所以它可能需要一些额外的训练。双杠臂屈伸可锻炼肱三头肌，可以让客户着重练习。随着客户变得更强壮，可以增加外部阻力以增加训练强度。确保客户不会在运动过程中下降得太低，否则可能会过度压紧肩关节。当肘部成直角时，建议停止向下运动。

此外，铁人三项运动都有大腿肌肉的参与，安全地增加腿部肌肉力量是非常重要的。精心设计的腿部推蹬能够同时训练股四头肌、腘绳肌和臀肌，可以替代腿部伸展和腿部屈曲。深蹲及腿部推蹬为所有主要的腿部肌肉提供了极好的力量刺激。

铁人三项运动力量训练总结

当为铁人三项运动员设计合理的力量训练计划时，建议仔细参阅以下训练指南。

训练选项：包括表 9.20 中的练习，确保每个主要肌群至少有 1 项练习。

组数：每项练习做 1 组。

训练负荷：1RM 的 60% ～ 70%。

动作重复次数：12 ～ 16 次（可控、连续）。

训练进度：可完成 16 次动作重复时，增加 5% 的负荷量（通常为 0.45 ～ 2.3 千克）。

速度：合适，通常向上动作阶段用时 2 秒，向下动作阶段用时 4 秒。

运动范围：全范围运动，但是应避免腿部推蹬运动出现姿势锁定。

训练频率：一周训练 2 ～ 3 次，不连续。

需要时间：约 30 分钟。

划船者

如果客户喜欢皮艇、划艇或赛艇运动，那么本节的信息将有助于提升其划船或划桨表现，并降低肌肉过度使用和不平衡发展的风险。当然，重要的目标是加强这些活动中使用的肌肉，以实现更强有力的划船或划桨行动。要做到这一点，我们将专注于专门针对划船动作涉及的肌肉的练习。同样重要的目标是加强这些活动中未使用的肌肉，特别是必须平衡与原动肌相对的并在数千次重复划船动作中保持关节完整性的拮抗肌。也就是说，划船者需要一个健全和合理的力量训练计划，用于综合训练肌肉骨骼。当我们意识到在划船和划桨活动中实际有多少肌肉组织参与时，这个指导就变得显而易见了。

我们首先对划船动作涉及的肌群进行基本分析，并推荐可以有效地加强肌肉骨骼系统的抗阻练习。划船运动的第 1 个动作是腿部伸展，从伸直膝盖的肌肉开始。这个动作涉及大腿前侧的股四头肌。第 2 个且几乎与腿部伸展同时进行的动作是髋关节伸展，其通过臀部和大腿后侧的拮抗肌，即腘绳肌和臀大肌的收缩实现。针对股四头肌的最佳练习是腿部伸展，针对腘绳肌的最佳练习是腿部屈曲（坐姿或俯卧撑）。腿部推蹬（固定器械训练）或深蹲（自由重量训练）练习可以同时有效地锻炼股四头肌、腘绳肌和臀大肌。针对腿部肌肉的练习应在力量训练计划中最先被执行（见表 9.21），因为腿部肌肉负责产生每次划船动作的初始动力。

划船运动的第 3 个动作是由腰部肌肉收缩产生的躯干伸展。虽然竖脊肌能够变得非常强壮，但是腰部是许多人的身体的脆弱区域。因此，中老年人必须以安全和渐进的方式训练这些重要的肌肉，以减少强化过程中受伤的风险。毫无疑问，安全发展更强壮的腰部肌肉的最佳方法是使用腰部训练机。然而，为了确保全面地训练腰腹部，应该将腰部训练与腹部训练机和旋转训练机训练相结合。这 3 项练习分别锻炼了后背部的竖脊肌及腹部的腹直肌、腹内斜肌和腹外斜肌。如果无法使用这些器械，那么躯干伸展、仰卧起坐和转体仰卧起坐也是腰腹部训练的极好选择。这些腹部肌肉参与了从下半身到上半身的有效的力量传递，每次力量训练都应该包括针对这些肌肉的练习。我们建议把腹部练习放在每次训练的末尾（见表 9.21）。

划船运动的另一个动作是手臂拉动，用桨划水并推动船前进。虽然这一动作总

表 9.21

为增加划船或划桨力量推荐的力量训练

肌肉	划船相关动作	固定器械训练	自由重量训练
股四头肌	力量产生	腿部伸展	哑铃登阶
腘绳肌	力量产生	腿部屈曲	哑铃登阶
股四头肌、腘绳肌和臀肌	力量产生	腿部推蹬	深蹲
背阔肌和大圆肌	手臂拉动	屈臂下拉、坐姿划船	下拉、哑铃单臂划船
肱二头肌	手臂拉动	肱二头肌弯举	站姿哑铃弯举
胸大肌、三角肌前束和肱三头肌	关节完整性	胸部推举	杠铃仰卧推举
三角肌前束、三角肌中束和肱三头肌	关节完整性	肩上推举	哑铃仰卧推举
肱三头肌	关节完整性	颈后臂屈伸	仰卧哑铃肱三头肌屈伸
腹内斜肌和腹外斜肌	力量传递	坐姿转体	转体仰卧起坐
腹直肌	力量传递	腹部屈曲	仰卧起坐
竖脊肌	力量传递	腰部伸展	躯干伸展

是具有挑战性，但是在适当的时机，手臂拉动要容易得多，这样它就能紧跟躯干伸展动作。手臂拉动的原动肌是背部的背阔肌和大圆肌、肩部的三角肌后束，以及手臂的肱二头肌。肩部后缩肌（斜方肌的上部和中部及菱形肌）也提供了帮助。屈臂下拉训练能有效地、有针对性地训练背阔肌和大圆肌，复合划船器可以有效地训练三角肌后束、肱二头肌、斜方肌上部、斜方肌中部和菱形肌。使用肱二头肌练习器可以获得额外的肱二头肌训练。这些练习应按表 9.21 所示的顺序执行。为了确保肌肉平衡发展和上半身的关节完整性，中老年划船者还应对拮抗肌，即胸大肌、三角肌前束和中束、肱三头肌进行训练。在表 9.21 中，胸部推举、肩上推举和颈后臂屈伸练习能够达到这一目的，这些练习应包括在中老年划船者的力量训练计划中。如果自由重量训练是首选，我们推荐针对上半身肌肉的下拉、俯身划船和站姿哑铃弯举练习，以及针对拮抗肌的仰卧推举、哑铃仰卧推举和颈后臂屈伸练习。

所有的力量训练应该每周进行 2 天或 3 天，通常全身训练可以在 25 分钟内完成。每项练习正确进行 1 组应该已经足够。在每组练习之间应该设置大约 1 分钟的恢复时间。适当的运动表现的特点是每次以全运动范围和慢动作速度进行连续运动。我们建议每次动作重复花费约 6 秒，向上动作阶段约为 2 秒，向下动作阶段约为 4 秒。划船者应该使用足够的阻力来使无氧能量系统内的目标肌肉疲劳，通常在 50 ～ 70 秒的范围内。每次动作重复用时 6 秒，此持续时间对应完成 8 ～ 12

划船者力量训练总结

当为划船者设计合理的力量训练计划时，建议仔细参阅以下训练指南。

训练选项：包括表 9.21 中的练习，确保每个主要肌群至少有 1 项练习。

组数：每项练习做 1 组。

训练负荷：1RM 的 70% ～ 80%。

动作重复次数：8 ～ 12 次（可控、连续）。

训练进度：可完成 12 次动作重复时，增加 5% 的负荷量（通常为 0.45 ～ 2.3 千克）。

速度：合适，通常向上动作阶段用时 2 秒，向下动作阶段用时 4 秒。

运动范围：全范围运动，但是应避免腿部推蹬运动出现姿势锁定。

训练频率：一周训练 2 ～ 3 次，不连续。

需要时间：约 25 分钟。

次动作重复。当客户可以在 2 次连续的训练中正确完成 12 次动作重复时，负荷量应该增加 5%（或更少）。对于大多数练习，负荷增加量为 0.45 ～ 2.3 千克，这当然会减少可以完成的动作重复次数。客户应进行强度较高的抗阻训练，直到他能再次完成 12 次动作重复，然后可以在下一次训练中适当增加负荷量。记录客户所有的训练信息，以达到激励的目的。

垒球运动员

垒球是越来越受欢迎的中老年团队运动，它涉及投球、击球和短跑动作。优秀的垒球运动员必须具有良好的眼手协调能力和高水平的表现力。垒球运动不太强调心血管耐力，但肌肉力量是增强投球、击球和短跑能力的关键因素。我们来看看这项运动中使用的主要肌群，以及更适合垒球运动员的力量训练。

投球

投掷一般被看作一项手臂运动，优秀的投掷者要有强壮的双臂。虽然伸展肘部来传递球的动作涉及肱三头肌，但是肩背部肌肉在背阔肌的帮助下也可完成投掷动作，特别是胸大肌和三角肌。由手臂和上半身施加的推进力是全身运动的 3 个阶段中的最后阶段。

第一阶段是腿部肌肉的力量产生，投掷者向前移动，臀部朝着投掷方向移动。这一动作是涉及股四头肌、腘绳肌、髋内收肌、髋外展肌及臀肌的一体化运动。

第二阶段是从下半身到上半身的平稳有效的力量传递。这个任务是由腹部肌肉，也就是腹内斜肌、腹外斜肌、腹直肌和竖脊肌完成的。这些肌肉一起工作时，会以高扭矩向前转动躯体，从而引发投掷臂的挥动动作。表 9.22 列出了投球相关的肌肉、动作和推荐练习。

击球

挥动球棒实际上是一个类似于投球的动作，球棒是手臂的延伸。击球是一个三段式的身体协调运动，从迈步开始，随后转身，最后完成挥动。迈步和转身使用的是与投球相同的肌肉和运动模式。

挥动是水平的动作，涉及手臂和几乎所有的上半身肌肉。对于习惯用左手的击球手而言，其左臂通过三角肌后束、背阔肌和肱三头肌的强力收缩来提供大部分的击球力，右臂通过胸大肌、三角肌前束和肱三头肌进行辅助。为了训练这些肌肉，应该为客户的垒球训练计划增加两个多肌肉练习（见表 9.22）。坐姿划船涉及三角肌后束、背阔肌和肱二头肌，并应在屈臂下拉训练之后进行，即先使背阔肌疲劳，以获得最佳的训练效果。胸部推举练习涉及胸大肌、三角肌前束和肱三头肌。客户应在进行坐姿夹胸练习后进行胸部推举练习，以使得胸大肌的预先疲劳训练效果最大化。

短跑

虽然冲刺速度在很大程度上体现的是一种固有的神经肌肉能力，但是力量训练可以提升运动表现。与投球和击球相关的针对腿部肌肉的练习也有助于提高跑垒速度和防守速度。为了加强短跑中使用的臀部屈肌，在进行腹部器械训练时，请务必让客户将脚放在踝关节固定垫后面。

力量训练计划

在休赛期，建议每周进行不连续的 2 次力量训练；在赛季，每周锻炼 1 次或 2 次就应该足够。客户需要在 30 分钟内完成每次训练中的 15 项练习。

客户应以良好的形式将每项练习进行 1 组，练习中强调中等运动速度和最大

表 9.22

投球相关的肌肉、动作和推荐练习

肌肉	动作	推荐练习
股四头肌	力量产生	腿部伸展
腘绳肌	力量产生	腿部屈曲
髋内收肌	力量产生	髋内收肌练习
髋外展肌	力量产生	髋外展肌练习
臀肌	力量产生	腿部推蹬
腹内斜肌和腹外斜肌	力量传递	坐姿转体
腹直肌	力量传递	腹部屈曲
竖脊肌	力量传递	腰部伸展
三角肌	手臂动作	侧平举
胸大肌	手臂动作	坐姿夹胸、胸部推举
背阔肌	手臂动作	屈臂下拉、坐姿划船
肱三头肌	手臂伸展	颈后臂屈伸
肱二头肌	肌肉平衡	肱二头肌弯举

运动范围。我们建议每次动作重复用时 6 秒，向上动作阶段用时 2 秒，向下动作阶段用时 4 秒。客户应尽量在每次动作重复中达到关节完全屈曲和关节完全伸展的位置，除非会感到不适。

客户应该使用一个适当的负荷量进行训练，以保证完成 8 ～ 12 次动作重复。客户通常用 1RM 的 70%～ 80%的负荷进行训练，这是一个安全且有效的训练负荷量。当客户在连续 2 次训练中能够完成 12 次动作重复时，应增加 5%的负荷量以进行进一步提升。

综合的力量训练计划可以加强肌肉，从而增强投球、击球和短跑的能力。同样重要的是，更强的肌肉骨骼系统降低了与垒球运动有关的损伤的风险。因此，我们鼓励中老年垒球运动员至少在竞争激烈的赛季开始前 2 个月进行力量训练。

垒球运动员力量训练总结

当为垒球运动员设计合理的力量训练计划时，建议仔细参阅以下训练指南。

训练选项：包括表 9.22 中的练习，确保每个主要肌群至少有 1 项练习。

组数：每项练习做 1 组。

训练负荷：1RM 的 70% ～ 80%。

动作重复次数：8 ～ 12 次（可控、连续）。

训练进度：可完成 12 次动作重复时，增加 5% 的负荷量（通常为 0.45 ～ 2.3 千克）。

速度：合适，通常向上动作阶段用时 2 秒，向下动作阶段用时 4 秒。

运动范围：全范围运动，但是应避免腿部推蹬运动出现姿势锁定。

训练频率：一周训练 2 ～ 3 次，不连续。

需要时间：约 30 分钟。

第十章

中老年人营养

饮食习惯会显著地影响人的体重、身体成分和身体健康。大多数美国人在活动中消耗的能量过多。根据 2003—2004 年美国国家健康与营养协会的调查（National Institutes of Health, 2004），大约有 1/3 的美国成年人超重或肥胖，这导致他们易患各种疾病和出现各种退化问题。超重问题只是冰山一角。在衰老过程中，身体脂肪会发生较大变化。成年人每 10 年减少 2.3 ～ 3.2 千克肌肉，除非他们进行定期的力量训练。一名女性在 20 ～ 60 岁期间，因为失去了 9 千克肌肉而增加了 27 千克脂肪，体重增加了 18 千克。这种肌肉流失揭示了比体重秤显示的体重增加更严重的情况。客户应该意识到，过量的身体脂肪会增加患心脏病、中风、关节炎、糖尿病、腰痛和其他多种类型的疾病的风险。

了解与超重相关的健康风险是激励客户进行生活方式转变的重要一步，这可以让他们得到更加理想的体重。描述力量训练所带来的身体改善，如改变身体成分，提升个人外表等，也可以激励一些中老年客户改变饮食习惯。有些客户可能需要每日菜单和饮食信息的具体的营养计划。这方面的优质资源可以从美国饮食营养学会、美国农业部食物金字塔网站、美国食品药物管理局的卫生和公众服务部，以及图书《南希 · 克拉克的运动营养指南》[*Nancy Clark's Sports Nutrition Guidebook*（Human Kinetics Publishers）] 和詹姆斯 · 里普的著作《运动交流计划》[*Exercise Exchange Program*（Simon and Schuster Publishers）] 中获取。

虽然大多数人对饮食的兴趣似乎只在于通过低脂肪或低碳水化合物饮食计划来减轻体重，但是建议不要使用任何低热量饮食计划。执行低热量饮食计划通常不能成功地达到永久性减肥的目标。根据美国心理学协会发表的对减肥研究的全面综述（Mann et al.，2007），基本上每个通过节食减肥的人的体重在停止节食后都会反弹。

为了强调节食的挑战性，笔者想说："看起来能够维持低体重的节食者是少有的例外，而不是常态。"

也许长期节食却不起作用的主要原因是通过低热量饮食计划流失的体重的25%是肌肉组织（Ballor and Poehlman, 1994）。当然，肌肉流失导致静息代谢率降低，这大大增加了维持低体重的难度。由于体重减少，肌肉质量下降，静息代谢率降低，恢复正常饮食习惯的节食者发现，以前能保持低体重的每日能量摄入对于现在而言过高了。

我们采取不同的营养计划来帮助中老年人改善身体成分以及达到理想的体重。事实上，我们的第一个建议是至少在蛋白质方面应摄入更多，而不是更少。如你所知，中老年人需重塑因久坐而萎缩的肌肉。当然，肌肉发育依赖于力量训练的刺激，但也需要补充蛋白质。虽然部分美国成年人在日常饮食中会摄入足够的蛋白质，但是许多中老年人不会。部分原因可能是中老年人需要摄入比推荐的膳食需求或推荐的日摄入量更高的蛋白质（Gersovitz et al., 1982; Fukagawa and Young, 1987; Campbell et al., 2001）。因此，对于中老年力量训练者来说，其需要的蛋白摄入量更高。据备受尊重的营养研究员韦恩·坎贝尔介绍，50～80岁的锻炼肌肉的人需要摄入比推荐的日摄入量水平至少多25%的蛋白质才能增加肌肉质量，并且他们需要摄入比日摄入量水平多50%的蛋白质来增加肌肉组织（Schardt, 2007）。另一项进一步强调需要更高的蛋白质摄入量的研究表明，中老年人对蛋白质的吸收能力不如年轻的成年人（Morais et al., 2006）。

在这种情况下，我们建议中老年人每天摄入更多的蛋白质，使实际摄入的氨基酸量等于发挥最佳功能所需的量。我们建议50～59岁的力量训练者多摄入50%的蛋白质，60～69岁的力量训练者多摄入60%的蛋白质，70～79岁的力量训练者比推荐每日蛋白质摄入量多摄入70%，如表10.1所示。

表10.1

调节推荐每日最低蛋白质摄入量

年龄段	推荐每日蛋白质摄入量/克	力量训练者每日蛋白质摄入量增加百分比	力量训练者每日蛋白质摄入量调整量/克
50～59岁	男性：56	男性：50%	男性：85
	女性：46	女性：50%	女性：70
60～69岁	男性：56	男性：60%	男性：90
	女性：46	女性：60%	女性：75
70～79岁	男性：56	男性：70%	男性：95
	女性：46	女性：70%	女性：80

注：原书数据如此。

一般建议的蛋白质摄入量为每 0.9 千克体重约 1 克蛋白质，但对于中老年人而言，每 1.4 千克体重约 2 克蛋白质可能更为合适。例如，根据旧标准，一个 54 千克的中老年女性每天应摄入约 60 克蛋白质。然而，我们的指导原则是让她每天摄入约 80 克蛋白质，并且不要在一餐中摄入大量蛋白质，而应分多次，每次摄入较少量的蛋白质。

为了进一步促进肌肉发育，我们建议中老年人在进行力量训练时再摄入一些蛋白质。几项研究表明，在力量训练之前或之后摄入额外的蛋白质会进一步增加肌肉力量（Esmarck et al., 2001; Anderson et al., 2005; Cribb and Hayes, 2006）。一个精心设计的研究（Cribb and Hayes, 2006）表明，在力量训练时补充蛋白质的训练者增加的净（肌肉）重量是那些在训练前后几小时摄入等量蛋白质的训练者的 2 倍。

我们完成了一项为期 6 个月的关于平均年龄不到 60 岁的女性的研究（Westcott et al., 2008）。所有训练者进行了一组包括 12 项练习的力量训练（动作重复次数为 8 ～ 12 次）和 20 分钟的耐力训练（骑自行车或在跑步机上跑步），按照周二—周四或者周一—周三—周五的时间安排进行。一半的训练者在力量训练之后立即喝下蛋白质-碳水化合物奶昔（25 克蛋白质，37 克碳水化合物，共 250 千卡热量），另一半训练者没有喝。喝了蛋白质-碳水化合物奶昔的训练者增加了 2.5 千克净重（肌肉），并减少了 4.1 千克脂肪。没有喝蛋白质-碳水化合物奶昔的训练者增加了 1.7 千克净重（肌肉），并减少了 2.2 千克脂肪。根据这一结果，在训练后立即补充蛋白质和碳水化合物可以增肌和减脂，从而为中老年训练者带来益处。

尽管本研究中的训练者饮用的是特定的蛋白质和碳水化合物营养品，但其实并不需要食用特定的产品，只要喝一大杯牛奶或酸奶奶昔，或者吃含有丰富的蛋白质的食物，如酸奶酪、酸奶或金枪鱼等就可能产生类似的效果。尽管食用过量的蛋白质可能会对肾脏造成额外的压力，但是只有在每日蛋白质摄入量多于本文建议量的时候，才会出现这种结果。

除了应了解如何计算能量摄入量和确定各种食物的脂肪含量，中老年人还应该意识到摄入过少的蛋白质、钙或维生素 D 会造成肌肉骨骼系统虚弱，甚至导致骨质疏松。铁摄入量不足可能会导致贫血，钠摄入量过多可能会引起高血压。

吃含有高纤维、低脂肪，富含维生素和矿物质的食物对于保持身体健康和预防疾病至关重要。例如，香蕉和哈密瓜含有丰富的钾，钾参与每次肌肉收缩的过程。在许多水果和蔬菜中发现的维生素 A 和维生素 C 是保护身体细胞免受潜在的有害化学反应影响的极重要的抗氧化剂。

虽然营养补充品可以提供维生素和矿物质，但是营养师认为这种补充品不能代替各种蔬菜、水果、全谷物、瘦肉和低脂奶制品等所实现的均衡饮食。人类的营养需求很复杂，不能完全由药物支持，只有多样化的、全面的饮食才能保证最佳营养。客户应熟悉美国农业部食物金字塔推荐的食品类别和日常摄入量。客户还应该明白，均衡的饮食与低热量饮食不同。确保客户的医生或注册营养师批准他们食用任何低热量食物。

基本营养

美国农业部食物金字塔（见图 10.1）中的食物碳水化合物含量高，蛋白质含量中等，脂肪含量低。推荐的碳水化合物来源包括谷物、蔬菜和水果，推荐的蛋白质来源是低脂奶制品、瘦肉（包括豆类、坚果和豆腐），推荐的高脂食物是植物油（少用）。适合中老年人的食物金字塔提供了相同的食物类别，并添加了水、钙、维生素 D 和维生素 B_{12}。下面将讨论基本的食品类别。我们相信，与中老年训

图 10.1 美国农业部食物金字塔

来源：U. S. Department of Agriculture and the U.S. Department of Health and Human Services.

练者分享这些基本的营养信息很有必要。

谷物

谷物包括小麦、燕麦、玉米、大米及其制成的各种食品。谷类食品有面包、煎饼、米糕、玉米饼、百吉饼、松饼、八宝饭和巧克力蛋糕等。显然，一些谷类食品如蛋糕、饼干等，含有大量的脂肪，应该适度食用。

所有的谷物都是高碳水化合物，一些谷物或谷物的一部分（如麦芽等）也是蛋白质的良好来源。全谷物通常富含 B 族维生素和纤维。谷物种类丰富且价格较低，应该每餐食用。1 份谷物的量相当于一片面包或 1/2 份意大利面，因此对于大多数客户来说，食用 6 ～ 11 份谷物食品应该不太难。关于谷物类别中热门食品的单位转换，请参阅第 297 页。

指南

谷物：食物金字塔推荐每天食用 6 ～ 11 份谷物食品。

蔬菜

和谷物一样，蔬菜也是碳水化合物、维生素和纤维的极好来源。蔬菜有多种尺寸、形状、颜色和营养特征，热量相对较低。

· 橙色蔬菜（如胡萝卜、红薯和南瓜等）通常是维生素 A 和 β-胡萝卜素的良好来源。

· 绿色蔬菜的特点是维生素 B_2 和叶酸含量高。绿色蔬菜包括豌豆、西蓝花、芦笋、菠菜和莴苣等。

· 红色蔬菜通常能够提供充足的维生素 C。最常见的红色蔬菜有西红柿和红辣椒等。

· 其他蔬菜大多是白色的（至少表皮下是白色的），包括菜花、西葫芦、土豆和白萝卜等，其中许多是维生素 C 的良好来源。

食物金字塔推荐每日食用 3 ～ 5 份蔬菜。1 份的量一般是 1/2 杯任何生蔬菜，除了莴苣和豆芽菜，这两种蔬菜每份需要 1 杯。因为加热会使蔬菜水分流失，所以煮熟的蔬菜可能比生蔬菜体积小。同样，蔬菜汁更浓缩，每份只需要 1/2 杯（120 毫升）。保留营养的最佳方法是吃生蔬菜或蒸熟或者用微波炉处理。此外，相较于罐头蔬菜，新鲜和冷冻蔬菜的营养价值更高，钠含量更低。

指南

蔬菜：食物金字塔推荐每天食用 3 ～ 5 份蔬菜。

水果

水果的热量相对较低，并且它与蔬菜相同，具有丰富的种类和较高的营养价值。基本上所有的水果都富含碳水化合物和维生素，许多水果也是良好的纤维来源。

· 柑橘类水果，如橙子、葡萄柚和柠檬等，富含维生素 C。

· 橙色水果，包括甜瓜、杏子、木瓜等，富含维生素 A 和 β- 胡萝卜素。

· 绿色水果，如猕猴桃等，以及红色水果，如草莓和樱桃等，均富含维生素 C。

· 黄色水果，包括黄桃、杧果和菠萝等，通常是维生素 C 很好的来源。

· 果肉是白色的水果，包括苹果、梨和香蕉等，其钾含量很高。

· 干果营养特别丰富，天然的甜味使它成为糖果等高脂肪零食的健康替代品。葡萄干、大枣、无花果干和西梅干等都是极好的能量来源，并且西梅干是膳食纤维的极好来源。

食物金字塔推荐每天食用 2 ～ 4 份水果。表 10.2 列出了各种水果的单位转换。你会注意到，根据所吃的水果的类型，1 份的量有很大差异。例如，1/4 个甜瓜或 1/2 个葡萄柚，相当于 3 个大枣。这取决于水果的含水量。新鲜水果含有大量的水分，而干果实质上是高密度碳水化合物。对于喜欢果汁的人来说，1/2 杯（120 毫升）的果汁等于 1 份的量，但其纤维含量比全水果少。

指南

水果：食物金字塔推荐每天食用 2 ～ 4 份水果。

表 10.2

1 份量的单位转换

麦片	谷物	面包	小吃
1 份谷物			
1/4 杯块状谷物（粒状麦粉）	1/4 杯麦芽粉	1/2 百吉饼或英式松饼	22 克椒盐脆饼干
1/3 杯浓缩麦片	1/3 杯糙米或白米	1 片面包	22 克年糕
1/2 杯热麦片（燕麦粥或麦粉）	1/2 杯意粉、通心粉或面条	1 块皮塔饼	4 块咸饼干（30 克）
3/4 杯薄片麦片	1/2 杯玉米片、大麦或粗燕麦粉	1 个玉米圆饼	3 杯爆米花
1/2 杯膨化谷物			
1 份水果			
2 勺葡萄干	3/4 杯菠萝	3/4 杯浆果	1/4 个木瓜
3 个大枣	2 个猕猴桃	1 个苹果	1/4 个甜瓜
3 个西梅	1/2 个石榴	1 个香蕉	1/2 个杧果
1/2 杯葡萄	1/4 个罗马甜瓜	1 个桃	5 个金橘
1 个梨	1 杯哈密瓜	1/2 个葡萄柚	1/4 杯西瓜
3 个杏	1/4 杯草莓		
1 份奶制品			
30g 低脂奶酪	1/2 杯蒸发脱脂牛奶	1/4 杯半脱脂乳清干酪	1 杯低脂或脱脂酸奶
1/4 低脂或脱脂白干酪	1 杯脱脂或含 1% 脂肪的牛奶	1/4 杯帕尔马干酪	1 杯低脂或脱脂牛奶
1 份肉			
90 克鱼	1 勺花生酱	90 克肉（牛肉、羊肉等）	1/4 杯金枪鱼
90 克禽类	1/4 杯熟干豆	1 个鸡蛋或 2 个蛋清	1/4 杯豆腐
1 份脂肪			
1 茶匙黄油	2 勺低热量沙拉酱	1 勺低热量蛋黄酱	2 勺酸奶油
1 勺低热量的人造黄油	1 勺奶油干酪	1 茶匙油	4 勺低脂酸奶油
1 茶匙蛋黄酱	2 勺淡奶油	1 勺沙拉酱	2 勺咖啡奶精（液体）

奶制品

食物金字塔推荐每天食用 2 ～ 3 份低脂奶制品，包括牛奶、酸奶和奶酪等。这些食物是蛋白质和钙的良好来源。因为全脂奶制品的脂肪含量较高，所以客户应该在奶制品柜台前仔细选择。脱脂牛奶、低脂牛奶、低脂酸奶和脱脂奶酪是高脂肪奶制品的良好替代品。

表 10.2 也列出了 1 份奶制品的单位转换。请注意，1/4 杯低脂奶酪的营养价值相当于 1 杯（240 毫升）低脂牛奶。尽管有许多食用蛋白质来源，但是中老年人可能仍难以摄入足够的钙，除非他们经常饮用奶制品。如果客户在消化牛奶时遇到问题（乳糖不耐受症），那么一定要同时食用其他高钙的食物，如豆腐、绿叶蔬菜、豆类、西蓝花和芝麻等。

指南

奶制品：食物金字塔推荐每天食用 2 ～ 3 份低脂奶制品。

肉类和豆制品

此类食物包括肉、家禽、鱼、鸡蛋、坚果和干豆*。它们都是蛋白质的良好来源，但其中有些食物还含有大量的脂肪。表 10.3 按脂肪含量划分了一些肉类和豆制品食物。

表 10.3

按脂肪含量划分的肉类和豆制品食物

低脂	中脂	高脂
所有鱼	带皮鸡肉	牛肋骨
蛋清	带皮火鸡	猪肋骨
无皮鸡肉	烤牛肉	咸牛肉
无皮火鸡	烤猪肉	火腿
鹿肉	烤羊肉	午餐肉
兔肉	小牛排	猪肉馅儿
（牛的）大腿肉	绞碎的牛肉	热狗
（牛肉）小黄瓜条	牛排	炸鸡
牛里脊	三文鱼罐头	炸鱼
牛腩排	油浸金枪鱼	坚果
小牛肉	全蛋	花生
干豆	带骨猪排	花生酱

*原书如此。——译者

请注意，如何烧制肉类与其脂肪含量有很大关系。这方面的内容将在食物制作部分进行更详细的介绍。

虽然不同肉类食物的脂肪含量不同，但蛋白质的单位转换是相当一致的。从表 10.2 可以看出，90 克肉类、家禽和鱼类，与 1/4 杯熟干豆及 1/4 杯金枪鱼具有相同的营养价值。食物金字塔推荐每天食用 2 ～ 3 份肉类和豆制品，总计 175 ～ 275 克。

指南

肉类和豆制品：食物金字塔推荐每天食用 2 ～ 3 份肉类和豆制品，总计 175 ～ 275 克。

脂肪

食物金字塔中的最小部分是脂肪（图 10.1 中未单独标注），客户应该减少其摄入量。虽然每克脂肪所含能量超过 9 千卡，但是从健康的角度来看，摄入适量的脂肪是有益的。摄入饱和脂肪（如蛋黄酱、黄油和酸奶油所含脂肪）比摄入多不饱和脂肪（如玉米油所含脂肪）具有更高的患心脏病的风险。一些证据表明，对于冠状动脉健康而言，摄入单不饱和脂肪（如橄榄油和菜籽油所含脂肪）比摄入多不饱和脂肪更为理想。确定相同脂肪含量的食物等量物请参阅表 10.2。

脂肪摄入已成为美国人重点关注的一个问题。各机构推荐了不同的膳食脂肪摄入量。然而迪安·奥尼什博士（1993）表示，心脏病患者每天仅应从脂肪中获取 10% 的能量，美国心脏协会（1989）和美国饮食营养学会允许他们每天从脂肪中获取高达 30% 的能量。美国运动理事会的私人教练手册（1996）建议，大多数运动员应该从脂肪中获取 20% ～ 30% 的能量。我们同意这个建议，但更倾向于从脂肪中获取接近 20% 的能量。詹姆斯·里普的《运动交流计划》［*Exercise Exchange Program*（Simon and Schuster Publishers）］提供了中老年力量训练者的优质饮食计划建议，该计划建议训练者每天获取约 23% 的脂肪能量、23% 的蛋白质能量和 54% 的碳水化合物能量。

指南

脂肪：我们建议从脂肪中获取 20% ～ 30% 的能量，更倾向于 20%（确定相同脂肪含量的食物等量物请参阅表 10.2）。

水

食物金字塔中不包含水，因为它不含热量，并不是一种食物。然而，它是迄今为止人类最重要的营养素。人体的主要成分是水（肌肉中含 70% 的水），并且如果没有足够的水，人只能存活几天。

适合中老年人的食物金字塔建议，中老年人每天需摄入 8 杯（每杯 240 毫升）的水。进行剧烈运动的大龄老人每天可能需要喝更多的水。自然口渴机制随着年龄的增长而下降，因此客户应监控自己的饮水量，以确保水分充足。他们应该在锻炼日多喝 1 ～ 2 杯水。

因为咖啡、茶、低糖饮料和酒精饮料都相当于利尿剂（具有脱水效果），所以客户不应把这些算在日常饮水中；但是他们可以用诸如苏打水和果汁等饮料代替水。苹果汁是钾的极好来源，橙汁的维生素 C 含量较高。蔓越莓汁的维生素 C 含量接近橙汁。胡萝卜汁中的维生素 A、维生素 C、钾和纤维的含量较高。

指南

水：适合中老年人的食物金字塔推荐每天饮用 8 杯 240 毫升的水，我们建议在锻炼日多饮用 1 ～ 2 杯水。

改善营养的三个步骤

提供所有必需营养但限制脂肪摄入的饮食计划需要仔细地选择食物，并做好准备。对于想要培养更健康的饮食习惯的客户来说，以下建议应该会有所帮助。

食物选择

如果客户遵循食物金字塔的建议，重点食用谷物、蔬菜和水果，以及适量的奶制品和肉类，他们的饮食通常营养成分均衡，脂肪量低。客户应该正确选择摄入的脂肪类别。因为黄油、奶油、蛋黄、棕榈油和椰子油等所含的饱和脂肪会升高血液胆固醇水平，所以客户应该少吃这些食物。相反，客户应摄入单不饱和脂肪（来自橄榄油、油菜籽油和花生油等）或多不饱和脂肪（来自红花籽油、葵花籽油和玉米油等）。尽管单不饱和脂肪和多不饱和脂肪都会降低血液胆固醇水平，但对于降低心脏病风险而言，单不饱和脂肪可能是首选。

以下食物比同类别的其他食物含更少的饱和脂肪：鱼类，无皮家禽类，低脂牛奶、酸奶和酸奶奶酪，橄榄油、花生油、葵花籽油、红花籽油、玉米油和卡诺拉油。

客户一般应避免摄入含有饱和脂肪的食物，如棕榈油、椰子油及氢化产品等。这类脂肪会提高胆固醇水平并增加患心血管疾病的风险。食物包装标签上会标注其是否为高饱和脂肪产品。

食物替代

大多数人喜欢吃含有不饱和脂肪的食物。好消息是，一些简单的替代品在不影响口味的情况下含有更少的脂肪。例如，使用脱脂淡炼乳替代奶油，将使脂肪和胆固醇含量降低65%以上；使用原味无脂酸奶代替烤土豆上的酸奶油，将使胆固醇含量降低90%，并为身体供应2倍的有益钙。

其他可行的替代示例有，用2个蛋清代替全蛋、草本植物代替食盐、低脂冷冻酸奶代替冰激凌、可可粉代替烘焙食品中的巧克力片、柠檬汁或醋代替高脂沙拉酱。

对于喜欢糖果的客户，建议用干果（如葡萄干、大枣、无花果干、杏仁、杏干等）代替糖果、饼干和富含脂肪的烘焙食品。喜欢吃油炸薯片等小吃的客户，可以用低脂肪的食物来替代，如椒盐脆饼、烤薯片或胡萝卜条。

食物制作

食物制作的方式不同可能会影响其脂肪含量。油炸会使一些食物的热量增加1～3倍。使用脱脂蔬菜喷雾或不粘锅可以消除通常用于油炸的油脂。最好把蔬菜与肉分开烹饪，这样蔬菜就不会从肉中吸收脂肪。烤肉，蒸或用微波炉加热蔬菜都可保留更多的营养成分。中老年人在烹饪过程中要控制向蔬菜中加入的黄油和盐的量，较少的盐和脂肪才能使烹饪后的食物味道比烹饪过程中的味道好。

运动的能量和塑造肌肉的蛋白质

客户可能会担心自己是否具有锻炼所需的足够的能量，以及塑造肌肉所需的足够的营养物质，遵循食物金字塔建议的客户在这两个方面应该都能做好准备。下面介绍中老年训练者的能量和蛋白质需求的具体信息。

力量训练期间每分钟需要约8千卡能量（Wilmore et al., 1978）。用抗阻健身器械完成25分钟循环力量训练的客户在锻炼期间如果很少休息，将额外消耗约200千卡能量（Paffenbarger and Olsen, 1996）。

由于力量训练具有强大的性能和对无氧系统的能量需求，因此训练后可能导致较高的能量利用率。研究表明，在充满挑战性的循环力量训练后的 1 小时内，训练者可能会使用额外的能量，多达实际锻炼期间消耗能量的 25%（Haltom, 1999）。用前面的例子来说，客户在 25 分钟的循环力量训练过程中和之后消耗的额外能量总计可达 250 千卡。

除了这些直接的能量需求，力量训练会使更多的肌肉和更活跃的肌肉全天耗能。进行 3 ～ 4 个月的标准力量训练的中老年人会增加 1.4 ～ 1.8 千克肌肉，并将其静息代谢率提高 7%～ 8%（Campbell et al., 1994; Pratley et al., 1994）。假设大多数中老年人每天的静息代谢消耗能量约为 1300 千卡，其静息代谢率的提高将导致每天额外消耗约 100 千卡能量。

因此，在训练日进行力量训练的能量需求约为 350 千卡（训练期间额外消耗 200 千卡能量，训练后额外消耗 50 千卡能量，以及由于较高的静息代谢率而额外消耗 100 千卡能量）。这一结论与前几章中讨论的塔夫茨大学具有里程碑意义的研究中，中老年力量训练者的日常能量消耗会大幅增长的结论是一致的（Campbell et al., 1994）。

根据这些数据，定期进行力量训练的中老年人最终可能需要在训练日额外摄入约 350 千卡能量，在非训练日需要额外摄入约 100 千卡能量以维持体重。虽然他们可以通过食用高能量饮料、运动能量棒或其他营养品来达到这一增量，但通过遵循食物金字塔的建议来实现这一目标更好。谷物、水果、蔬菜、奶制品和肉类的额外补充应提供共计约 350 千卡能量，并提供各种重要的营养物质。当然，想减肥的客户可能会维持他们平常的食物摄入量，甚至稍微减少能量摄入。

进行力量训练的中老年人还应努力消耗足够的液体，特别是水，以塑造更多的肌肉组织。因为肌肉中约 70% 是水，维持高水平的水化作用是非常重要的。进行力量训练的中老年人每天应喝约 8 杯水。身体活跃的人在运动时应该喝更多的水。

饮食、运动及激励

健康饮食与节食不一样。节食通常意味着在短时间内显著降低能量摄入以减肥。大多数节食都涉及不正常的饮食习惯，以及营养物质摄入量过低而不能实现最佳身体功能。因为节食会使身体消耗重要营养物质的水平下降，所以他们不能长时间坚持他们的饮食计划，通常在他们停止节食后体重会反弹。这种结果是肌肉组织的减少和饮食计划导致的静息代谢率降低造成的。考虑到这一点，对于超重的中老年客户来说，健身指导员应做的最重要的事情是为他们提供全面的力量训练计划，真诚地鼓励他们养成合理的饮食习惯。具体而言，应帮助客户制订切合实际的短期运动目标和营养目标，并在他们取得进展时给予充分的积极肯定。有关指导和激励客户的其他建议可以参阅第二章。

中老年力量训练者要强调身体成分的变化而不是体重的变化，因为力量训练者通常会同时减少脂肪和增加肌肉。例如，在 10 周的力量训练期间，男性客户可以增加 1.8 千克肌肉，并减少 3.6 千克脂肪。虽然体量秤只会显示 1.8 千克的体重减少量，但是这位客户在身体成分上发生了 5.4 千克的变化，这能够通过其外形明显看出来。

另外，基本上所有的中老年人都可以从遵循推荐膳食摄入量（RDA）建议的蛋白质摄入量中获益。更具体地说，在力量训练期间或之后不久，补充蛋白质和碳水化合物能够获得效果更好的肌肉发育。

中老年力量训练者营养总结

中老年力量训练者所需的营养物质与所有渴望身体健康和身体成分合理的中老年人所需的营养物质基本相同。但研究表明，所有中老年人，特别是那些进行力量训练的中老年人，能够通过摄入比目前推荐膳食摄入量更多的蛋白质而受益。中老年力量训练者应该认识到，一个全面的饮食计划为他们的力量训练提供了大量的能量，并且在训练期间补充蛋白质能够促进肌肉发育。我们一般推荐美国农业部食物金字塔列出的食物类别和分配：每天摄入 180～330 克谷物、3～5 个 1/2 杯蔬菜、2～4 份水果、2～3 份低脂奶制品、175～275 克肉类和豆制品，以及少量脂肪，如坚果等含有单不饱和脂肪的食物。但是由于中老年训练者可以在训练日额外消耗 350 千卡能量，而在非训练日内会额外消耗约 100 千卡能量，因此他们可能需要从每个食品类别中多摄入 1 份的量以维持体重。进行力量训练的中老年人应该喝大量的水或果汁，特别是在训练日。

想要减肥的中老年力量训练者如果在力量训练期间保持以前的食物消耗水平，脂肪应该会逐渐而持续地减少。当他们的身体成分得到改善并逐步达到理想的体重时，可以通过设定短期目标并给予正面的肯定来提供额外的激励。

附录

训练日志

姓名			周 #								
序号	练习	组数	第 1 天			第 2 天			第 3 天		
		次数	1	2	3	1	2	3	1	2	3
1		重量									
		次数									
2		重量									
		次数									
3		重量									
		次数									
4		重量									
		次数									
5		重量									
		次数									
6		重量									
		次数									
7		重量									
		次数									
8		重量									
		次数									
9		重量									
		次数									
10		重量									
		次数									
11		重量									
		次数									
12		重量									
		次数									
13		重量									
		次数									
14		重量									
		次数									

体重

日期

评价

来 源：T. Baechle and W. Westcott, 2010, *Fitness Professional' s Guide to Strength Training Older Adults*, Second Edition (Champaign, IL: Human Kinetics).

参考文献

前言

American College of Sports Medicine. 2010. *Guidelines for exercise testing and prescription*, 8th ed. Philadelphia: Lippincott, Williams and Wilkins.

Baker, K., Nelson, M., Felson, D., Layne, J., Sarno, R., and Roubenoff, R. 2001. The efficacy of home based progressive strength training in older adults with knee osteoarthritis: A randomized controlled trial. Journal of Rheumatology 28:155–1665.

Bayramoglu, M., Akman, M., Cetin, N., Yauz, N and R. Ozker. (2001). Isokinetic measurement of trunk muscle strength in women with low back pain. Physical Medicine and Rehabilitation 80 (9), Sept. 650-655.

Campbell, C., Robertson, M., Gardner, R., Norton, R. and D. Buckner (1999) Falls prevention over 2 years: A randomized controlled trial in women 80 years and older. Ageing 28:515-528

Campbell, W., Crim, M., Young, V., and Evans, W. 1994. Increased energy requirements and changes in body composition with resistance training in older adults. *American Journal of Clinical Nutrition* 60:167–175.

Evans, W., and Rosenberg, I. 1992. *Biomarkers*. New York: Simon and Schuster.

Fiatarone, M., Marks, E., Ryan, N., et al. 1990. High-intensity strength training in nonagenarians. *Journal of the American Medical Association* 263 (22): 3029–3034.

Forbes, G. 1976. The adult decline in lean body mass. *Human Biology* 48:161–173.

Frontera, W., Meredith, C., O'Reilly, K., et al. 1988. Strength conditioning in older men: Skeletal muscle hypertrophy and improved function. *Journal of Applied Physiology* 64 (3): 1038–1044.

Hakkinen, A. (2004) Effectiveness and safety of strength training in rheumatoid arthritis. Arthritis and Rheumatism 16 (2) March 132-137.

Harris, K., and Holy, R. 1987. Physiological response to circuit weight training in borderline hypertensive subjects. *Medicine and Science in Sports and Exercise* 10: 246–252.

Haskell, W., Lee, I-Min, Pate, R., et al. 2007. Physical activity and public health: Updated recommendation for adults from the American College of Sports Medicine and the American Heart Association. *Medicine and Science in Sports and Exercise* 39:1423–1434.

Hedley, A., Ogden, C., Johnson, C., et al. 2004. Prevalence of overweight and obesity among US children, adolescents, and adults, 1999–2002. *Journal of the American Medical Association* 291:2847–2850.

Hurley, B. 1994. Does strength training improve health status? *Strength and Conditioning Journal* 16:7–13.

Kell, RT., and GJG Asmundson (2009). A comparison of two forms of periodized exercise rehabilitation programs in the management of chronic nonspecific low back pain. Journal of Strength and Conditioning Resrach 23 (2): 513 – 523.

Kesaniemi, Y., Danforth, E., Jensen, M., et al. 2001. Dose-response issues concerning physical activity and health: An evidence-based symposium. *Medicine and Science in Sports and Exercise* 33 (6 supplement): S531–S538.

Koffler, K., Menkes, A., Redmond, A., et al. 1992. Strength training accelerates gastrointestinal transit in middle-aged and older men. *Medicine and Science in Sports and Exercise* 24:415–419.

Layne, J. and Nelson, M. 1999. The effects of progressive resistance training on bone density: A review. *Medicine and Science in Sports and Exercise* 31: 25-30.

Nelson, M., Fiatarone, M., Morganti, C., et al. 1994. Effects of high-intensity strength training on multiple risk factors for osteoporotic fractures. *Journal of the American Medical Association* 272 (24): 1909–1914.

Pratley, R., Nicklas, M., Rubin, J., et al. 1994. Strength training increases resting metabolic rate and norepinephrine levels in healthy 50- to 65-year-old men. *Journal of Applied Physiology* 76:133–137.

Risch, S., Nowell, N., Pollock, M., et al. 1993. Lumber strengthening in chronic low back pain patients. *Spine* 18: 232–238.

Rooks, C., Silverman, C., and C. Kantrowitz (2002). The effects of progressive strength training and aerobic exercise on muscle strength and cardiovascular fitness in women with fibromyalgia: A pilot study. Arthritis Care and Research 47 (1) p 22-28.

Singh, N., Clements, K., and Fiatarone, M. 1997. A randomized controlled trial of progressive resistance training in depressed elders. *Journal of Gerontology* 52A (1): M27–M35.

Westcott, W. 2009. ACSM strength training guidelines. *ACSM's Health & Fitness Journal* 13 (4): 14-22.

Westcott, W., Martin, W., LaRosa Loud, R., and Stoddard, S. 2008. Protein supplementation and body composition changes. *Fitness Management* 24(5): 50-53.

Westcott, W., Richards, M., Reinl, G., and Califano, D. 2000. Strength training elderly nursing home patients. *Senior Fitness Association*.

Westcott, W., and Guy, J. 1996. A physical evolution: Sedentary adults see marked improvements in as little as two days a week. *IDEA Today* 14 (9): 58–65.

第一章

Ades, P., Savage, P., Brochu, M., et al. 2005. Resistance training increases daily energy expenditure in disabled older women with coronary heart disease. *Journal of Applied Physiology* 98:1280–1285.

Ades, P., Ballor, D., Ashikaga, T., et al. 1996. Weight training improves walking endurance in healthy elderly persons. *Annuals of Internal Medicine* 124:658–572.

Alexander, H. 2002. Efficacy of a resting metabolic rate based energy balance prescription in a weight management program. Presentation at Nutrition Week Obesity Research Conference.

American Association of Cardiovascular and Pulmonary Rehabilitation. 1995. *Guidelines for cardiac rehabilitation programs*, 2d ed. Champaign, IL: Human Kinetics.

American College of Sports Medicine. 2010. *Guidelines for exercise testing and prescription, 8th ed*. Philadelphia: Lippincott, Williams and Wilkins.

American Heart Association and American College of Sports Medicine. 2007. Physical activity and health: Updated recommendations for adults from the American College of Sports Medicine and the American Heart Association. *Circulation* 116:1081–1093.

Arthritis Foundation. Arthritis Facts (2009).

Baechle, T., and Earle, R. 2006. *Weight training: Steps to success*, 3rd ed. Champaign, IL: Human Kinetics.

Baker, K., Nelson, M., Felson, D., Layne, J., Sarno, R., and Roubenoff, R. 2001. The efficacy of home based progressive strength training in older adults with knee osteoarthritis: A randomized controlled trial. *Journal of Rheumatology* 28:155–1665.

Balducci, SF, Leonetti. UD, Mario and F. Fallucca (2004) Is a long term aerobic plus weight training program feasible for and effective on metabolic profiles in type 2 diabetics? *Diabetes Care* 27:841-842.

Ballor, D., Katch, V., Becque, M., and Marks, C. 1988. Resistance weight training during caloric restriction enhances lean body weight maintenance. *American Journal of Clinical Nutrition* 47:19–25.

Ballor, D., and Poehlman, E. 1994. Exercise training enhances fat-free mass preservation during diet-induced weight loss: A meta analytic finding. *International Journal of Obesity* 18:35–40.

Bayramoglu, M., Akman, M., Cetin, N., Yauz, N and R. Ozker. (2001). Isokinetic measurement of trunk muscle strength in women with low back pain. Physical Medicine and Rehabilitation 80 (9), Sept. 650-655.

Bell, N., Godsen, R., and Henry, D. 1988. The effects of muscle-building exercise on vitamin D and mineral metabolism. *Journal of Bone Mineral Research* 3:369–373.

Blessing, D., Stone, M., and Byrd, R. 1987. Blood lipid and hormonal changes from jogging and weight training of middle-aged men. *Journal of Applied Sports Science Research* 1:25–29.

Borst, S. 2004. Interventions for sarcopenia and muscle weakness in older people. *Age and Ageing* 33(6):548–555.

Boyden, T., Pamenter, R., Going, S., Lohman, T., Hall, M., Houtkooper, L., Bunt, J., Ritenbaugh, C., and Aickin, M. 1993. Resistance exercise training is associated with decreases in serum low-density lipoprotein cholesterol levels in premenopausal women. *Archives of Internal Medicine* 153:97–100.

Brehm, B., and Keller, B. 1990. Diet and exercise factors that influence weight and fat loss. *IDEA Today* 8:33–46.

Butler, R., Beierwaltes, W., and Rogers, F. 1987. The cardiovascular response to circuit weight training in patients with cardiac disease. *Journal of Cardiopulmonary Rehabilitation* 7:402–409.

Butts, N., and Price, S. 1994. Effects of a 12-week weight training program on the body composition of women over 30 years of age. *Journal of Strength and Conditioning Research* 8 (4): 265–269.

Campbell, C., Robertson, M., Gardner, R., Norton, R. and D. Buckner (1999) Falls prevention over 2 years: A randomized controlled trial in women 80 years and older. *Ageing* 28:515-528.

Campbell, A., Robertson, M., Gardener, M., et al. 1997. Randomised control trial of a general practice programme of home based exercise to prevent falls in elderly women. *British Medical Journal* 315:1065–1069.

Campbell, W., Crim, M., Young, V., and Evans, W. 1994. Increased energy requirements and changes in body composition with resistance training in older adults. *American Journal of Clinical Nutrition* 60:167–175.

Carpenter, D. and Nelson, B. 1999. Low back strengthening for the prevention and treatment of low back pain. *Medicine and Science in Sports and Exercise* 31(1):18-24.

Castaneda, C., Layne, J, Munoz-Orians, L., et al. 2002. A randomized controlled trial of resistance exercise training to improve glycemic control in older adults with type 2 diabetes. *Diabetes Care* 25(12): 2335-2341.

Charette, S., McEvoy, L., Pyka, G., et al. 1991. Muscle hypertrophy response to resistance training in women. *Journal of Applied Physiology* 70:1912–1917.

Chomiak, JA, Abadie, BR, Koh, YS and DR Chilek (2003). Resistance training exercises acutely reduce intraocular presuure in physically active men and women. *J. Strength Cond Res* Nov 17 (4):715-20.

Colletti, L., Edwards, J., Gordon, L., Shary, J., and Bell, N. 1989. The effects of muscle-building exercise on bone mineral density of the radius, spine and hip in young men. *Calcified Tissue International* 45:12–14.

Conte, M, Scarpi, MJ, Rossin, RA, Beteli, HR, Lopes, RG and HL Marcos (2009). Intraoccular pressure variation after submaximal strength test in resistance training. *Arq Bras Oftalmol* May0June 72 (3): 351-4.

Cordain, L., Latin, R., and Behnke, J. 1986. The effects of an aerobic running program on bowel transit time. *Journal of Sports Medicine* 26:101–104.

Council on Exercise of the American Diabetes Association (1990). Technical review: Exercise and NIDDM. *Diabetes Care* 13:785-789.

Craig, B., Everhart, J., and Brown, R. 1989. The influence of high-resistance training on glucose tolerance in young and elderly subjects. *Mechanisms of Ageing and Development* 49:147–157.

DeGroot, DW, Quinn, TJ, Kertzer, NB, and WB Olney (1998). Circuit weight training in cardiac patients: determining optimal workloads for safety and energy expenditure. *Cardiopulmonary Rehabilitation* 18 (2): 145-152.

Draovitch, P., and Westcott, W. 1999. *Complete conditioning for golf*. Champaign, IL: Human Kinetics.

Dudley, A. 2001. The unceasing process of sarcopenia.

Durak, E. 1989. Exercise for specific populations: Diabetes mellitus. *Sports Training, Medicine and Rehabilitation* 1:175–180.

Durak, E., Jovanovis-Peterson, L., and Peterson, C. 1990. Randomized crossover study of effect of resistance training on glycemic control, muscular strength, and cholesterol in type I diabetic men. *Diabetes Care* 13:1039–1042.

Eriksson, J., Taimela, S., Eriksson, K., Parviainen, S., Peltonen, J., and Kujala, U. 1997. Resistance training in the treatment of non-insulin dependent diabetes mellitus. *International Journal of Sports Medicine* 18(4):242–246.

Evans, W., and Rosenberg, I. 1992. *Biomarkers*. New York: Simon and Schuster.

Faigenbaum, A., Skrinar, W., Cesare, W., Kraemer, W., and Thomas, H. 1990. Physiologic and symptomatic responses of cardiac patients to resistance exercise. *Archives of Physical Medicine and Rehabilitation* 70:395–398.

Fiatarone, M., O'Neil, E., and Ryan, N. 1994. Exercise training and supplementation for physical fraility in very elderly people. *New England Journal of Medicine* 330:1769–1765.

Fiatarone, M., Marks, E., Ryan, N., Meredith, C. Lipsitz, L., and Evans, W. 1990. High-intensity strength training in nonagenarians. *Journal of the American Medical Association* 263 (22): 3029–3034.

Fiatarone, M.A., and Singh, M. 2002. Exercise comes of age: Rationale and recommendations for a geriatric exercise prescription. *Journal of Gerontology Series A: Biological Sciences and Medical Sciences* 57 (A): M262–28.

Frontera, W., Meredith, C., O'Reilly, K., Knuttgen, H., and Evans, W. 1988. Strength conditioning in older men: Skeletal muscle hypertrophy and improved function. *Journal of Applied Physiology* 64 (3): 1038–1044.

Ghilarducci, L., Holly, R., and Amsterdam, E. 1989. Effects of high resistance training in coronary heart disease. *American Journal of Cardiology* 64:866–870.

Gillette, C., Bullough, R., and Melby, C. 1994. Postexercise energy expenditure in response to acute aerobic or resistive exercise. *International Journal of Sport Nutrition* 4:347–360.

Goldberg, L., Elliot, L., Schultz, R., and Kloste, F. 1984. Changes in lipid and lipoprotein levels after weight training. *Journal of the American Medical Association* 252:504–506.

Grimby, G., Aniansson, A., Hedberg, M., Henning, G., Granguard, U., and Kvist, H. 1992. Training can improve muscle strength and endurance in 78 to 84 year old men. *Journal of Applied Physiology* 73:2517–2523.

Haennel, R., Quinney, H., and Kappagoda, C. 1991. Effects of hydraulic circuit training following coronary artery bypass surgery. *Medicine and Science in Sports and Exercise* 23:158–165.

Hakkinen, A. (2001) Effectiveness and safety of strength training in rheumatoid arthritis. Arthritis and Rheumatism 16 (2) March 132-137.

Haltom, R., Kraemer, R., Sloan, R., Herbert, E., Frank, K., and Tryniecki, J. 1999. Circuit weight training and its effect on post-exercise oxygen consumption. *Medicine and Science Sports Exercise* 31 (11): 1613–1618.

Harris, K., and Holly, R. 1987. Physiological response to circuit weight training in borderline hypertensive subjects. *Medicine and Science in Sports and Exercise* 10:246–252.

Haslam, D., McCartney, S., McKelvie, R, et al. 1988. Direct Measurements of arterial blood pressure during formal weight lifting in cardiac patients. *Journal of Cardiopulmonary Rehabilitation* 8: 213–225.

Hempel, L., and Wells, C. 1985. Cardiorespiratory cost of the Nautilus express circuit. *The Physician and Sports Medicine* 13: 82–97.

Hughes, V., Frontera, W., Dallal, G., Lutz, K., Fisher, E., and W. Evans (1995). Muscle strength and body composition: Associations with bone density in older subjects. *Medicine and Science in Sports and Exercise* 7(27):967-974.

Hunter, G., Wetzstein, C., Fields, D., Brown, A., and Bamman, M. 2000. Resistance training increases total energy expenditure and free-living physical activity in older adults. *Journal of Applied Physiology* 89: 977–984.

Hurley, B. 1994. Does strength training improve health status? *Strength and Conditioning Journal* 16:7–13.

Hurley, B., Hagberg, J., Goldberg, A., Seals, D., Ehsani, A., Brennan, R., and Holloszy, J. 1988. Resistive training can reduce coronary risk factors without altering $\dot{V}O_2$max or percent body fat. *Medicine and Science in Sports and Exercise* 20:150–154.

Ibanez, J, Izuierdo, M, Inaki, A, Forga, L, Larrion, JL, Garcia-Unciti, M, Idoate, F, and EN Gorostiaga (2005) Twice weekly progressive resistance training decreases abdominal fat and improves insulin sensitivity in older men with type 2 diabetes. *Diabetes Care* 28:662-667.

Johnson, C., Stone, M., Lopez, S., Hebert, J., Kilgoe, L., and Byrd, R. 1982. Diet and exercise in middle-aged men. *Journal of the Dietetic Association* 81:695–701.

Jones, A., Pollock, M., Graves, J., Fulton, M., Jones, W., MacMillan, M., Baldwin, D., and Cirulli, J. 1988. *Safe, specific testing and rehabilitative exercise for muscles of the lumbar spine*. Santa Barbara, CA: Sequoia Communications.

Katz, J., and Wilson, B. 1992. The effects of a six-week, low-intensity Nautilus circuit training program on resting blood pressure in females. *Journal of Sports Medicine and Physical Fitness* 32:299–302.

Kelley, G. 1997. Dynamic resistance exercise and resting blood pressure in healthy adults: A meta-analysis. *Journal of Applied Physiology* 82:1559–1565.

Kelley, G., and Kelley, K. 2009. Impact of progressive resistance training on lipids and lipoproteins in adults: A meta-analysis of randomized controlled trials. *Preventive Medicine* 48 (1): 9–19.

Kerr, D.T., Ackland, T. Masland, B., Morton, A., and Rice, R. (2001) Resistance training Over 2 Years Increases Bone Mass in Calcium Replete Postmenopausal Women. *Journal of Bone and Mineral Research* (16: 175-81).

Koffler, K., Menkes, A., Redmond, A., Whitehead, W., Pratley, R., and Hurley, B. 1992. Strength training accelerates gastrointestinal transit in middle-aged and older men. *Medicine and Science in Sports and Exercise* 24: 415–419.

Kokkinos, P., Hurley, B., Vaccaro, P., Patterson, J., Gardner, L., Ostrove, S., and Goldberg, A. 1988. Effects of low- and high-repetition resistive training on lipoprotein-lipid profiles. *Medicine and Science in Sports and Exercise* 20:50–54.

Kokkinos, P., Hurley, B., Smutok, M., Farmer, C., Reece, C., Shulman, R., Charabogos, C., Patterson, J., Will, S., DeVane-Bell, J., and Goldberg, A. 1991. Strength training does not improve lipoprotein lipid profiles in men at risk for CHD. *Medicine and Science in Sports and Exercise* 23:1134–1139.

Larsson, L. 1983. Histochemical characteristics of human skeletal muscle during aging. *Acta Physiological Scandinavia* 117:469–471.

Limke, JC., Rainville, J., Pena, E., and L. Childs (2008) Randomized trial comparing the effects of one vs two sets of resistance exercises for outpatients with chronic low back pain and leg pain. *Eur J Phys Rehabil Med.* Dec; 44 (4):399-405.

Lohmann, D., and Liebold, F. 1978. Diminished insulin responses in highly trained athletes. *Metabolism* 27 (5): 521–523.

Mann, T., Tomiyama, J., Westling, E., Lew, A., Samuels, B., and Chatman, J. 2007. Medicare's search for effective obesity treatments: Diets are not the answer. *American Psychologist* 62 (3): 220–232.

Marks, R. 1993. The effect of isometric quadriceps strength training in mid-range for osteoarthritis of the knee. *Arthritis Care Research* 6:52–56.

McCartney, N., Hicks, A., Martin, J., and Webber, C. 1996. A longitudinal trial of weight training in the elderly continued improvements in year two. *Journals of Gerontology Series A—Biological Sciences and Medical Sciences* 51(6): B425–B433.

Melby, C., Scholl, C., Edwards, G., and Bullough, R. 1993. Effect of acute resistance exercise on postexercise energy expenditure and resting metabolic rate. *Journal of Applied Physiology* 75 (4):1847–1853.

Menkes, A., Mazel, S., Redmond, R., Koffler, K., Libanati, C., Gundberg, C., Zizic, T., Hagberg, J., Pratley, R., and Hurley, B. 1993. Strength training increases regional bone mineral density and bone remodeling in middle-aged and older men. *Journal of Applied Physiology* 74:2478–2484.

Messier, S., and Dill, M. 1985. Alterations in strength and maximal oxygen uptake consequent to Nautilus circuit weight training. *Research Quarterly for Exercise and Sport* 56 (4): 345–351.

Miller, W., Sherman, W., and Ivy, J. 1984. Effect of strength training on glucose tolerance and post glucose insulin response. *Medicine and Science in Sports and Exercise* 16 (6): 539–543.

Moreland, JD, Goldsmith, CH, Huijbregts MP, et al (2003). Progressive resistance strengthening exercises after stroke:a single randomized controlled trial. *Arch Phys Med Rehabil* 84 (10): 1433-1440.

National Center for Health Statistics (2009).Arthritis. 21 April.2009.

National Institute of Arthritis, Musculoskeletal and Skin Diseases (2005).

National Osteoporosis Foundation. 23 Nov.2009. Fast Facts.

National Stroke Association (2008). 9707 E. Easter Lane. Centennial, CO. 80112.

Nelson, M., Fiatarone, M., Morganti, C., Trice, I., Greenberg, R., and Evans, W. 1994. Effects of high-intensity strength training on multiple risk factors for osteoporotic fractures. *Journal of the American Medical Association* 272 (24): 1909–1914.

Notelovitz, M., Martin, D., Tesar, R., Khan, F., Probart, C., Fields, C., and McKenzie, L. 1991. Estrogen therapy and variable resistance weight training increase bone mineral in surgically menopausal women. *Journal of Bone Mineral Research* 6: 583–590.

Paffenbarger, R., and Olsen, E. 1996. *Life fit: An effective exercise program for optimal health and a longer life*. Champaign, IL: Human Kinetics.

Pierson, LM, Herbert, WG, Norton, H, Kiebzak, GM, Griffth, P, Fedor, JM, Ramp, WK and JW Cook (2001). Effects of combined aerobic and resistance training versus aerobic training alone in cardiac patients. J Cardiopulmonary Rehabilitation 21 (2): 101-110.

Pratley, R., Nicklas, B., Rubin, M., Miller, J., Smith, A., Smith, M., Hurley, B., and Goldberg, A. 1994. Strength training increases resting metabolic rate and norepinephrine levels in healthy 50 to 65 year-old men. *Journal of Applied Physiology* 76:133–137.

Quirk, A., Newman, R., and Newman, K. 1985. An evaluation of interferential therapy, shortwave diathermy and exercise in the treatment of osteoarthritis of the knee. *Physiotherapy* 71:55–57.

Rhodes, E.C., Martin, A.D., Taunton, J.E., Donnelly, M., Warren, J. and J. Elliot (2000). Effects of one year of resistance training on the relationship between muscular strength and bone density in elderly women. *Br J Sports Med* 34(1): 18-22.

Rimmer, J. (1997). Programming: Exercise guidelines for special medical populations. *IDEA Today* 15(5):26-34.

Risch, S., Nowell, N., Pollock, M., Risch, E., Langer, H., Fulton, M., Graves, J., and Leggett, S. 1993. Lumbar strengthening in chronic low back pain patients. *Spine* 18:232–238.

Rooks, C., Silverman, C., and C. Kantrowitz (2002). The effects of progressive strength training and aerobic exercise on muscle strength and cardiovascular fitness in women with fibromyalgia: A pilot study. *Arthritis Care and Research* 47 (1) p 22-28.

Ryan, A., Treuth, M., Rubin, M., Miller, J., Nicklas, B., Landis, D., Pratley, R., Libanati, C., Grundberg, C., and Hurley, B. 1994. Effects of strength training on bone mineral density: Hormonal and bone turnover relationships. *Journal of Applied Physiology* 77:1678–1684.

Sequin, R., and Nelson, M. 2003. The benefits of strength training for older adults. *American Journal of Preventive Medicine* 25:141–149.

Sigal, J, Kenny, GP, Boule, NG, Wells, GA, Rud'homme, D, Fortier, M, Reid, RD, Tulloch, H, Coyle, D, Phillips, P, Jenngs, A and J. Jaffey. (2007) Effects of aerobic training, resistance training, or both on glycemic control in type 2 diabetics: a randomized trial. *Annuals of Internal Medicine* 147: 357-369.

Singh, NA, Clements, KM and MA Singh (2001), The efficacy of exercise as a long-term antidepressant in elderly subjects: a randomized, controlled trial. *J Gerontolo A Biol Sci Med Sci* 56 (8) 497-504.

Singh, N., Clements, K., and Fiatarone, M. 1997. A randomized controlled trial of progressive resistance training in depressed elders. *Journal of Gerontology* 52A (1): M27–M35.

Smutok, M., Reece, C., Kokkinos, P., Farmer, C., Dawson, P., Shulman, R., DeVane-Bell, J., Patterson, J., Charabogos, C., Goldley, A., and Hurley, B. 1993. Aerobic vs. strength training for risk factor intervention in middle-aged men at high risk for coronary heart disease. *Metabolism* 42:177–184.

Snow-Harter, C., Bouxsein, M., Lewis, B., Carter, D., and Marcus, R. 1992. Effects of resistance and endurance exercise on bone mineral status of young women: A randomized exercise intervention trial. *Journal of Bone Mineral Research* 7:761–769.

Stewart, K., Mason, M., and Kelemen, M. 1988. Three-year participation in circuit weight training improves muscular strength and self-efficacy in cardiac patients. *Journal of Cardiopulmonary Rehabilitation* 8:292–296.

Stone, M., Blessing, D., Byrd, R., Tew, J., and Boatwright, D. 1982. Physiological effects of a short term resistive training program on middle-aged untrained men. *National Strength and Conditioning Association Journal* 4:16–20.

Tambalis, K, Panagiotakos, DB, Kavouras, SA, and LS Sidossis (2008). Responses of blood lipids to aerobic, resistance, and combined aerobic with resistance exercise training: a systematic review of current evidence. *Angiology* October 30 Epub (ahead of print).

Taunton, J., Martin, A., Rhodes, E., Wolski, L., Donnelly, M., and Elliot, J. 1997. Exercise for older women: Choosing the right prescription. *British Journal of Sports Medicine* 31:5–10.

Tokmakidis, SP, Zois, CE, Volaklis, K, and AM Touvra. (2004) The effects of a combined strength and aerobic exercise program on glucose and insulin action in women with type 2 duabetes. *European Journal of Physiology.* 92:437-442.

Tucker, L., and Sylvester, L. 1996. Strength training and hypercholesterolemia: An epidemiologic study of 8499 employed men. *American Journal of Health Promotion* 11:35–41.

Tufts University. 1992. An IQ test for losers. *Tufts University Diet and Nutrition Letter* 10 (March): 6–7.

Tufts University. 1994. Never too late to build up your muscle. *Tufts University Diet and Nutrition Letter* 12 (September): 6–7.

Ulrich, I., Reid, C., and Yeater, R. 1987. Increased HDL-cholesterol levels with a weight training program. *Southern Medical Journal* 80:328–331.

Vander, L., Franklin, B., Wrisley, D., and Rubenfire, M. 1986. Acute cardiovascular responses to Nautilus exercise in cardiac patients: Implications for exercise training. *Annals of Sports Medicine* 2:165–169.

Weiss, A, Suzuki, T, Bean L and Fielding, R. (2000) High intensity strength training improves strength and functional performance after stroke. *Am J Phys Med Rehabilitation*. Jul-Aug;79(4):369-76.

Westcott, W., and Howes, B. 1983. Blood pressure response during weight training exercise. *National Strength andConditioning Association Journal* 5:67–71.

Westcott, W. 1986. Strength training and blood pressure. *American Fitness Quarterly* 5:38–39.

Westcott, W. 1995. Keeping fit. *Nautilus* 4 (2): 5–7.

Westcott, W., and Guy, J. 1996. A physical evolution: Sedentary adults see marked improvements in as little as two days a week. *IDEA Today* 14 (9): 58–65.

Westcott, W., Richards, M., Reinl, G., and Califano, D. 2000. Strength training elderly nursing home patients. *Mature Fitness*. American Senior Fitness Association.

Westcott, W. 2004a. Strength training for low back health. *Fitness Management* 20 (11): 26–28.

Westcott, W. 2004b. Strength training and blood pressure: A series of studies. *Fitness Management* 20 (3): 26–28.

Westcott, W. 2005. Weight loss approaches for older adults. *ICAA Functional U* 3 (4): 1–5.

Westcott, W. 2009. ACSM strength training guidelines. *ACSM's Health & Fitness Journal* 13 (4): 14–22.

Wolfe, F., Smyth, H, Yumus, M. et al. 1990. The American College of Rheumatology 1990 criteria for the classification of fibromyalgia. *Arthritis Rheumatology* 33: 160-172.

第二章

American College of Sports Medicine. 2010. *Guidelines for exercise testing and prescription*, 8th ed. Philadelphia: Lippincott, Williams and Wilkins.

American College of Sports Medicine. 2006. *Guidelines for exercise testing and prescription*, 7th ed. Philadelphia: Lippincott, Williams and Wilkins.

Baechle, T., and Earle, R. 2008. *Essentials of strength training and conditioning*, 3rd ed. Champaign, IL: Human Kinetics.

Baechle, T., and Earle, R. 2006. *Weight training: Steps to success*, 3rd ed. Champaign, IL: Human Kinetics.

Baechle, T., and Earle, R. 2005. *Fitness weight training*, 2d ed. Champaign, IL: Human Kinetics.

Behm, D., et al. 2002. The effect of 5, 10, and 20 repetition maximums on the recovery of voluntary and evoked contractile properties. *Journal of Strength and Conditioning Research* 16 (2): 209–218.

Bemben, D., et al. 2000. Musculoskeletal response to high and low intensity resistance training in early postmenopausal women. *Medicine and Science in Sports and Exercise* 32 (11): 1949–1957.

Braith, R., Graves, J., Pollock, M., Leggett, S., Carpenter, D., and Colvin, A. 1989. Comparison of two versus three days per week of variable resistance training during 10 and 18 week programs. *International Journal of Sports Medicine* 10: 450–454.

Campbell, W., Crim, M., Young, V., and Evans, W. 1994. Increased energy requirements and changes in body composition with resistance training in older adults. *American Journal of Clinical Nutrition* 60:167–175.

Chestnut, I., and Docherty, D. 1999. The effects of 4 and 10 repetition maximum weight training protocols on neuromuscular adaptations in untrained men. *Journal of Strength and Conditioning Research* 13:353–359.
DeMichele, P., Pollock, M., Graves, J., Foster, D., Carpenter, D., Garzarella, L., Brechue, W., and Fulton, M. 1997. Isometric torso rotation strength: Effect of training frequency on its development. *Archives of Physical Medicine and Rehabilitation* 78:64–69.
Faigenbaum, A., Zaichkowsky, J., Westcott, W., Micheli, L., and Fehlandt, A. 1993. The effects of a twice-a-week strength training program on children. *Pediatric Exercise Science* 5:339–346.
Faigenbaum, A., Westcott, W., Micheli, L., Outerbridge, A., Long, C., LaRosa-Loud, R., and Zaichkowsky, L. 1996. The effects of strength training and detraining on children. *Journal of Strength and Conditioning Research* 10 (2): 109–114.
Fiatarone, M., Marks, E., Ryan, N., Meredith, C., Lipsitz, A., and Evans, W. 1990. High-intensity strength training in nonagenarians. *Journal of the American Medical Association* 263 (22): 3029–3034.
Fleck, S., and Kraemer, W. 1997. *Designing resistance training programs*, 2nd ed. Champaign, IL: Human Kinetics.
Frontera, W., Meredith, C., O'Reilly, K., Knuttgen, H., and Evans, W. 1988. Strength conditioning in older men: Skeletal muscle hypertrophy and improved function. *Journal of Applied Physiology* 64 (3): 1038–1044.
Harris, et al. 2004. The effect of resistance training intensity on strength gain response in the older adult. *Journal of Strength and Condition Research* 18 (4): 833–838.
Kelly, Stephen B., Brown, Lee E., Coburn, Jared W., Zinder, Stephen M., Gardner, Lisa M., and Nguyen, Diamond. 2007. The effect of single versus multiple sets on strength. *Journal of Strength Training and Conditioning Research* 21 (4): 1003–1006.
Kerr, D., et al. 1996. Exercise effects on bone mass in postmenopausal women are site-specific and load-dependent. *Journal of Bone and Mineral Research* (11) 2: 218–225.
Koffler, K., Menkes, A., Redmond, A., Whitehead, W., Pratley, R., and Hurley, B. 1992. Strength training accelerates gastrointestinal transit in middle-aged and older men. *Medicine and Science in Sports and Exercise* 24: 415–419.
Kraemer, W., Purvis, T., and Westcott, W. 1996. Everything you wanted to know about strength training. *IDEA Personal Trainer* 7 (6): 20–22.
McLester, J., Bishop, P., Smith, J., Wyers, L., Dale, B., Kozusko, J., Richardson, M., Nevett, M., and Lomax, R. 2003. A series of studies—a practical protocol for testing muscular endurance recovery. *Journal of Strength and Conditioning Research* 17 (2): 259–273.
Menkes, A., Mazel, S., Redmond, R., Koffler, K., Libanati, C., Gundberg, C., Zizic, T., Hagberg, J., Pratley, R., and Hurley, B. 1993. Strength training increases regional bone mineral density and bone remodeling in middle-aged and older men. *Journal of Applied Physiology* 74:2478–2484.
Miles, M., Li, Y., Rinard, J., Clarkson, P., and Williamson, J. 1997. Eccentric exercise augments the cardiovascular response to static exercise. *Medicine and Science in Sports and Exercise* 29:457–466.
Miranda, H., Fleck, S., Simão, R., Barreto, A., Dantas, E., and Novaes, J. 2007. Effect of two different rest period lengths on the number of repetitions performed during resistance training. *Journal of Strength and Conditioning Research* 21 (4): 1032–1036.
Nelson, M., Fiatarone, M., Morganti, C., Trice, I., Greenberg, R., and Evans, W. 1994. Effects of high-intensity strength training on multiple risk factors for osteoporotic fractures. *Journal of the American Medical Association* 272 (24): 1909–1914.
Pratley, R., Nicklas, B., Rubin, M., Miller, J., Smith, A., Smith, M., Hurley, B., and Goldberg, A. 1994. Strength training increases resting metabolic rate and norepinephrine levels in healthy 50 to 65 year-old men. *Journal of Applied Physiology* 76:133–137.
Shimano, T. Kraemer, W, Spiering, B, Volek, J, Hatfield, D, Silvestre, R., Vingren, J, Fragala, M, Maresch, C, Fleck, S, Newron, R, Spreuwenberg, L., Hakkinen, K. 2006. Relationship between number of repetitions and selected percentages of one repetition maximum in free weight exercises in trained and untrained men. J Strength Cond Res. 20 (4): 819-23.
Stadler, L., Stubbs, N., and Vukovich, M. 1997. A comparison of a 2-day and 3-day per week resistance training program on strength gains in older adults (abstract). *Medicine and Science in Sports and Exercise* 29:S254.

Starkey, D., Pollock, M., Ishida, Y., Welsch, M., Brechue, W., Graves, J., and Feigenbaum, M. 1996. Effects of resistance training volume on strength and muscle thickness. *Medicine and Science in Sports and Exercise* 28 (10): 1311–1320.

Taaffe, D., et al. 1996. Comparative effects of high and low intensity resistance training on thigh muscle strength, fiber area, and tissue composition in elderly women. *Clinical Physiology* 16 (4): 381–392.

Vincent, K., and Braith, R. 2002. Resistance exercise and bone turnover in elderly men and women. *Medicine and Science in Sports and Exercise* 34 (2): 17–23.

Westcott, W., Greenberger, K., and Milius, D. 1989. Strength training research: Sets and repetitions. *Scholastic Coach* 58:98–100.

Westcott, W. 1995a. *Strength fitness: Physiological principles and training techniques*, 4th ed. Dubuque, IA: Brown and Benchmark.

Westcott, W. 1995b. Transformation: How to take them from sedentary to active. *IDEA Today* 13 (7): 46–54.

Westcott, W., and Guy, J. 1996. A physical evolution: Sedentary adults see marked improvements in as little as two days a week. *IDEA Today* 14 (9): 58–65.

Westcott, W. 2009. Strength training for frail older adults. *Journal on Active Aging*. 8(4): 52-59.

Westcott, W. 2002. A new look at repetition ranges. *Fitness Management FMY* 18 (7): 36–37.

Westcott, W., Winett, R., Annesi, J., Wojcik, J., Anderson, E., and Madden, P. 2009. Prescribing physical activity: Applying the ACSM protocols for exercise type, intensity, and duration across 3 training frequencies. *The Physician and Sportsmedicine* 37 (2): 51–58.

Westcott, W., Martin, W., LaRosa Loud, R., and Stoddard, S. 2008. Protein supplementation and body composition changes. *Fitness Management*, 24(5): 50-53.

第三章

American College of Sports Medicine. 2006. *Guidelines for Exercise Testing and Prescription* (7th Edition). Philadelphia: Lippincott, Williams and Wilkins.

American College of Sports Medicine. 2010. *Guidelines for Exercise Testing and Prescription* (8th Edition). Philadelphia: Lippincott, Williams and Wilkins.

Arthritis Foundation. 2007.

Baechle, T., and Earle, R., eds. 2008. *Essentials of strength training and conditioning*, 2nd ed. Champaign, IL: Human Kinetics.

Baechle, T., and Earle, R. 2006. *Weight training: Steps to success*. Champaign, IL: Human Kinetics.

Baechle, T., and Earle, R. 2005. *Fitness weight training*. Champaign, IL: Human Kinetics.

Caserotti, P., Aagaard, P., Buttrup, J., and Puggaard, I. 2008. Explosive heavy-resistance training in old and very old adults: Changes in rapid muscle force, strength and power. *Scandinavian Journal Medicine and Science in Sports* 18:773–782.

Earle, R., T. Baechle, eds. 2004. *Essentials of personal training*. Champaign, IL: Human Kinetics.

Fiatarone, M., Marks, E., Ryan, N., Meredith, C., Lipsitz, A., and Evans, W. 1990. High-intensity strength training in nonagenarians. *Journal of the American Medical Association* 263 (22): 3029–3034.

Frontera, W., Meredith, C., O'Reilly, K., Knuttgen, H., and Evans, W. 1988. Strength conditioning in older men: Skeletal muscle hypertrophy and improved function. *Journal of Applied Physiology* 64 (3): 1038–1044.

Graves, J., Pollock, M., Jones, A., Colvin, A., and Leggett, S. 1989. Specificity of limited range of motion variable resistance training. *Medicine and Science in Sports and Exercise* 21 (1): 84–89.

Jones, A., Pollock, M., Graves, J., Fulton, M., Jones, W., MacMillan, M., Baldwin, D., and Cirulli, J. 1988. *Safe, specific testing and rehabilitative exercise for the muscles of the lumbar spine*. Santa Barbara, CA: Sequoia Communications.

Koffler, K., Menkes, A., Redmond, A., Whitehead, W., Pratley, R., and Hurley, B. 1992. Strength training accelerates gastrointestinal transit in middle-aged and older men. *Medicine and Science in Sports and Exercise* 24:415–419.

Menkes, A., Mazel, S., Redmond, R., Koffler, K., Libanati, C., Gundberg, C., Zizic, T., Hagberg, J., Pratley, R., and Hurley, B. 1993. Strength training increases regional bone mineral density and bone remodeling in middle-aged and older men. *Journal of Applied Physiology* 74:2478–2484.

Nelson, M., Fiatarone, M., Morganti, C., Trice, I., Greenberg, R., and Evans, W. 1994. Effects of high-intensity strength training on multiple risk factors for osteoporotic fractures. *Journal of the American Medical Association* 272 (24): 1909–1914.

Pratley, R., Nicklas, B., Rubin, M., Miller, J., Smith, A., Smith, M., Hurley, B., and Goldberg, A. 1994. Strength training increases resting metabolic rate and norepinephrine levels in healthy 50 to 65 year-old men. *Journal of Applied Physiology* 76:133–137.

Risch, S., Nowell, M., Pollock, M., Risch, E., Langer, H., Fulton, M., Graves, J., and Leggett, S. 1993. Lumbar strengthening in chronic low back pain patients. *Spine* 18:232–238.

Westcott, W., and Baechle, T. 2007. *Strength training past 50*, 2nd ed. Champaign, IL: Human Kinetics.

Westcott, W., Winett, R., Annesi, J., Wojcik, J., Anderson, E., and Madden, P. 2009. Prescribing physical activity: Applying the ACSM protocols for exercise type, intensity, and duration across 3 training frequencies. *Physician and Sportsmedicine,37(2): 51-58.*

Westcott, W. 2003. *Building strength and stamina*, 2nd ed. Champaign, IL: Human Kinetics.

Westcott, W., and Guy, J. 1996. A physical evolution: Sedentary adults see marked improvements in as little as two days a week. *IDEA Today* 14 (9): 58–65.

Westcott, W., Dolan, F., and Cavicchi, T. 1996. Golf and strength training are compatible activities. *Strength and Conditioning* 18 (4): 54–56.

Westcott, W. 1995. *Strength fitness: Physiological principles and training techniques*, 4th ed. Dubuque, IA: Brown and Benchmark.

第四章

Westcott, W. 1994. Strength training for life: Weightloads: Go figure. *Nautilus Magazine* 3 (4): 5–7.

第五章

Baechle, T.R., and Earle, R.E. 2008. *Essentials of strength training and conditioning*. Champaign, IL: Human Kinetics.

Baechle, T.R., and Earle, R.E. 2005. *Fitness weight training*. Champaign, IL: Human Kinetics.

Earle, R.E., and Baechle, T.R. 2004. *Essentials of personal training*. Champaign, IL: Human Kinetics.

Westcott, W.L. 2003. *Building strength and stamina*. Champaign, IL: Human Kinetics.

第七章

American College of Sports Medicine. 2010. *ACSM Resource Manual for Guidelines for Exercise Testing and Prescription* (8th Edition). Philadelphia: Lippincott, Williams and Wilkins.

Annesi, J., and Westcott, W. 2007. Relations of physical self-concept and muscular strength with resistance exercise-induced feeling state scores in older women. *Perceptual and Motor Skills* 104:183–190.

Annesi, J., Westcott, W., La Rosa Loud, R., and Powers, L. 2004. Effects of association and dissociation formats on resistance exercise-induced emotion change and physical self-concept in older women. *Journal of Mental Health and Aging* 10 (2): 87–98.

Annesi, J., Westcott, W., and Gann, S. 2004. Preliminary evaluation of a 10-week resistance and cardiovascular exercise protocol on physiological and psychological measures for a sample of older women. *Perceptual and Motor Skills* 98:163–170.

Annesi, J., and Westcott, W. 2004. Relationship of feeling states after exercise and total mood disturbance over 10 weeks in formerly sedentary women. *Perceptual and Motor Skill* 99:107–115.

Baechle, T., and Earle, R. 2006. *Weight training: Steps to success*. Champaign, IL: Human Kinetics.

Dishman, R. 1988. *Exercise adherence*. Champaign, IL: Human Kinetics.

Girouard, C., and Hurley, B. 1995. Does strength training inhibit gains in range of motion from flexibility training in older adults? *Medicine and Science in Sports and Exercise* 27 (10): 1444–1449.

Rikli, R and C. Jones (2000). Senior Fitness Test Manual. Champaign, IL: Human Kinetics.

Varela, S, Ayan, C and J Cancela (2008). Batteries assessing health related fitness in elderly: a brief review. *Eur Rev Phys Act*. 5:97-105.
Varela, S, Ayan, C and J Cancela (2008). Batteries assessing health related fitness in elderly: a brief review. *Eur Rev Phys Act*. 5:97-105.
Westcott, W., Martin, W., La Rosa Loud, R., and Stoddard, S. 2008. Research update: Protein and body composition. *Fitness Management* 24 (5): 50–53.
Westcott, W. 1995. Strength training for life: Keeping fit. *Nautilus Magazine* 4 (2): 5–7.
Westcott, W. 2003. *Building strength and stamina*. Champaign, IL: Human Kinetics.
Westcott, W., Dolan, F., and Cavicchi, T. 1996. Golf and strength training are compatible activities. *Strength and Conditioning* 18 (4): 54–56.
Westcott, W. 1994. Strength training for life: Weightloads: Go figure. *Nautilus Magazine* 3 (4): 5–7.
Westcott, W. 1987. *Building strength at the YMCA*. Champaign, IL: Human Kinetics.

第八章

American Association of Cardiovascular and Pulmonary Rehabilitation (AACVPR). 2004. *Guidelines for cardiac rehabilitation and secondary prevention program*, 4th ed. Philadelphia: Lippincott, Williams & Wilkins.
American College of Sports Medicine. 2006. *ACSM's health/fitness facilities and standards and guidelines*, 3rd ed. Champaign, IL. Human Kinetics.
American College of Sports Medicine. 2010. *ACSM's resource manual for guidelines for exercise testing and prescription*, 6th ed. Philadelphia: Lippincott, Williams & Wilkins.
American College of Sports Medicine. 2010. *ACSM's guidelines for exercise testing and prescription*, 8th ed. Philadelphia: Lippincott, Williams & Wilkins.
American Council on Exercise. 1999. *Clinical exercise specialist manual; ACE's source for training special populations*. San Diego: ACE.
American Diabetes Association. 2008.
American Diabetes Association. 2008.
American Heart Association (2007) Know the facts and get the stats.
Baker, K., Nelson, M., Felson, D., Layne, J., Sarno, R., and Roubenoff, R. 2001. The efficacy of home based progressive strength training in older adults with knee osteoarthritis: A randomized controlled trial. *Journal of Rheumatology* 28:155–1665.
Bennell, K., Khan, K., and McCay, H. 2000. The role of physiotherapy in the prevention and treatment of osteoporosis. *Manual Therapy* 5 (4): 198–213.
Borg, G. 1998. *Borg's perceived exertion and pain scales*. Champaign, IL: Human Kinetics.
Campbell, W., Crim, M., Young, V., and Evans, W. 1994. Increased energy requirements and changes in body composition with resistance training in older adults. *American Journal of Clinical Nutrition* 60:167–175.
Clark, J. 1997. Programming for adults with age-related health challenges. *American Council on Exercise Certified News* 3 (5): 4–6.
Drought, J. 1995. Resistance exercise in cardiac rehabilitation. *Strength and Conditioning* 17 (2): 56–64.
Eriksson, J., Taimela, S., Eriksson, K., Parviainen, S., Peltonen, J., and Kujala, U. 1997. Resistance training in the treatment of non-insulin dependent diabetes mellitus. *International Journal of Sports Medicine* 18 (4): 242–246.
Evans, W., and Rosenberg, I. 1992. *Biomarkers*. New York: Simon and Schuster.
Eves, N.D., and Plotnikoff, R.C. 2006. Resistance training and type II diabetes: Considerations for implementation at the population level. *Diabetes Care* 29:1933–1941.
Faigenbaum, A., Skrinar, G., Cesare, W., Kraemer, W., and Thomas, H. 1990. Physiologic and symptomatic responses of cardiac patients to resistance exercise. *Archives of Physical Medicine and Rehabilitation* 70:395–398.
Faigenbaum, A., Zaichkowsky, L., Westcott, W., Lang, C., LaRosa-Loud, R., Micheli, L., and Outerbridge, A. 1997. Psychological effects of strength training on children. *Journal of Sport Behavior* 20 (2): 164–175.
Fiatarone, M.A., and Singh, M. 2002. Exercise comes of age: Rationale and recommendations for a geriatric exercise prescription. *Journal of Gerontology Series A: Biological Sciences and Medical Sciences* 57 (A): M262–28.

Fiatarone, M.A., O'Neill, E.F., Ryan, N.D., et al. 1994. Exercise training and nutritional supplementation for physical frailty in very elderly people. *New England Journal of Medicine* 330:1769–75.

Fiatarone, M., Marks, E., Ryan, N., Meredith, C., Lipsitz, L., and Evans, W. 1990. High-intensity strength training in nonagenarians. *Journal of the American Medical Association* 263 (22): 3029–3034.

Flood, L., and A. Constance (2002). Diabetes exercise safety. American Journal of Nursing Vol. 102, No. 6.

Foltz-Gray, D. 1997. Bully the pain. *Arthritis Today* (July–August): 18–25.

Foreman, J. 1997. A big, bad, ugly disease. *Boston Globe* (August 4).

Frontera, W., Meredith, C., O'Reilly, K., Knuttgen, H., and Evans, W. 1988. Strength conditioning in older men: Skeletal muscle hypertrophy and improved function. *Journal of Applied Physiology* 64 (3): 1038–1044.

Ghilarducci, L., Holly, R., and Amsterdam, E. 1989. Effects of high resistance training in coronary heart disease. *American Journal of Cardiology* 64:866–870.

Hughes, V., Frontera, W., Dallal, G., Lutz, K., Fisher, E., and Evans, W. 1995. Muscle strength and body composition: Associations with bone density in older subjects. *Medicine and Science in Sports and Exercise* 7 (27): 967–974.

Jones, A., Pollock, M., Graves, J., Fulton, M., Jones, W., MacMillan, M., Baldwin, D., and Cirulli, J. 1988. *Safe, specific testing and rehabilitative exercise for muscles of the lumbar spine*. Santa Barbara, CA: Sequoia Communications.

Kalapotharakos, V., Michalopoulos, M., Tokmakidis, S., Godolias, G., and Gourgolis, V. 2005. Effects of heavy and moderate resistance training on functional performance in older adults. *Journal of Strength and Conditioning Research* 19 (3): 652–657.

Kelemen, M., Stewart, K., Gillilan, R., Ewart, C., Valenti, S., Manley, J., and Keleman, M. 1986. Circuit weight training in cardiac patients. *Journal of the American College of Cardiology* 7:38–42.

Kerr, D.T., Ackland, T. Masland, B., Morton, A., and Rice, R. 2001. Resistance training over 2 years increases bone mass in calcium replete postmenopausal women. *Journal of Bone and Mineral Research* 16:175–81.

Maddalozzo, G.F., and Snow, C.M. 2000. High intensity resistance training: Effects on bone in older men and women. *Calcified Tissue International* 66 (6): 399–404.

Menkes, A., Mazel, S., Redmond, R., Koffler, K., Libanati, C., Gunberg, C., Zizic, T., Hagberg, J., Pratley, R., and Hurley, B. 1993. Strength training increases regional bone mineral density and bone remodeling in middle-aged and older men. *Journal of Applied Physiology* 74:2478–2484.

National Health and Nutrition Examination Survey. 2004. National Institutes of Health (Publication No. 98-4083).

National Heart, Lung, and Blood Institute. 2006.

National Institute of Arthritis and Musculoskeletal and Skin Diseases. 2005.

National Institute of Diabetes and Digestive and Kidney Diseases. 2004.

National Institute on Aging Information Center. 2008.

National Institutes of Health (2007). Statistics related to overweight and obesity.

National Osteoporosis Foundation. 23 Nov.2009. Fast Facts.

National Stroke Association. 2008. Centennial, CO.

Nelson, M., Fiatarone, M., Morganti, C., Trice, I., Greenberg, R., and Evans, W. 1994. Effects of high-intensity strength training on multiple risk factors for osteoporotic fractures. *Journal of the American Medical Association* 272 (24): 1909–1914.

Nelson, M. 2002. *Strong women and men don't get arthritis*. New York: Penguin Putnum.

Noble, B.J., Borg, G.A.V., Jacobs, I., Ceci, R., and Kaiser, P. 1983. A category-ratio perceived exertion scale: Relationship to blood and muscle lactates and HR. *Medicine and Science in Sports and Exercise* 15:523–528.

Pierson, L.M., Herbert, W.G., Norton, H.J., et al. 2001. Effects of combined aerobic and resistance training versus aerobic training alone in cardiac rehabilitation. *European Journal of Cardiovascular Prevention and Rehabilitation* 21 (2): 101–110.

President's Council on Physical Fitness and *Sports Research Digest*. 1997. Physical activity and the prevention of type II (non-insulin dependent) diabetes. Series 2, no. 10.

Rhodes, E.C., Martin, A.D., Taunton, J.E., Donnelly, M., Warren, J., and Elliot, J. 2000. Effects of one year of resistance training on the relationship between muscular strength and bone density in elderly women. *British Journal of Sports Medicine* 34 (1): 18–22.

Rimmer, J. 1997. Programming: Exercise guidelines for special medical populations. *IDEA Today* 15 (5): 26–34.

Risch, S., Norvell, N., Pollock, M., Risch, E., Langer, H., Fulton, M., Graves, J., and Leggett, S. 1993. Lumbar strengthening in chronic low back pain patients. *Spine* 18:232–238.

Segal, K.R., Edano, A., Abalos, A., Albu, J., Blando, L., Tomas, M., and Pi-Sunyer, F. 1991. Effect of exercise training on insulin sensitivity and gucouse metabolism in lean, obese and diabetic men. *Journal of Applied Physiology* 71:2402–2411.

Singh, N., Clements, K., and Fiatarone, M. 1997. A randomized controlled trial of progressive resistance training in depressed elders. *Journal of Gerontology* 52A (1): M27–M35.

Stewart, K.J. 2004. Exercise training: Can it improve cardiovascular health in patients with type II diabetes? *British Journal of Sports Medicine* 38:250–252.

Tufts University Diet and Nutrition Letter. 1994. Never too late to build up your muscle. Vol. 12 (September): 6–7.

Vander, L., Franklin, B., Wrisley, D., and Rubenfire, M. 1986. Acute cardiovascular response to circuit weight training in patients with cardiac disease. *Annals of Sports Medicine* 2:165–169.

Vega, C and C. Jimenez (2004) in Essentials of Personal Training, Earle, R. and T. Baechle editors. Champaign, IL: Human Kinetics, Inc.

Weil, R. 1993. Mall walking can provide exercise, companionship, first chance at sales. *Diabetes in the News* 12 (1): 58–59.

Weiss, A., Suzuki, T., Bean, L., and Fielding, R. 2000. High intensity strength training improves strength and functional performance after stroke. *American Journal of Physical Medicine and Rehabilitation* 79 (4): 369–76.

Wenger, N.K., Froelicher, E.S., Smith, L.K., et al. 1995. *Cardiac rehabilitation as secondary prevention*. Clinical Practice Guideline No 17. Rockville, MD: U.S. Department of Health and Human Services, Public Health Service, Agency for Health Care Policy and Research and the National Heart, Lung and Blood Institute. AHCPR Publication No. 96-0672.

Westcott, W. 2009. ACSM strength training guidelines. *ACSM's Health & Fitness Journal* 13(4):14-22.

Westcott, W. 1995. Keeping fit. *Nautilus* 4 (2): 5–7.

Westcott, W., and Guy, J. 1996. A physical evolution: Sedentary adults see marked improvements in as little as two days a week. *IDEA Today* 14 (9): 58–65.

Westcott, W., and O'Grady, S. 1998. Strength training and cardiac post-rehab. *IDEA Personal Trainer* 9 (2): 41–6.

Westcott, W., Dolan, F., and Cavicchi, T. 1996. Golf and strength training are compatible activities. *Journal of Strength and Conditioning* 18 (4): 54–56.

第九章

Faigenbaum, A., Milliken, L., Moulton, L., and Westcott, W. 2005. Early muscular fitness adaptations in children in response to two different resistance training regimens. *Pediatric Exercise Science* 17: 237-248.

Westcott, W., Dolan, F., and Cavicchi, T. 1996. Golf and strength training are compatible activities. *Journal of Strength and Conditioning* 18 (4): 54–56.

Westcott, W. 1992. Fitness benefits of rock climbing. *American Fitness Quarterly*, 10(4): 28-31.

Westcott, W. 2009. ACSM strength training guidelines. *ACSM's Health & Fitness Journal* 13 (4): 14–22.

Westcott, W., Winett, R., Annesi, J., Wojcik, J., Anderson, E., and Madden, P. 2009. Prescribing physical activity: Applying the ACSM protocols for exercise type, intensity, and duration across 3 training frequencies. *The Physician and Sportsmedicine* 37 (2): 51–58.

第十章

American Council on Exercise. 1996. *Personal trainer manual*, 2d ed. San Diego: American Council on Exercise.

American Dietetic Association.
American Heart Association. 1989. *Low-fat, low-cholesterol cookbook*. New York: Random House.
Anderson, L., Tufekovic, M., Zebis, K., et al. 2005. The effect of resistance training combined with timed ingestion of protein on muscle fiber size and muscle strength. *Metabolism* 54:151–156.
Ballor, D., and Poehlman, E. 1994. Exercise training enhances fat-free mass preservation during diet-induce weight loss: A meta analytic finding. *International Journal of Obesity* 18:35–40.
Campbell, W., Crim, M., Young, V., and Evans, W. 1994. Increased energy requirements and changes in body composition with resistance training in older adults. *American Journal of Clinical Nutrition* 60:167–175.
Campbell, W., Trappe, T., Wolfe, R., and Evans, W. 2001. The recommended dietary allowance for protein may not be adequate for older people to maintain skeletal muscle. *Journals of Gerontology Series A: Biological Sciences and Medical Sciences* 56:M373–M380.
Clark, N. 2009 *Sports nutrition guidebook*. Champaign, IL: Human Kinetics.
Cribb, P., and Hayes, A. 2006. Effects of supplement timing and resistance exercise on skeletal muscle hypertrophy. *Medicine and Science in Sports Medicine* 38 (11): 1918–1925.
Esmarck, B., Andersen, J., Olsen, S., Richter, E., Mizuno, M., and Kjaer, M. 2001. Timing of postexercise protein intake is important for muscle hypertrophy with resistance training in elderly humans. *Journal of Physiology* 535:301–311.
Fukagawa, N., and Young, V. 1987. Protein and amino acid metabolism and requirements in older persons. *Clinical Geriatric Medicine* 3 (2): 329–341.
Gersovitz, M., Motil, K., Munro, H., Scrimshaw, N., and Young, V. 1982. Human protein requirements: Assessment of the adequacy of the current recommended dietary allowance for dietary protein in elderly men and women. *American Journal of Clinical Nutrition* 35:6–14.
Haltom, R., Kraemer, R., Sloan, R., Hebert, E., Frank, K., and Tryniecki, J. 1999. Circuit weight training and its effects on excess postexercise oxygen consumption. *Medicine and Science in Sports and Exercise* 31 (11): 1613–1618.
Mann, T., Tomiyama, A., Westling, E., Lew, A., Samuels, B., and Chatman, J. 2007. Medicare's search for effective obesity treatment; diets are not the answer. *American Psychologist* 62 (3): 220–233.
Morais, J., Chevalier, S., and Gougeon, R. 2006. Protein turnover and requirements in the healthy and frail elderly. *Journal of Nutrition in Health and Aging* 10:272–283.
National Institutes of Health. 2004. National Health and Nutrition Examination Survey.
Ornish, D. 1993. *Eat more, weigh less: Dr. Dean Ornish's life choice program for losing weight safely while eating abundantly*. New York: Harper Collins.
Paffenbarger, R., and Olsen, E. 1996. *Lifefit: An effective exercise program for optimal health and a longer life*. Champaign, IL: Human Kinetics.
Pratley, R., Nicklas, B., Rubin, M., Miller, J., Smith, A., Smith, M., Hurley, B., and Goldberg, A. 1994. Strength training increases resting metabolic rate and norepinephrine levels in healthy 50- to 65-year-old men. *Journal of Applied Physiology* 76:133–137.
Rippe, J. 1992. *The exercise exchange program*. New York: Simon and Schuster.
Schardt, D. 2007. Saving muscle; how to stay strong and healthy as you age. *Nutrition Action Health Letter* 34 (3): 3–8.
Westcott, W., Martin, W., LaRosa Loud, R., and Stoddard, S. 2008. Protein supplementation and body composition changes. *Fitness Management* 24(5): 50-53.
Wilmore, J., Parr, R., Ward, P., Vodak, P., Barstow, T., Pipes, T., Grimditch, G., and Leslie, P. 1978. Energy cost of circuit weight training. *Medicine and Science in Sports* 10:75–78.

作者介绍

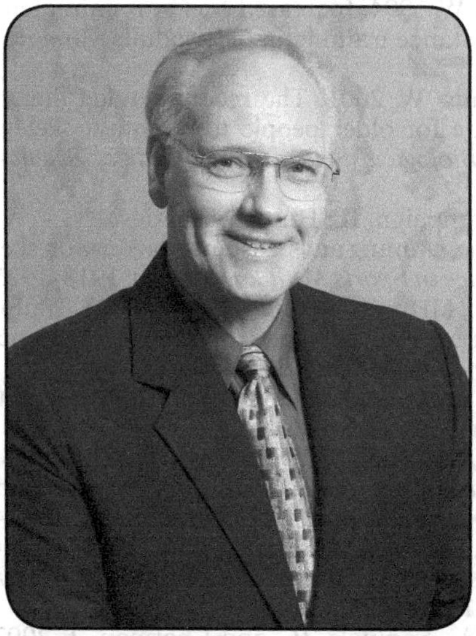

托马斯·R. 贝希勒
照片由克雷顿大学提供

托马斯·R. 贝希勒（Thomas R. Baechle），EdD，CSCS*D, NSCA-CPT*D，曾参加过奥林匹克风格的举重运动，并担任过20年的重量训练教练及体能教练。他是美国克雷顿大学运动科学系的教授兼系主任，他在那里指导了16年的三期心脏康复。他是美国国家体能协会（NSCA）的联合创始人和前任主席，并担任美国国家体能协会认证委员会的执行董事长达20年。

贝希勒被公认是创建体能专家认证和NSCA的私人教练认证考试项目的先驱。他曾获得美国克雷顿大学的杰出教学和服务奖项，NSCA最令人瞩目的奖项（年度体能专家和终生成就奖），以及来自其他国际协会和组织的奖项。贝希勒还担任过美国健康、体育、娱乐和舞蹈联盟的州和地区董事，担任过美国国家能力保证组织主席。贝希勒撰写或与人合著了13本书，其中最受欢迎的就是《抗阻训练从入门到精通》（*Weight Training: Steps to Success*），它已被翻译成10种语言，售出近20万本。

韦恩·L. 韦斯科特
照片由梅摄影提供

韦恩·L. 韦斯科特（Wayne L. Westcott），PhD，CSCS，是美国马萨诸塞州昆西学院的健身研究主任。作为运动员、教练、教师、教授、研究员、作家和演讲者，韦斯科特在力量训练方面有着超过38年的经验，被公认为健身界的权威。

25年来，韦斯科特一直专注于针对中老年人的力量训练的指导和研究。他在约翰·诺克斯村养老院进行的具有里程碑意义的研究，提高了大众对力量训练为各种健康和健身水平的中老年人带来的益处的认识，并使500多家养老院建立了力量训练中心。

韦斯科特曾担任多个国家组织和项目的力量训练顾问。除了与组织合作，他还获得了许多奖项，其中包括国际健身专业人士协会（IFPA）名人堂奖等。

韦斯科特撰写或与人合著了24本关于力量训练的书。此外，他曾担任多本杂志的编委。韦斯科特还是国际积极老龄化委员会（International Council on Active Aging）和美国健康与健身协会（American Association for Health and Fitness）的咨询委员会成员。他还是美国运动医学会新英格兰分会（New England chapter of the American College of Sports Medicine）的执行委员。

韦斯科特和妻子克劳迪娅住在马萨诸塞州的阿宾顿。他喜欢通过跑步、骑自行车和进行力量训练保持身体健康。

译者介绍

张佳兴

好家庭集团联合创始人、副总裁，好家庭TopSupport国际运动表现与康复中心CEO，好家庭集团备战里约奥运会中国国家队运动功能与康复团队负责人。体能训练与康复专家，多次受邀为国家队、省运动队、商业俱乐部等进行体能训练方面的培训，长期致力于运动与健身综合解决方案的研发与实践。

陆洪军

黑龙江省佳木斯大学附属第一医院骨外科主任医师，教授，硕士研究生导师。黑龙江省康复医学会关节外科委员会委员。参编著作4部，在核心期刊发表论文10余篇，在SCI收录期刊发表论文1篇，主要研究方向为运动医学。

计百成

博士，好家庭集团联合创始人、副总裁，从事运动与健康领域工作20余年，负责公司运动与健康市级工程实验室的建设，帮助公司取得多项科研成果，帮助公司获得深圳市罗湖区区长质量奖、深圳市自主创新百强优势企业等荣誉。